D1628988

GEISTLICHE SCHRIFTLESUNG

Erläuterungen zum Neuen Testament
für die Geistliche Lesung

In Zusammenarbeit mit
Karl Hermann Schelkle und *Heinz Schürmann*
herausgegeben von
Wolfgang Trilling

1/1

DAS EVANGELIUM
NACH MATTHÄUS

DAS EVANGELIUM NACH MATTHÄUS

1. Teil

erläutert von

Wolfgang Trilling

PATMOS VERLAG DÜSSELDORF

Kirchliche Druckerlaubnis: Bautzen, den 5. Juli 1962,
Palm, in Vertretung des Generalvikars
© 1962 Patmos Verlag Düsseldorf · Alle Rechte vorbehalten
5. Auflage 1980 · Umschlag- und Einbandentwurf: Leo Werry
Gesamtherstellung: Bercker, Graph. Betrieb GmbH, Kevelaer
ISBN 3-491-77100-5

Das uns so vertraute Wort „Evangelium" heißt dem Ursprung nach gute Kunde, *frohe Botschaft*. Es ist zunächst die Botschaft von Gott, die Jesus Christus überbringt. Aber das konnte man schon von den Gottesmännern des Alten Bundes, besonders den Propheten, sagen. Hier ist noch mehr: Gott spricht in einzigartiger Weise, weil er durch Jesus sein „letztes Wort", dem er keines mehr hinzufügt, sagt. Vor allem aber ist diese Botschaft unvergleichbar, weil er sein Sohn ist. Dieser ist das lebendige, fleischgewordene Wort des Vaters, das nicht nur mit dem Munde, sondern mit seinem ganzen Dasein, seinem Leben und Wirken, spricht. So ist „Evangelium" zugleich Frohbotschaft von Gott und von Jesus Christus selbst.

Der Alte Bund, die Geschichte des alttestamentlichen Gottesvolkes, bewegt sich in immer neuen Wellen auf das *Heil Gottes* zu. Wie Ebbe und Flut, so wird diese Geschichte geheimnisvoll bewegt von dem unsichtbaren und doch so machtvoll wirkenden Gott her. Aber nicht in einer ständigen Wiederkehr des gleichen, in dem gleichförmigen Rhythmus von Abfall und Bekehrung, Zorn und Gnade, sondern sie drängt mit einer inneren Kraft, wie in Geburtswehen, auf die volle Offenbarung, das vollendete Heil, die Einheit von Gott und Volk hin: „Ihr werdet mein Volk sein, und ich werde euer Gott sein" (Ez 36,28). Alle Sehnsucht sammelt sich, je näher, je mehr, in dem einen verheißenen Retter, dem Gesalbten schlechthin, dem Messias. Er soll das letzte Werk vollbringen, sein Volk mit Gott verbinden – zum Segen Israels und aller Völker. Wie kein anderes Evangelium zeigt Matthäus, daß die Geschichte des Volkes in das Werk Jesu einmündet, daß dieser Jesus von Nazareth tatsächlich der Erwartete ist.

7

Die Gottesgeschichte hatte sich in ihren einzelnen Abschnitten in den Büchern des *Alten Testaments* niedergeschlagen. Sie zeigen ihr Spiegelbild und enthüllen ihre göttliche Bedeutung. Die heiligen Schriften zeigen jene innere Stoßkraft der Geschichte, die auf ein radikales Ende zugeht, fast auf jeder Seite. Sie zeigen vor allem, wie die Gestalt des Messias immer deutlichere Umrisse annimmt. Der Glaube, daß *Jesus* der Messias war, läßt alles neu und klar sehen: Jesus wird mit den Augen des Alten Testaments angeschaut und gedeutet. Es ist eine ungeheuer reiche Welt, in die wir eintreten! Nicht eine Aufzählung von trockenen geschichtlichen Tatsachen, nicht die Lebensbeschreibung eines großen Menschen, sondern die ganze Geschichte, die Gott vom Anfang der Welt gemacht hat und zu der er in Christus das Ja und Amen sprach (vgl. 2 Kor 1,19 f.). So sind die vielen Stellen zu sehen, an denen der Evangelist auf die Erfüllung eines einzelnen alttestamentlichen Wortes hinweist oder allgemein auf ein alttestamentliches Wort oder Ereignis Bezug nimmt.

Ein reiches Bild wird von dem Messias Jesus gezeichnet. Jesus ist der *Prophet* wie die alten Propheten, der letzte in ihrer Reihe. Seine Botschaft ist Anruf von Gott, Ruf zur Umkehr und Zusage der Erbarmung Gottes (4,17). Er erleidet auch das Schicksal der alten Propheten: er wird mißverstanden, verfolgt, bekämpft, ja sogar getötet. – Er ist der *Lehrer* des Volkes. Er ruft nicht nur ein Wort der Entscheidung in eine bestimmte Stunde und Situation, sondern lehrt den wahren Weg der Gerechtigkeit (5,20). Er sitzt wie die Schriftgelehrten beim Lehrvortrag (5,1), bedient sich der Redeweise eines Weisheitslehrers, sammelt um sich einen Kreis von Schülern. Das Gerüst des Matthäus-Evangeliums bilden große Reden des Herrn, die man geradezu als Lehrstücke bezeichnen kann. In geordneter Reihenfolge und übersichtlicher

Gliederung sind da die Themen der Lehre Gottes zusammengefaßt. – Er ist der *Knecht Gottes,* auf den Gott seinen Geist
gelegt hat, damit er das Recht Gottes verkünde und zum
Siege führe. Er folgt gehorsam dem Willen des himmlischen
Vaters und wirkt still und demütig das Gute: Er heilt, die
gebrochenen Herzens sind und die am Leibe Kranken und
Elenden. Das geknickte Rohr bricht er nicht, und den glimmenden Docht löscht er nicht aus (vgl. 12,18–21). Er ist mild
und demütig von Herzen (11,29); sanftmütig zieht er auf einem Esel in die Heilige Stadt ein (21,5). Durch die Niedrig-
keit führt sein Weg in die Erhöhung. – Er ist der *Sohn Gottes*
in einem einzigartigen Sinn. Früher hieß schon gelegentlich
der König oder auch das ganze Volk so. Niemals aber konnte
einer sagen: „Niemand erkennt den Sohn als der Vater, und
auch den Vater erkennt niemand als der Sohn und wem es
der Sohn offenbaren will" (11,27). Ihn, der in die tiefste
Schmach ging, hat Gott in die höchste Würde erhoben: „alle
Vollmacht im Himmel und auf Erden" hat er ihm übergeben
(28,18).
In dem Werk Jesu ist nicht nur die Vergangenheit endgültig
offenbar geworden, die Geschichte Israels an ihr Ziel ge-
langt. Auch das Neue ist in ihm enthalten: das wahre Volk
Gottes aus allen Völkern. Die Geburt der neuen Zeit ist eine
Geburt der ganzen Welt. In Jesus Christus ist das Heil aller
Völker und Zeiten beschlossen. Sein Träger ist das Volk des
Messias, *die Kirche.* Aus kümmerlichem Samenkorn, dem
Kreis der Jünger, erwachsen, trägt es nun das Schicksal der
Welt: die frohe Botschaft, die Quellen der Gnade und die
Vollmacht des erhöhten Herrn. „Darum geht hin und macht
zu Jüngern alle Völker. Taufet sie auf den Namen des Va-
ters und des Sohnes und des Heiligen Geistes, und lehret sie,
alles zu halten, was ich euch aufgetragen habe" (28,19 f.).

So gibt diese „Geschichte Jesu" zugleich den Schlüssel für den Alten Bund und den Neuen Bund. Sie zeigt, wie tief Christus und die Kirche, das wahre Volk Gottes und die Kirche, eins sind. Man kann das Evangelium nicht lesen wie ein Geschichtenbuch, das irgendwelche Ereignisse aus der Vergangenheit berichtet. Wir brauchen das Wort nicht aus der Vergangenheit in die *Gegenwart* zu „übersetzen" oder eine Anwendung für unser eigenes Leben künstlich herzustellen. Das Wort redet uns an, weil es Wort der – auch heute lebendigen – Kirche ist, zutiefst, weil Jesus Christus selbst dieses Wort durch die Kirche spricht.

Dieses Wort will nicht erzählen, sondern anrufen. „Es ist lebendig, kraftvoll und schärfer als jedes zweischneidige Schwert, es dringt durch bis zur Trennung von Seele und Geist, von Gelenk und Mark, und ist ein Richter der Willensregungen und Gedanken des Herzens" (Hebr 4,12). Es will in die Tiefe unseres Herzens und Gemütes einsickern wie erquickender Tau, unsere besten Kräfte befruchten und wekken – und vor allem aus uns geboren werden im Tun. So ist das Wort des Evangeliums *„Wort des Lebens"* im doppelten Sinn: es zeugt Leben in uns, weil es das heilige und heilende Wort Gottes ist. Und es wird durch unser Handeln nach ihm wieder zum Leben geboren, zur Verherrlichung des Vaters im Himmel und zum Zeugnis für die Menschen.[1]

ÜBERSICHT

TEXT UND ERLÄUTERUNG

I. TEIL

DIE VORGESCHICHTE DES MESSIAS
(K. 1–2)

Wie Lukas beginnt auch Matthäus sein Evangelium mit einer Vorgeschichte, doch sind beide Evangelien im Stil und in den berichteten
Ereignissen stark voneinander unterschieden.[2] Bei Lukas finden wir
ausladende, breite Erzählungen, bei Matthäus knapper gefaßte und
theologisch stark geraffte Stücke. Am Anfang steht der Stammbaum
Jesu Christi (1,1–17), der erste Beweis für die Messianität. Es schließt
sich eine Folge von kleineren Abschnitten an (1,18 – 2,23), unter denen
nur die Anbetung der Magier (2,1–12) ausführlicher geschildert wird.
Alle Teile zusammen bilden ein fortlaufendes Erzählungsganzes bis
zur Übersiedlung nach Nazareth. Der Stil ist auffallend nüchtern, fast
chronikartig. Eigentümlich sind allen Teilen die Hinweise auf die
Erfüllung alttestamentlicher Weissagungen. Diese „Erfüllungszitate"
sind gleichsam der rote Faden, der durch das Gewebe gesponnen ist
und der nur ein Ziel hat: Auch die frühen Ereignisse im Leben des
Messias sind von Gott wundersam gefügt und entsprechen der alttestamentlichen Erwartung.

I. DER STAMMBAUM JESU CHRISTI (1,1–17)

Matthäus baut aus mächtigen Quadern das Portal seines Werkes. Ein
Geschlechtsregister, ein *Stammbaum*, führt durch die Jahrhunderte
bis in die Fülle der Zeit. Seit der Heimkehr aus der Verbannung in
Babylon waren solche Geschlechtsregister bei den Juden sehr geschätzt. Inmitten der Völkermischung dieser Jahrhunderte behauptete
sich das Judentum mit zäher Kraft. Zur Übernahme öffentlicher Äm-
ter und höherer Würden mußte der Bewerber einen makellosen
Stammbaum nachweisen. Von den Priestern wurde das gleiche verlangt.
Eine besondere Ehre war es selbstverständlich, einem der alten würdigen Geschlechter anzugehören oder gar mit der verzweigten königlichen Familie verknüpft zu sein, die ihren Ursprung bei David nimmt.

Denn diese Familie war ja Träger der Verheißung, aus ihr wurde der königliche Sproß erwartet, der nicht nur gesalbt war wie die Könige vorher, sondern der „Gesalbte" schlechthin hieß, Messias.

[1] *Buch des Ursprungs Jesu Christi, des Sohnes Davids, des Sohnes Abrahams:* [2] *Abraham zeugte den Isaak, Isaak zeugte den Jakob, Jakob zeugte den Judas und seine Brüder.* [3] *Judas zeugte den Phares und den Zara mit der Thamar, Phares zeugte den Esron, Esron zeugte den Aram.* [4] *Aram zeugte den Aminadab, Aminadab zeugte den Naasson, Naasson zeugte den Salmon.* [5] *Salmon zeugte den Booz mit der Rahab, Booz zeugte den Obed mit der Ruth, Obed zeugte den Jesse.* [6] *Jesse zeugte David, den König, der König David zeugte mit der Frau des Urias den Salomon.*

[7] *Salomon zeugte den Roboam, Roboam zeugte den Abias, Abias zeugte den Asa.* [8] *Asa zeugte den Josaphat, Josaphat zeugte den Joram, Joram zeugte den Ozias.* [9] *Ozias zeugte den Joatham, Joatham zeugte den Achaz, Achaz zeugte den Ezechias.* [10] *Ezechias zeugte den Manasses, Manasses zeugte den Amos, Amos zeugte den Josias.* [11] *Josias zeugte den Jechonias und seine Brüder zur Zeit der Wegführung nach Babylon.*
[12] *Nach der Wegführung nach Babylon zeugte Jechonias den Salathiel, Salathiel zeugte den Zorobabel.* [13] *Zorobabel zeugte den Abiud, Abiud zeugte den Eliakim, Eliakim zeugte den Azor.* [14] *Azor zeugte den Sadok, Sadok zeugte den Achim, Achim zeugte den Eliud.* [15] *Eliud zeugte den Eleazar, Eleazar zeugte den Mathan, Mathan zeugte den Jakob.* [16] *Jakob zeugte den Joseph, den Mann Mariens, aus der geboren wurde Jesus, der genannt wird Christus (Messias).* [17] *Alle Geschlechter nun von Abraham bis David sind vierzehn Geschlechter, und von David bis zur*

Babylonischen Gefangenschaft vierzehn Geschlechter, und von der Babylonischen Gefangenschaft bis zu dem Messias vierzehn Geschlechter.

Durch ein einzigartiges Wunder geschah die Empfängnis und Geburt Jesu. In dem nächsten Abschnitt lesen wir davon. Bewirkte nun dieses Wunder, daß Jesus ganz außerhalb der natürlichen Bindungen von Familie und Volk stand, gleichsam nur von Gott her in unsere Geschichte und Welt hineingesandt, wie ein Komet, der den Luftraum der Erde schneidet? Keineswegs! Durch den heiligen Joseph, der vor dem Gesetz sein „Vater" ist, tritt er ein in die Folge der Geschlechter. Die Heilige Schrift bezeugt damit zunächst, daß er ein *wahrer Mensch* ist; nicht einer von jenen Himmelswesen, von denen die Mythen erzählen, die aus himmlischen Sphären herabkommen, hier auf Erden sichtbar werden, um dann wieder in die geistige, himmlische Welt zurückzukehren. Jesus ist wahrhaft „vom Weibe geboren" (Gal 4,4) . . .
Aber noch mehr: Die Familie, in der er an einer bestimmten Stelle erscheint, ist Königsfamilie, die Familie Davids, die Trägerin der messianischen Verheißung. So steht als erste Beifügung von Jesus Christus: *Sohn Davids.* Eine kühne Bezeichnung! Jesus ist im vollen Sinn und mit rechtlicher Geltung Nachkomme Davids, Glied der königlichen Familie und Erbe seines Thrones (vgl. 2 Sm 7,1–16; Lk 1,32). – Hätte er auch Messias sein können ohne diese Verwandtschaft? Die Antwort können wir nicht geben, da Gott die Ereignisse so fügte, daß sein ewiger Sohn „dem Fleische nach aus dem Geschlechte Davids stammt" (Röm 1,3). Eines ist sicher: Hätte man den Nachweis der davidischen Abstammung nicht führen können, so wäre den Juden der Glaube sehr erschwert worden, daß dieser Jesus der Messias sein solle.

Die zweite Beifügung greift noch weiter aus: *Sohn Abrahams.* Es ist nicht nur die Königslinie, die bei Jesus mündet, nicht nur die Verheißungen des Thrones und dauernder Herrschaft erfüllen sich in ihm! Die Ahnenreihe wird in einem weiten Ausgriff bis auf Abraham zurückverfolgt. Abraham ist der Stammvater des ganzen Volkes, nicht nur einer Sippe. Abraham ist vor allem der Träger der noch älteren und umfassenderen Verheißung: „Segnen will ich, die dich segnen, und wer dir flucht, den will ich verfluchen; und mit deinem Namen werden sich Segen wünschen alle Geschlechter der Erde" (Gn 12,3). Das Volk, das aus seinen Lenden hervorgeht, soll zum Segen für die ganze Menschheit werden. Es trägt den Segen durch die Jahrhunderte wie eine kostbare Gabe, bis er sich sammelt in dem einen und einzigen Sproß des Stammes, der aller Welt diesen Segen bringt: „Die Verheißungen wurden nämlich dem Abraham gegeben und seinem Samen. Er sagt nicht: ‚und den Samen‘, als handle es sich um viele, sondern nur um einen: ‚und deinem Samen‘. Der ist Christus" (Gal 3,16). „Sohn Davids" klingt uns vertraut und gewohnt. „Sohn Abrahams" auch? – Die Geschichte der Menschheit, die Gott mit Abraham neu begann, treibt ihrem Ziel zu. Vom Stammvater Israels wölbt sich der Bogen der Geschichte zum Stammvater eines neuen Israels ...

Der Stammbaum des Evangelisten von Abraham bis Joseph ist nicht vollkommen. Manche Mittelglieder fehlen. Die Quellen, aus denen er zusammengestellt ist, sind uns auch nur zum Teil bekannt. Die ersten beiden Abschnitte bis zur Babylonischen Gefangenschaft dürften den biblischen Texten entnommen sein.[3] Ganz unbekannt sind die Quellen für die Namen des dritten Abschnitts. Auch ist es nicht möglich, die Genauigkeit des Stammbaumes nachzuprüfen. Schließlich endet er seltsamerweise gar nicht bei Maria, die ja doch die leibliche Mutter Jesu war, sondern bei ihrem nur rechtlichen Manne Joseph. Dies alles hilft uns, diesen Text richtig zu verstehen. Wenn Jesus das gesetzliche Kind Josephs war, so konnte es im vollen Sinne in seine Ahnenreihe eingeordnet werden und damit in die davidische Nachfolge. Matthäus legt nicht so großen Wert auf die „wissenschaftliche" Genauigkeit als auf die innere Ordnung und Folgerichtigkeit. Diese Ordnung ist deutlich angegeben in dem Schlußvers 17: Jeweils vierzehn Generationen füllen die drei Zeiträume zwischen Abraham, David, Babylonischer Gefangenschaft und Christus aus. Vierzehn ist zweimal die heilige Zahl Sieben.[4] – In den gleichen Zahlen offenbart sich dem gläubigen Verstande etwas von der *Ordnung und dem Plane Gottes* in der Geschichte. Die Geburt Jesu steht in einem heiligen Zusammenhang und ist durch Jahrhunderte und Geschlechter hindurch von Gott angezielt und genau zur vorbestimmten Zeit geschehen. Dem Evangelisten und uns Lesern ist diese Entdeckung ein Hinweis auf Gottes weise Führung der Geschichte.

Dieser letzte Gedanke kommt auch noch in einer anderen Besonderheit des Stammbaumes zum Ausdruck, nämlich in der Erwähnung von *vier Frauen*. Daß überhaupt Frauen erwähnt werden, wo doch nur die männliche Linie zählt, ist auffällig, um so mehr, als die Frauen nicht zu den erhabenen und berühmten Stammüttern gehören wie Sara und Rebekka, Lea und Rachel, sondern vier, die durchaus im Schatten stehen. Da ist *Thamar* (V. 3), der Juda das Recht auf Nachkommenschaft verweigert und die sich mit grober List ihr Recht darauf erobert (vgl. Gn 38,1–30). Da ist *Rahab* (V. 5), die den Booz gebiert, eine Dirne, Kananäerin, die dem auserwählten Volke eine große Hilfe erwies (Jos 2; 6, 15 ff.). Die nächstgenannte *Ruth* (V. 5) hat zwar keinen moralischen Makel an sich, aber sie war eine Heidin, eine Moabiterin, die zur Stammutter des Königs David wurde (vgl. Ruth 4,12 ff.). Die vierte Frau wird nicht mit ihrem Namen, sondern als *Frau des Urias* bezeichnet. Auch sie, eine Ausländerin, Bathseba geheißen, Gemahlin eines Hethiters, steht in außergewöhnlicher Beziehung zum Volk der Verheißung: David beging mit ihr Ehebruch; aus dieser Verbindung ging sein Sohn und Nachfolger Salomon hervor (2 Sm 11 f.). – Das Ungewöhnliche und Außerordentliche ist allen diesen Frauen gemeinsam. Trotz ihres fremden Blutes oder ihrer Unwürdigkeit hat sich doch der Plan Gottes erfüllt! Nichts konnte die Segensreihe abreißen lassen, sondern alle Seitenwege und Umwege wurden nur aufgegriffen und dem einen Ziele zugeführt: bis aus dem Volke „der Same käme, dem die Verheißung gegeben ist" (Gal 3,19). So zeigt Name und Schicksal dieser Frauen das eine: Gottes Weg ist oft der Umweg, seine Treue fällt nicht dahin. Es ist sein starker, unbeugsamer Wille zum Heil, der sich den Weg bahnt. Das soll man auch erwägen, wenn man die ungewöhnlichen Umstände der Geburt Jesu im folgenden hört. Zwar fällt auf Maria kein Schatten, aber Gottes Weg ist voller Geheimnisse und in Vergangenheit und Gegenwart stets „ganz anders" . . .

Zweimal wird in den letzten Versen mit Betonung vom *Messias* gesprochen. Aus Maria wurde geboren Jesus, „der genannt wird Christus", und: „von der Babylonischen Gefangenschaft bis zu dem Messias sind es vierzehn Geschlechter". Der eigentliche Zweck der Ahnenreihe ist, die wahre Messianität Jesu zu beweisen! In dem ersten Stück des Evangeliums kommt zum Ausdruck, was das ganze Buch hindurch lehrt: Jesus ist wahrhaft der verheißene Messias. Anderseits wird der Stammbaum bis Abraham geführt. Ist damit nicht schon angedeutet, daß der Messias nicht nur als Königssproß und Davidssohn und so vor allem als politische Figur gesehen werden soll? Er faßt alle Verheißungen in sich zusammen, nicht nur die einer erwählten „Dynastie", sondern die einem ganzen gottgeweihten Volke gelten. Das Bild vom Messias ist von vornherein größer, als daß es sich in der königlichen Nachfolgeschaft erschöpfte! Hier geht es um den Beruf und Auftrag Israels und um Segen oder Fluch für die ganze Welt. Wer weiß, daß dieser Jesus der Messias ist, für den entblättert sich die Geschichte der ganzen Welt bis zu seiner Ankunft als ein sinnvoller und verheißungsträchtiger Plan Gottes.[5]

II. DIE EREIGNISSE VON GEBURT UND KINDHEIT JESU (1,18 – 2,23)

1. Die Geburt Jesu (1,18–25)

[18] *Die Geburt Jesu Christi geschah so: Als seine Mutter Maria mit Joseph verlobt war, da fand sich, bevor sie zusammenkamen, daß sie vom Heiligen Geiste empfangen hatte.* [19] *Ihr Mann Joseph aber, der gerecht war und sie nicht bloßstellen wollte, beschloß, sie heimlich zu entlassen.*

Dieses Stück berichtet von der Geburt des Messiaskindes. Die Weise, in der das geschieht, ist in mancher Hinsicht merkwürdig. Vergleichen wir sie mit der Geburtserzählung, die uns von Lukas und von Weihnachten her vertraut ist, so fällt die Nüchternheit und Knappheit auf. Die näheren Umstände, die Vorbereitungen des Ereignisses und das Geschehen selbst werden fast nicht dargestellt. Es sind ganz andere Tatsachen, auf die Matthäus den Blick richtet. Er setzt voraus, daß uns der Hergang der wunderbaren Empfängnis und Geburt bekannt ist. So wird ihrer nur in kurzen Worten gedacht. Was will der Evangelist vor allem lehren?

Da ist zunächst die Gestalt des *Joseph*. Sie steht ganz im Vordergrunde, wie in den lukanischen Berichten Maria. Alles ist von seinem Standpunkt her beobachtet – am Ende des Stammbaumes wurde er ja erwähnt als „Mann Mariens". Daran knüpft die Geburtserzählung an. Maria war mit Joseph verlobt, galt damit nach jüdischem Recht als seine gesetzliche Ehefrau. Doch waren sie noch nicht „zusammengekommen". Das bedeutet: Joseph hatte seine verlobte Braut noch nicht in sein Haus eingeführt und die Gemeinschaft der

Ehe begonnen. Ganz knapp sagt nun der Bericht, daß es sich in dieser Zeit fand, daß Maria gesegneten Leibes war. Joseph hatte es offenbar selbst bemerkt. Was er nicht weiß, das sagt uns der Evangelist – vorausdeutend und erklärend – sofort mit: Was in ihr lebt, das stammt aus Heiligem Geist. Kein Wort über die Bestürzung, das Sorgen und Grübeln, das Zweifeln und Schwanken des Mannes! Es wird uns nicht erzählt, was in seiner Seele vorgeht und den Entschluß zur Reife bringt. Nur das Ergebnis erfahren wir: Er beschließt, sich von seiner Verlobten in aller Stille zu scheiden. Die Schande, in der er sie glaubt, soll sie nicht vor allem Volke treffen.

Dieses Verhalten des Joseph, in dem sein Überlegen und seine Gesinnung Ausdruck finden, wird als *gerecht* bezeichnet. Gerecht ist der Mann, der nach Gott ausschaut und sein Leben seinem Willen fügt. Gerecht ist der Mann, der das Gesetz erfüllt mit ganzem Herzen und tiefer Freude, wie der Beter des 119. Psalmes. Gerecht ist aber auch der weise und gütige Mensch, in dessen Leben sich die Erfahrung mit Gottes Gesetz und seine eigene menschliche Reife wundersam vermischt und geklärt haben. So sieht das Alte Testament den Gerechten. Er ist das Idealbild des Gott wohlgefälligen Menschen. Gerechtigkeit ist der edelste Kranz, mit dem ein Mensch geschmückt werden kann. So auch Joseph. Sein Auge ist noch gehalten, und er durchschaut nicht das verwirrende Rätsel. Er forscht aber auch nicht danach und sucht es nicht zu ergründen. Was er tut, das ist in jedem Falle gütig und besonnen. So erhält er die hohe Auszeichnung, gerecht zu sein.

[20] *Als er aber all dies überlegte, siehe, da erschien ihm ein Engel des Herrn im Traume und sprach: Joseph, Sohn Da-*

vids, scheue dich nicht, Maria, deine Frau, heimzuführen;
denn was in ihr erzeugt wurde, das ist aus Heiligem Geist.

Erst nachdem der Entschluß der Trennung schon gefaßt ist,
greift Gott ein. Ein Engel, Gottes heiliger Bote, führt ihn in
das Geheimnis ein. Feierlich redet er ihn an: „Joseph, *Sohn
Davids.*" Nur noch Jesus wird dieser Ehrentitel gewährt
(Mt 1,1; 9,27; 20,30 f.). Mit der Anrede klingen die Hoffnun-
gen auf, die sich an diesen Namen knüpfen seit der Weissagung des Nathan an den König: „Ich will ihm Vater sein, und
er soll mir Sohn sein. Wenn er sich vergeht, will ich ihn mit
menschlicher Rute und mit menschlichen Schlägen züchtigen;
aber meine Gnade will ich ihm nicht entziehen, wie ich sie
Saul entzogen habe, der vor dir gewesen ist, sondern dein
Haus und dein Königtum sollen immerdar vor mir Bestand
haben; dein Thron soll in Ewigkeit fest stehen" (2 Sm 7,14–16).
Mit dieser Anrede wird der schlichte Mann Joseph in den
großen Zusammenhang der göttlichen Geschichte hereinge-
holt. Er ist Nachkomme des Geschlechtes Davids, einer seiner „Söhne"! Was er vom Engel hört, soll er als Davidssohn
hören, dann wird ihm auch das Verständnis aufgehen. Daß
dies wirklich geschieht, das lesen wir am Ende: Nach der
nächtlichen Botschaft handelt Joseph schlicht und gehorsam,
wie ihm der Engel aufgetragen hatte (1,24).
Joseph steht ganz im Vordergrund. Nun kommt aber auch
die Mutter des Messias deutlicher ans Licht. Joseph soll sich
nicht scheuen – sagt der Engel –, *Maria* heimzuführen, als
Frau zu sich zu nehmen; denn in ihr ist ein Wunder Gottes
geschehen: Die Frucht ihres Leibes stammt nicht aus einer
irdischen Begegnung. Ehrfürchtig und andeutend zart wird
das Geheimnis angerührt. Es geht um göttliche Dinge, die
vom Vorwitz des Menschen und von der alles ergreifenden

Sprache nicht entweiht werden dürfen. Nur eine einzige Tatsache wird zur Erklärung genannt: das Wirken *Heiligen Geistes.* Auf ihn geht als letzte Ursache das Wunder in Mariens Schoß zurück. Es ist der Geist, der die Macht und Größe des göttlichen Wirkens ausdrückt; der Geist, der die Propheten und Helden erfüllt; aber auch der Geist, der in der Stille wirkt und das Verborgene leise tut. Alle Einzelheiten werden hier sorgsam vermieden. Lediglich dieses Bild soll Joseph und uns vor Augen stehen: die Jungfrau, ein Gefäß der Erwählung, eingetaucht in das Wehen des Geistes Gottes ...

[21] *Sie wird einen Sohn gebären, und du sollst seinen Namen „Jesus" nennen: denn er wird sein Volk von ihren Sünden erlösen.*

Dann wird der Bote wieder deutlicher. Maria wird einen Sohn gebären, und Joseph soll ihn benennen als „Jesus". Es gehörte zum Vorrecht und zur Würde des Vaters, dem Kinde den *Namen* zu verleihen. Das ist ein gleichsam schöpferischer Akt, denn der Name bezeichnet ja für die Alten das Wesen und den Beruf. Doch wird im Falle Josephs das Recht eingeschränkt: Er hat nicht nur keinen Anteil an der Zeugung des Kindes, sondern auch kein Recht, den Namen zu bestimmen. Er ist von oben gegeben, im voraus angesagt: ein Name, der wohl in der Geschichte des Volkes öfters verwendet wurde, aber niemals so genau das Wesen verkündet wie hier.

Was bedeutet der Name *Jesus?* Aus dem Hebräischen übersetzt heißt er: Gott ist Heil, Gott ist Helfer und Retter, Gott ist *Erlöser.* So hieß Josue, der als Nachfolger des Moses das Volk über den Jordan in die Seßhaftigkeit und den Frieden des Landes führte. Diesen Namen trug ein Hoherpriester, der nach der Heimführung aus der Babylonischen Gefangenschaft an der Wiedererrichtung des Kultes und Tempeldienstes führend beteiligt war (Esr 2–5). So hieß auch ein Lehrer der Weisheit, der den Weg der Gerechtigkeit und des Lebens in wohlgesetzten Sprüchen preisen konnte, Jesus, der Sohn des Eleazar und Enkel des Sirach, Verfasser des Buches Jesus Sirach (Sir 50,27). Alle waren in verschiedener Weise Vermittler des Heiles Gottes. Jesus aber wird dieses Heil so umfassend bringen wie keiner vor ihm. Das sagt die Deutung seines Namens, die Matthäus beifügt: „Er wird sein Volk von ihren Sünden erlösen." Das ist nicht nur das Heil eines fruchtbaren Landes, eines Gott angenehmen Opferdienstes oder rechter Erkenntnis, sondern die Befreiung aus einer tieferen Sklaverei, als sie Wüste, Götzendienst und Irrlehre darstellen: die Knechtschaft der Sünde. Mit diesem Wort „Sünde" ist alles gesagt, wovon der Mensch und die Menschheit errettet werden muß. Es bezeichnet den schärfsten Gegensatz zu Gott und seinem Heil.

Wen er aus dieser Knechtschaft befreien wird, das sagt der etwas zwielichtige Ausdruck: *sein Volk*. Der Jude kennt nur ein Volk, das diesen Namen im tiefsten Sinn zu Recht trägt, das ist Israel, das Volk der Erwählung. Er würde sagen: „unser Volk", oder im Munde des Engels: „euer Volk", das Volk, durch das der Israelit überhaupt erst ist, was er ist. Oder man würde erwarten: Gottes Volk. Hier aber steht: „sein Volk". Diesem Kinde wird vom ersten Augenblick an ein eigenes Volk zugesagt, und es bleibt durchaus offen, ob dieses Volk mit dem jetzigen Israel gleich ist. Es könnte auch ein neues Volk sein, für das die jetzigen Grenzen nicht mehr gelten, das über die Grenzen Israels hinauswächst – ein neues Gottesvolk, das Jesus besonders zugehört, das seinen Namen trägt ...

²² Dies alles aber ist geschehen, damit erfüllt würde, was der Herr durch den Propheten gesprochen hat, welcher sagt: ²³ Siehe, die Jungfrau wird empfangen und einen Sohn gebären, und man wird seinen Namen nennen „Immanuel", das heißt übersetzt „Gott mit uns".

Was der Engel bisher verkündet hat, ist bedeutend und staunenswert. Teils sagt er klar, was geschehen wird, teils deutet er große Zusammenhänge an, die der Kundige wie Joseph erkennt oder doch ahnt. Matthäus beschließt die Rede mit dem Hinweis auf die *Erfüllung eines Prophetenwortes.* Vollends wird jetzt sichtbar, daß es nicht um ein Ereignis des Tages geht. Vielmehr: Wie die Lichtstrahlen in einer Linse gesammelt werden, so laufen in der Ankunft dieses Kindes die Fäden des göttlichen Webmeisters zusammen. Das Geschehen ist bedeutsam für die Gegenwart, in der das Wunder des Heiligen Geistes geschieht, die Zukunft, in der dieses Kind eine Errettung seines Volkes vollbringen soll, und die Vergangenheit, die in neuem Licht erscheint. In einer bedrängten Lage hatte der Prophet Isaias dem König Achaz ein göttliches Zeichen angekündigt, das ihm Unheil ansagen sollte. Nun wird dieses Wort zur Botschaft der Freude: „Siehe, die Jungfrau wird empfangen..." Die geheimnisvollen Umstände, die Joseph bestürzt hatten, sind nicht so erregend neu, hat sie doch der Prophet schon angedeutet, wenn er von einer *„Jungfrau"* spricht, die einen Sohn gebären wird. Die geistgewirkte jungfräuliche Geburt des Messias ist schon im Alten Testament angedeutet. Der gläubige Blick erkennt das Wirken Gottes in den Jahrhunderten und weiß die Verheißungen des Propheten im Licht der Erfüllung zu verstehen.

Noch ein Zweites steht beim Propheten: ein Name, der ebenso tief und reich wie der Name Jesu ist: *„Gott mit uns"* (Is 7,10–16). Im Glauben Israels war dieses Wissen tief verwurzelt, daß Jahwe immer mit seinem Volke sei. Das ist die Auszeichnung und der Ruhm Israels. Wie es in der Vergangenheit war, so wird es auch in der Zukunft sein, die die Propheten ansagen: „Fürchte dich nicht, denn ich erlöse dich; ich rufe dich bei deinem Namen, mein bist du! Wenn du durch Wasser gehst – ich bin mit dir; wenn durch Ströme – sie werden dich nicht überfluten. Wenn du durch Feuer schreitest, wirst du dich nicht brennen, und die Flamme wird dich nicht versengen" (Is 43,1 f.). Immer war Gott mit seinem Volke – in den Kriegen der Väter, den Versammlungen an den Kultstätten zur Richterzeit, dann besonders auf dem heiligen Berge Sion und im Tempel, in den Salbungen seiner Könige und den Sendungen seiner Propheten, seiner Treue und der Gewährung seines Heils – auch in der Versprengung unter die Völker, der Gefangenschaft. Trotzdem blieb die Hoffnung wach, daß Gott in der Zukunft mit seinem Volke sein werde. Es war Tatsache und doch Verheißung, man konnte Gottes Gegenwart beglückend erleben und mußte doch darauf warten. Offenbar sollte das eine ganz neue Weise der Anwesenheit sein, die noch bevorstand ...

Das scheint nun verwirklicht zu werden. *Das Kind,* das geboren werden soll, trägt den Namen, der diese Hoffnung ganz umschließt: „Gott mit uns". Diese Nähe Gottes soll dann nicht in einer besonderen Veranstaltung, an einem Ort, in einem Haus verwirklicht werden, sondern in einem Menschen, dessen Wesen es ist, Gott mit uns zu sein. In ihm und durch ihn ist Gott anwesend und nahe, näher und wirklicher als je zuvor ...

²⁴ Als Joseph vom Schlafe aufstand, tat er so, wie ihm der Engel des Herrn befohlen hatte, und nahm seine Frau zu sich. ²⁵ Und er erkannte sie nicht, bis sie einen Sohn geboren hatte, und er nannte seinen Namen „Jesus".

Joseph tut, wie ihm aufgetragen war – schlicht und selbstverständlich. In scheuer Ehrfurcht naht er sich Maria nicht, die nun nach außen hin als seine Ehefrau gilt. Sie gebiert das Kind, und Joseph bezeichnet es mit dem Namen „Jesus". Damit ist es rechtlich sein Kind, eingegliedert in die Reihe der Väter, die von David bis Joseph reicht. Wir wissen nicht nur um den Namen, den das Kind tragen soll und der mit dem Messiastitel zu dem Doppelnamen verwuchs: Jesus Christus, das ist Jesus der Messias. Wir wissen, daß der Name durch einen zweiten ergänzt wird, den Jesus nicht führte: „Gott mit uns". Der letzte Satz des Evangeliums blickt auf den Anfang hier zurück: Die Nähe Gottes in Christus ist sicher verbürgt und wird nie mehr zur „Ferne", bis zum Ende der Zeit: „Siehe, ich bin mit euch alle Tage bis zum Ende des Weltlaufs" (28,20). Gott ist uns nahe in Jesus Christus, er ist immer dabei, niemals mehr werden wir allein und verloren sein, sinnlos „ins Dasein geworfen" . . .

2. Die Huldigung der Magier (2,1–12)

¹ Als Jesus geboren war in Bethlehem in Judäa in den Tagen des Königs Herodes, siehe, da kamen Magier aus dem Morgenland nach Jerusalem ² und sprachen: Wo ist der (neu)geborene König der Juden? Wir sahen nämlich seinen Stern im Morgenland und kamen, ihm zu huldigen.

Stammbaum und Bericht von der Geburt Jesu blieben im Umkreis des jüdischen Landes und Volkes. Nun weitet sich der Blick in die große Welt der Völker und Reiche. Im Stammbaum hatten wir uns in der Geschichte zurückgetastet bis zu David und Abraham. Im nächsten Stück (1,18–25) klang die Prophetie auf, daß ein von der Jungfrau Geborener der „Gott mit uns" sein werde. Alles dies ist gewonnen aus dem gläubigen Rückblick von der erfüllten Gegenwart in die Vergangenheit. Das Ereignis von der *Huldigung der Magier* scheint erneut ein Stück großer Prophetie zu ihrer Verwirklichung zu bringen, mit dem Unterschied, daß hier etwas in weit größerer Öffentlichkeit geschieht, was vorher nur das Auge des Glaubens erkennen konnte: die Ankunft des wahren Messias.

Zum erstenmal erfahren wir bei Matthäus, daß die *Geburt Jesu in Bethlehem* geschehen ist, in dem Lande *Juda*. Beides erfüllt die Prophetie, nach der nur das königliche Land Juda und eine in diesem Land liegende Stadt in Frage kommt. Beide Bezeichnungen in V. 1 nehmen auch schon das alttestamentliche Zitat vorweg, das ausführlich in V. 6 steht. Der Prophet Michäas hat über diese kleine Stadt den Spruch getan, daß aus ihr der Herrscher der Endzeit hervorgehen soll, der das ganze Volk Israel regieren soll. So ist der Ort der Geburt durch den Propheten bezeichnet, wie der Name des Kindes von Gott bestimmt worden ist . . .

Es heißt im allgemeinen: *„In den Tagen des Königs Herodes"*, ohne daß wir einen näheren Zeitpunkt erfahren. Gemeint ist Herodes „der Große", der trotz beachtlicher Leistungen ein Willkür- und Schreckensregiment führte, als Ausländer (Idumäer) und von Roms Gnaden abhängig, skrupellos und ausschweifend. Zwar hat er den Tempel prachtvoll hergerichtet und dem Volke manche Wohltat erwiesen, trotzdem empfinden ihn die frommen Kreise der Juden als einen Fremdherrscher. Obgleich seine Macht gering war, führte er

den von Rom verliehenen Titel „König". Hier wird dieser
Titel mehrfach gebraucht, im Gegensatz zu dem König, den
die Magier suchen. Von Jesus wird als dem „König der Juden" nur zweimal im Evangelium gesprochen: hier im Gegensatz zum Gewaltherrscher Herodes und gegen Ende im
Prozeß, wieder von dem Heiden Pilatus (27,11), den Soldaten,
die ihren Spott treiben (27,29), und der Inschrift am Kreuz
(27,32). Jesus bejaht zwar die Frage des Pilatus (27,11), aber
der Titel ist kein Ausdruck für die wahre Würde Jesu und
kein Bekenntniswort des Glaubens geworden. Hier soll man
erwägen: Da sitzt der angemaßte König der Juden zitternd
auf dem Thron – dort kommt der wahre in der Schwachheit
des Kindes . . .

Die Magier kommen vom Osten her. Das Land ihrer Heimat
wird nicht angegeben, ihre Zahl nicht genannt. Die äußeren
Umstände bleiben verborgen vor der einen Frage, die sie bewegt: „Wo ist der (neu)geborene König der Juden?" Es sind
Gelehrte, wahrscheinlich babylonische Priester, mit dem
Lauf und den Erscheinungen der Sterne vertraut. Eine merkwürdige Sternerscheinung hat sie zum Aufbruch bewegt. Sie
nennen ihn „seinen Stern", den Stern des neuen Königskindes. Die Bewegungen der Sterne und das Schicksal der Menschen hängen nach der Überzeugung des Alten Orients innig
zusammen. Alle scharfsinnigen Forschungen und Überlegungen zu diesem Stern aber, ob er eine bestimmte Konstella-
tion, einen Kometen oder eine ganz wunderbare Erscheinung
bezeichne, sind bis heute nicht geklärt. Wir lassen die Frage
hier beiseite und sehen den Stern nur in seiner Bedeutung für
die Magier. Auch ein anderes Zeichen hätte sie zu ihrem
Zuge bewegen können. Soviel ist sicher: der Stern ist kein
rein natürlich erklärbares, sondern ein wunderbares Geschehen (V. 9). Gott sendet ein Zeichen, der Gott der Völker und

der Welt. Nicht die äußeren Umstände der Erscheinung sind die Hauptsache, sondern ihr inneres Ziel.

Aber *was bedeutet das Zeichen* für die gelehrten Leute? Für sie ist das Land der Juden lächerlich klein, politisch unbedeutend, seit Jahrhunderten nicht mehr zu einer selbständigen Rolle innerhalb des Vorderen Orients erwacht! Warum genügt ihnen nicht eine Botschaft, eine Ermittlung durch Kundschafter? Warum drängt es sie, selbst hinzugehen und zu huldigen? Die Heilige Schrift antwortet auf diese Fragen nicht, sondern berichtet nur, was geschehen ist. Das Staunen aber, das uns durch diese Fragen kommt, führt uns in den tiefen Sinn dieser Geschichte . . .

Gott hatte nicht nur sein Volk aus der Knechtschaft von Ägypten erwählt, sondern für sich selbst eine heilige Stadt: Jerusalem, und einen heiligen Berg, gleichsam als Wohnsitz: den Berg Sion. Israel erwartet für den Anbruch des Heils nicht nur die Ankunft des Messias und die Aufrichtung der davidischen Königsherrschaft, sondern viel mehr: die Segnung aller Völker durch Israel. *Stadt und Berg sind der Sitz und Ursprung des Heils,* das den Völkern zuteil werden soll. Dort geht das Licht auf, dort muß man huldigen. Der Sionsberg wird zum Berge aller Berge, zum höchsten und heiligsten. Am Ende der Tage brechen viele Völker auf von den vier Winden und wallfahren nach Jerusalem, daß Gott sie seine Wege lehre und sie wandeln in seinen Pfaden (vgl. Is 2,2 f.). Da kommen Könige und Fürsten aus aller Welt und bringen ihre Gaben in die vom Lichtglanz erhellte Stadt Jerusalem: „Völker strömen zu deinem Lichte, und Könige zu dem Glanz, der über dir aufstrahlt. Hebe deine Augen auf und sieh umher: alle sind sie versammelt und kommen zu dir. Deine Söhne kommen von ferne, und deine Töchter werden auf den Armen getragen. Da wirst du schauen und strahlen, dein Herz wird beben und weit werden; denn der Reichtum des Meeres wird sich dir zuwenden, und die Schätze der Völker werden zu dir kommen. Die Menge der Kamele wird dich bedecken, die Dromedare von Midian und Epha; die Sabäer werden allzumal kommen und Gold und Weihrauch bringen und die Ruhmestaten des Herrn verkünden" (Is 60,3 bis 6; vgl. Ps 72,10 f.). Die Völkerwallfahrt am Ende der Zeit! Ist das das Bild, das der Evangelist vor Augen hat? Sieht er das „Ende der Tage" erfüllt?

Es ist aber nicht die Königsstadt Davids, in der Jesus zur Welt kam, sondern das weit unbedeutendere Städtchen Bethlehem! Wie kann das sein, wenn alle anderen Anzeichen der Erwartung auf Jerusalem weisen? Und wie kommt es, daß der Messias nicht im königlichen Palast des Herodes geboren wird, sondern irgendwo, unbekannt und unerkannt? Kann das denn der wirkliche Messias sein? Die Antwort darauf ist schwer; sie hat der alten Kirche, besonders bei den Juden, Sorge gemacht. Bis eines Tages der Heilige Geist auch ihr den Weg wies: auch das alles wird durch die Schrift bezeugt! Beim *Propheten Michäas* wird dieser Flecken Bethlehem eigens genannt und gerühmt. Er ist zwar unbedeutend und klein, aber groß dadurch, daß aus ihm der Herrscher Israels hervorgehen soll. Matthäus hat den Text beim Propheten Michäas etwas frei wiedergegeben. Ursprünglich lautet er: „Und du, Bethlehem-Ephrath, du kleinster unter den Gauen Judas, aus dir soll mir hervorgehen, der Herrscher in Israel werden soll; sein Ursprung ist in der Vorzeit, in unvordenklichen Tagen. Dann tritt er auf und weidet sie in der Kraft des Herrn, in dem erhabenen Namen des Herrn, seines Gottes, und sie wohnen ruhig; denn nun wird er groß sein bis an die Enden der Erde. Und das wird das Heil sein" (Mich 5,2.4 f.). Ephrath war eine zahlenmäßig kleine Sippe Israels,

35

aus der aber David entsproß (1 Sm 17,11). – Einmal hat Gott
das Schwache erwählt, in der Vollendung der Zeit wird er es
wieder tun.

*³ Als der König Herodes das hörte, war er bestürzt und
mit ihm ganz Jerusalem. ⁴ Und er versammelte alle Hohenpriester und Schriftgelehrten des Volkes und erkundete
von ihnen, wo der Messias geboren werden sollte. ⁵ Sie
sprachen zu ihm: In Bethlehem in Judäa. Denn so ist geschrieben durch den Propheten: ⁶ Und du, Bethlehem, Land
Juda, keineswegs bist du die Geringste unter den Herr-
schern Judas, denn aus dir wird hervorgehen ein Fürst,
der mein Volk Israel weiden wird. ⁷ Da rief Herodes die
Magier heimlich und erforschte von ihnen die Zeit, da der
Stern erschienen war. ⁸ Und er schickte sie nach Bethlehem
und sprach: Geht hin und forscht genau nach dem Kinde.
Wenn ihr es gefunden habt, so meldet es mir, damit auch
ich komme und ihm huldige.*

Wie zum Hohne wird Herodes nach dem Orte gefragt. Die
Frage erschüttert ihn, weil er nun einen neuen Nebenbuhler
fürchten muß, und die Stadt, weil sie um neue Terrormaß-
nahmen zittert. Da er den Ort nicht weiß (was weiß der hei-
denfreundliche, fremdblütige König schon von der Schrift?),
muß er einen würdigen Rat einberufen: *Hohepriester und
Schriftgelehrte,* die ihm offiziell Antwort geben. Den Ort haben also nicht gläubige Christen erfunden oder sich nachträg-
lich zurechtgelegt. Die Juden und Herodes selbst müssen
Bethlehem als Messiasstadt bezeugen!
Durch Gott selbst wird die Wallfahrt der Magier nicht in
Jerusalem zum Ziel gebracht, sondern über die Stadt hinaus
im nahegelegenen Bethlehem. Seltsame Fügung! Jerusalem ist

nicht die *Stadt des Lichtes*, in der Recht und Heil für die Völker bereitliegen. Jerusalem ist in der Sünde, Stadt der Prophetenmörder (23,37–39), Stadt des Ungehorsams und Aufruhrs, der Verachtung des Willens Gottes. Der Messias kommt nicht nach Jerusalem, es sei, um dort zu sterben. Dann geht zwar auch das Licht von dieser Stadt aus, aber auf ganz andere Weise, als man es erwartete . . .

[9] *Da sie den König angehört hatten, reisten sie fort. Und siehe, der Stern, den sie im Morgenland gesehen hatten, zog vor ihnen her, bis er hinkam und über (dem Ort) stehenblieb, wo das Kind war.* [10] *Da sie den Stern sahen, freuten sie sich mit überaus großer Freude.* [11] *Und sie traten in das Haus, sahen das Kind mit Maria, seiner Mutter, und fielen nieder und huldigten ihm, und öffneten ihre Schatzkästen und brachten ihm Gaben dar: Gold und Weihrauch und Myrrhen.* [12] *Und im Traume beschieden, nicht zu Herodes zurückzukehren, zogen sie auf einem anderen Wege in ihr Land.*

In aller Armut und Dürftigkeit begibt sich in Bethlehem etwas von der großen Verheißung: Die gelehrten Männer finden das Kind und Maria, seine Mutter, bringen ihre Huldigung und kostbare Geschenke dar, wie sie Königen gebühren: Gold, Weihrauch und Myrrhen. Ihre Freude übersteigt alles Maß: „*Sie freuten sich mit überaus großer Freude*", das ist die Freude des Findens, der erfüllten Sehnsucht.

Es ist ein Anfang, der Beginn der Huldigung aller Völker vor dem einen Herrn. Das Licht ist nicht nur für die Juden da; der Herrscher wird nicht nur „mein Volk Israel weiden" (V. 6), auch die Heiden bekommen Anteil an ihm; ja, sie zuerst, bevor noch ein einziger Jude zum Glauben gekommen ist. Während Herodes in düsteren Mordgedanken versteint, knien diese Heiden aus dem Osten vor dem Kinde nieder! Daß das Heil in Jesus für *die ganze Welt* gekommen ist, könnte nicht herrlicher bezeugt werden als durch dieses gewaltige Ereignis. Das Ende der Zeit beginnt sich zu verwirklichen. Die ersten großen Zeichen treffen ein. Herodes kommt nicht zum Ziel. Seine heuchlerische Absicht, auch zur Huldigung zu erscheinen, wird durchkreuzt: mit leichter Hand gibt Gott eine Weisung, auf einem anderen Wege heimzukehren. Es bedarf nur eines Winkes, und das Böse wird eingedämmt ...

3. Die Flucht nach Ägypten (2,13–15)

[13] *Als sie fortgezogen waren, siehe, da erschien ein Engel des Herrn dem Joseph im Traume und sprach: Steh auf, nimm das Kind und seine Mutter und fliehe nach Ägypten, und bleibe dort, bis ich es dir sage; denn Herodes will das Kind suchen, um es zu töten.* [14] *Er aber stand auf, nahm das Kind und seine Mutter des Nachts und floh nach Ägypten.*

Aus der Geschichte von den Magiern wird das aufgeklungene Thema weitergeführt: der Anschlag des Herodes gegen das Kind. Zunächst wird überliefert, daß das Kind durch eine Einwirkung Gottes nach Ägypten gebracht wird. Wieder ist es Joseph, der im Vordergrund steht. Ein zweites Mal empfängt er eine Botschaft Gottes, die ein Engel überbringt. Ebenso knapp wie vorher (1,20) ergeht hier die Weisung: *„Steh auf!"* Etwas Plötzliches, Unaufschiebbares wird von ihm verlangt. Mitten in der Nacht soll er sich erheben. Die Einsprechung geschieht zwar im verborgenen und unter der Decke des Schlafes, in der Umschattung des oberen

Bewußtseins, ihre Ausführung aber verlangt die entschlossene männliche Tat. So soll wohl in der Ausführung des Befehls (2,14) gesagt sein, daß der heilige Joseph unverzüglich, noch in der Nacht, sich erhebt und handelt. – Wie wach muß dieser Mensch gewesen sein, wie hellhörig und offen für den Wink Gottes! Nicht nur am Tage, sondern auch in der Nacht ist seine Seele nach oben hin geöffnet, so daß Gott mühelos einwirken und des Erfolges sicher sein kann. Der Empfang des Befehls bewirkt nicht, daß Joseph weiterdämmert, sondern augenblicklich bereit ist zu handeln. So wird es immer sein, wenn ein Mensch seine Seele mit Gott erfüllt ...

„Er nahm das Kind und seine Mutter." In den ersten beiden Kapiteln des Evangeliums wird nur so von Maria und dem Jesuskind gesprochen (2,11.13.14.20.21). Zunächst ist das eine korrekte, dogmatisch saubere Redeweise: erst kommt das Kind, das immer im Mittelpunkt steht, danach erst Maria, die es gebar. Matthäus sagt niemals: „die Eltern" oder „die Familie" oder „Maria und ihr Kind"; beide heiligen Personen werden voneinander abgesetzt, wie es dem Unterschied in ihrer Würde entspricht. Ein Wort, wie wir es bei Lukas lesen, wo anscheinend sorglos von „seinen Eltern" die Rede ist (Lk 2,43), wäre bei Matthäus nicht gut denkbar. Sein Bewußtsein von der Hoheit Jesu äußert sich überall im feinfühligen Abwägen der Worte. Auch wird Maria nicht mit ihrem Namen bezeichnet, sondern nur als „seine Mutter". Das bedeutet keinen kühlen Abstand, sondern soll sagen, daß sie ihre Würde von dem Kind empfängt. Gegenüber dieser bedeutenden Tatsache wird ihr Name blaß. In den ersten beiden Kapiteln ist er nur einmal erwähnt (1,18), während der Eigenname Joseph ständig gebraucht wird. – Ihr Ruhm ruht in der Erwählung zur wahren und wirklichen menschlichen Mutterschaft des Messias.

„Und fliehe nach Ägypten". Schon einmal hatte es eine flucht-
artige Wanderung nach Ägypten gegeben: als die Hungers-
not die Jakobssöhne in das fruchtbare Nildelta trieb (Gn
42 f.). Da war es auch ein Befehl der Not, die Flucht vor dem
Hungertod. Ägypten war für den ganzen Umkreis seit alters
Land der Zuflucht in bedrängter Zeit. Besonders die Stämme
der Wüste, Nomaden und Halbnomaden, wurden oft an die
Ränder des Kulturlandes getrieben, um sich am Leben zu erhalten. Der Weg nach Süden war zwar beschwerlich und
nicht gefahrlos, aber doch nahe. Nur weniger Tagereisen be-
durfte es, um die Ränder des saftigen Deltas zu erreichen.
Nun soll Joseph die gleichen Wege ziehen, um das Leben des
ihm anvertrauten Kindes zu retten. – Gott bereitet zur rech-
ten Zeit die Zuflucht, ohne daß wir vorzusorgen brauchen.
Auch in den letzten Bedrängnissen, die in der Geheimen
Offenbarung geschildert werden, hat Gott der Gemeinde der
Endzeit eine Zuflucht in der Wüste geschaffen, um dem größ-
ten und härtesten Ansturm des Bösen zu entgehen (Offb 12,6).
Was er seinem Sohne gewährte, wird er den Brüdern seines
Sohnes nicht verweigern . . .

„Und bleibe dort, bis ich es dir sage". Der Engel gibt nicht
die Dauer des Aufenthaltes an. Er läßt Joseph im ungewis-
sen. So wird er gehalten, nur das zu tun, was ihm aufgetragen
ist. Hier soll sich seine Offenheit für Gottes Einsprechung
nochmals bewähren. – Nicht nur der Wille Gottes, den wir in
den geheimen Einsprechungen oder in den vielen Gelegen-
heiten des Tages wahrnehmen, auch der fordernde Wille
Gottes als Weisung und Befehl soll getan werden. Es muß
ein Mensch schon sehr geübt sein im Umgang mit diesem
Willen, um für einen solchen Auftrag gerüstet zu sein, wie
ihn Joseph hier empfängt . . .
Doch fügt der Engel auch eine Erklärung für die Anordnung

bei: „*Denn Herodes will das Kind suchen, um es zu töten*".
Schrecklich klingt an dieser Stelle das schwere Wort, das
eigentlich „verderben", „vernichten", „mit Gewalt fortschaf-
fen" heißt. Später wird Jesus von den bösen Weingärtnern
sagen, die den Sohn umgebracht haben, daß der Herr des
Weinbergs sie vernichten wird (21,41). Schärfer könnte der
Gegensatz nicht beleuchtet sein: Hier die Heiden, die zur
Huldigung gläubigen Sinnes herbeieilen – dort der König der
Juden, der den Tod des Königskindes beschlossen hat.

¹⁵ *Und er blieb dort bis zum Tode des Herodes, damit erfüllt würde das, was der Herr durch den Propheten gesprochen hat, welcher sagt: Aus Ägypten habe ich meinen
Sohn gerufen.*

Mit Herodes' Tode scheint sich das Dunkel etwas aufzulich-
ten. Denn Joseph war dort „*bis zum Tode des Herodes*".
Diese Bemerkung nimmt die folgenden Vorgänge schon vorweg. Ein seltsames Spiel der Gedanken: Der lebende König
beschließt den Tod des Kindes – dessen Leben scheint aber
gesichert nach dem Tode des Königs!
Das Stück rundet der Evangelist mit einem Erfüllungszitat
aus dem Propheten Hosea. Auch dieser Aufenthalt ist gottgewollt. Kühn und doch tiefsinnig sieht der Schriftsteller das
Wort erfüllt: „*Aus Ägypten rief ich meinen Sohn.*" Der Prophet hat das von ganz Israel gesagt, das von Ägypten her, als
es noch jung war und ein Kind, von Gott liebend erwählt
und auf die Wanderung gerufen worden ist: „Als Israel jung
war, gewann ich es lieb; aus Ägypten rief ich meinen Sohn"
(Os 11,1). Das war die Zeit der ersten, der bräutlichen Liebe,
in der Israel seinem Gott ganz ergeben war und keine Götzen
neben ihm kannte. So ruft Gott seinen wirklichen Sohn wiederum aus Ägypten in das Land der Väter zurück. Wir hören

dabei nicht nur den Gleichklang der Worte, die sich „erfüllen", wir sehen nicht nur die beiden geschichtlichen Ereignisse
nebeneinander – darüber hinaus schwingt bei diesem Prophetenwort etwas von der Hoffnung mit, die die Seele des Hosea
erfüllte: Wie diesen Frühling in der Jugendzeit Israels wird
Gott nach seiner Bekehrung einen zweiten Frühling gewähren, ein neues Leben in Zelten und Hütten, ohne Sattheit und
Reichtum, in ungeteilter Hingabe an den Herrn: „Darum,
siehe, will ich sie locken und in die Wüste führen und ihr zu
Herzen reden. Dann will ich ihr ihre Weinberge geben und
das Tal Achor zur Pforte der Hoffnung machen. Dorthin wird
sie hinaufziehen wie in den Tagen der Jugend, wie damals,
da sie aus dem Lande Ägypten heraufzog" (Hos 2,14 f.; vgl.
12,10). Da wird eine Saite von dem Herzen des wahren Israel
angeschlagen, das allezeit Gott suchen und ihm allein dienen
soll . . . Der neue Frühling bricht an.

4. Der Kindermord in Bethlehem (2,16–18)

16 *Als Herodes sah, daß er von den Magiern getäuscht
worden war, wurde er sehr zornig. Er sandte aus und ließ
alle Knaben in Bethlehem und seiner ganzen Umgegend
von zwei Jahren und darunter umbringen, entsprechend
der Zeit, die er von den Magiern erforscht hatte.*

Bisher hat Matthäus nur die Hauptsache genannt: die Rettung des Messiaskindes. Mit seiner Flucht ist aber das Unheil
nicht abgewendet. Vielmehr entlädt sich der *Zorn des Königs* hemmungslos und wild. Er erkennt, daß die Magier ihn
hintergangen haben. So bleibt die Sorge zurück, und der einzige Anhaltspunkt für ihn ist der Zeitpunkt des Erscheinens
des Sternes, den er von den Magiern erfahren hatte (2,7). So

groß war das Erschrecken und so skrupellos ist sein Denken, daß er einen grauenhaften Mord beschließt. Wenn er das Kind selbst nicht findet, so soll es doch in keinem Falle am Leben bleiben! Alle männlichen Kinder bis zu zwei Jahren läßt er töten.

Wiederum: Welch seltsame *Parallele* zu den Vorgängen in Ägypten *in der Jugend Israels!* Da war es ein Pharao, der aus der Furcht vor der Stärke und Lebenskraft der Israeliten den Befehl zur Hinrichtung der Knaben gab. Erst sollen die Hebammen alle männlich Geborenen töten. Als diese mit Standhaftigkeit und Schläue den Befehl umgehen, fordert der Pharao vom ganzen Volk: „Alle Knaben, die den Hebräern geboren werden, werft in den Nil, alle Mädchen aber laßt am Leben" (Ex 1,22).[6] Wie damals der schreckliche Mord nicht verhinderte, daß Gott in Moses den Retter aufbewahrte, so wird auch jetzt das Messiaskind vor dem Blutbad in Bethlehem bewahrt. Mit keuscher Zurückhaltung sagt Matthäus nur das Notwendige. Weder die seelische Roheit des Königs noch die Schrecken des Mordes malt er aus. Vielmehr dringt auch hier sein Sinn in die Zusammenhänge der Geschichte Gottes.

[17] *Da erfüllte sich, was durch den Propheten Jeremias ge-sprochen wurde, welcher sagt:* [18] *Eine Stimme ward in Rama gehört, Weinen und viel Klagen; Rachel beweint ihre Kinder, und sie will sich nicht trösten lassen, denn sie sind nicht mehr.*

„*Rachel weint um ihre Kinder* . . ." Wieder ist es ein Prophetenwort, das dem Evangelisten den Schlüssel bietet (Jer 31 (38),15). Noch nach vielen Jahrzehnten, da er dies niederschreibt, hört er gleichsam das Jammern und Weinen der erschütterten Mütter. Es stört ihn nicht, daß Jeremias von Rama spricht, das im Norden von Jerusalem liegt, und nicht von Bethlehem im Süden. Denn das Klagerufen ist das gleiche! Dort hört der Prophet, wie die Ahnfrau der Stämme Benjamin und Ephraim, Rachel, über ihre Söhne weint, die in der assyrischen Gefangenschaft weilen. Das Land ist entblößt, die Dörfer sind verödet. Die Trostlosigkeit des Landes ist auch in ihrer Seele. Das war ein Leid, das den ganzen Schmerz Israels enthüllt, sein nationales Unglück und seinen Ungehorsam gegen Gott, der das Unglück herbeirief. Von solcher Art ist auch der Schmerz der Mütter in Bethlehem! Nicht nur die Klage über den Verlust der Kinder hört der Evangelist; in ihr klingt auch der Schmerz über den Ungehorsam Israels mit. Denn der Greuel, der da geschieht, geschieht doch in Israel und von einem König Israels! Dieser Mord ist wie ein Signal, ein Alarmruf, der das schwelende Unheil aufdeckt ...

5. Die Übersiedlung nach Nazareth (2,19–23)

[19] *Als aber Herodes gestorben war, siehe, da erschien ein Engel des Herrn dem Joseph in Ägypten im Traume* [20] *und sprach: Steh auf, nimm das Kind und seine Mutter und reise ins Land Israel; denn gestorben sind, die nach dem Leben des Kindes trachteten.* [21] *Da stand er auf, nahm das Kind und seine Mutter und zog ins Land Israel.*

Oben (2,15) war der *Tod des Herodes* schon erwähnt, nun wird das Ereignis und seine Wirkung auf die heilige Familie erneut genannt. Der Anlaß zur Auswanderung ist ein äußerer: der Tod des besorgten und grausamen Königs. Und doch vermag ein solcher äußerer Anlaß die Geschicke des Messiaskindes zu steuern! Sieht das nicht wie eine Schwäche Gottes aus, der seine Handlungen von den Launen und Schicksalen der Menschen bestimmen läßt? Auch in der späteren Geschichte Jesu finden wir ähnliches: Der Anlaß für sein öffentliches Wirken kommt von außen her, von der Gefangennahme Johannes' des Täufers (Mk 1,14). Ein Anschlag des Herodes Antipas gegen ihn veranlaßt Jesus, sich zu verbergen (Lk 13,31–33). Läßt sich Gott von Menschen das „Gesetz des Handelns" vorschreiben und die Führung der Ereignisse entwinden? Dieser Eindruck bleibt an der Oberfläche der Geschichte. In der Tiefe aber begibt sich allein und mit unerbittlicher Notwendigkeit das, was Gott will. – Die heiligen Schriftsteller lehren uns, stets durch die äußere Kruste bis in diese Tiefe vorzudringen. Der Weg, den uns dabei Matthäus besonders gern führt, ist die Aufhellung durch die alttestamentliche Offenbarung.

Der Engel weist Joseph an – fast mit den gleichen Worten wie zur Flucht (2,13) –, mit dem Kind und seiner Mutter in das „Land Israel" zu ziehen. Dieser Ausdruck trägt eine religiöse Farbe. Der Bote nennt nicht die politischen Bezeichnungen der Herrschaftsgebiete (Judäa, Samaria, Galiläa), auch nicht eine geographische Bezeichnung wie Palästina, sondern den Ausdruck, der im Alten Testament dieses Land als das Land Gottes, das Geschenk seiner Barmherzigkeit bezeichnet. Es ist das „heilige Land", den zwölf Stämmen Israels huldvoll gewährt. Zweimal gebraucht Matthäus hier den Ausdruck. Er will damit wohl andeuten, daß Jesus in das Land der Väter einzieht, das dem Messias neu zukommt. Klingen nicht auch darin die Motive vom Auszug aus Ägypten und der Besitznahme Palästinas im „Frühling" des Volkes mit? „Aus Ägypten habe ich meinen Sohn gerufen" (2,15) – „reise ins Land Israel" . . .

Daß diese Beziehungen wie Unter- und Obertöne mitschwingen, zeigt die Begründung, die der Engel hinzufügt: *„Denn gestorben sind, die nach dem Leben des Kindes trachteten."* Das ist fast wörtlich ein Satz aus der Auszugsgeschichte, der zu Moses gesagt wurde. Er mußte ja aus Ägypten fliehen, nachdem er durch den Totschlag des ägyptischen Aufsehers schuldig geworden war, und sich lange Jahre in der Fremde, im Land Midian, aufhalten. Dort erhielt er seine Sendung (Ex 3,1–18) und zu einer bestimmten Zeit den Auftrag, zurückzukehren, um sein Werk zu vollbringen: „Und der Herr sprach zu Moses in Midian: Geh, kehre nach Ägypten zurück; denn sie sind alle tot, die dir nach dem Leben stellten. Da nahm Moses sein Weib und seine Kinder und setzte sie auf den Esel und kehrte nach Ägypten zurück" (Ex 4,19 f.). – Welch ein seltsames Spiel der Fügungen: Dort der Pharao, der dem jungen Moses ans Leben will – hier Herodes, der das Messiaskind zu töten sucht; dort die Flucht *aus* Ägypten und die Rückkehr nach Gottes Weisung – hier die Flucht *nach* Ägypten und die Rückkehr auf Gottes Befehl; dort der erwählte Befreier mit seiner Frau und seinen Söhnen unterwegs – hier der Davidssohn Joseph als Werkzeug der Führung Gottes mit „dem Kind und seiner Mutter" auf der Wanderung. Doch dieses „Spiel" der Verwandtschaft in den Einzelheiten ist nur wie eine Begleitmusik zu der großen Parallele, die Matthäus vorschwebt: Auszug Israels, Erlösung aus der Knechtschaft, ein neues Gottesvolk. Das alles weiß er jetzt schon von dem Kinde Jesus, er deutet es sparsam durch die Rückblenden auf die Frühgeschichte Israels an.

[22] *Da er aber hörte, daß Archelaus König sei über Judäa an Stelle seines Vaters Herodes, fürchtete er sich, dorthin zu ziehen. Im Traume beschieden, zog er weg in das Gebiet von Galiläa,* [23] *kam (dahin) und nahm Wohnung in*

einer Stadt namens Nazareth; damit erfüllt würde, was durch die Propheten gesagt war: Er wird Nazoräer heißen.

In Palästina wurde nach dem Tode des Herodes (4 v. Chr.) das Herrschaftsgebiet neu verteilt. Galiläa im Norden bekam sein Sohn Herodes Antipas, Judäa und Samaria sein Sohn Herodes Archelaus. Dieser war noch wilder als sein Vater und wurde bald vom römischen Kaiser seines Amtes enthoben (6 n. Chr.). Jetzt aber regiert er; sein schlimmer Ruf breitet sich offenbar rasch aus. Joseph *„fürchtet sich"*, in sein Herrschaftsgebiet zu ziehen. Wird sich der Sohn nicht genauso wütend verhalten wie sein Vater? So wendet er sich nach Norden *„in das Gebiet von Galiläa"*. Auch das entspringt nicht nur seinem politischen Scharfblick oder seiner praktischen Klugheit: Gott trägt ihm die Entscheidung selber auf. Damit erklärt sich wieder von außen her, gedrängt durch die politischen Verhältnisse, eine der seltsamsten Tatsachen im Leben des Messias: seine Herkunft aus Nazareth.

Galiläa allein machte ihn verdächtig, denn dieses Gebiet galt den gesetzeseifrigen Juden als halbheidnisch, liberal, ländlich-primitiv. Noch viel mehr seine *Herkunft aus Nazareth:* „Kann denn aus Nazareth etwas Gutes kommen?" sagt Nathanael zu Philippus (Jo 1,46). Gerade von diesem Ort, und nicht von einer der angeseheneren Städte um den See Genesareth herum, wie Tiberias, Bethsaida, ist Jesus ausgegangen . . .

Der Name *„Jesus aus Nazareth"* muß sehr alt sein, vielleicht die älteste Bezeichnung, die Jesus von seinen Zeitgenossen erfuhr. Ob sie von seinen Gegnern geprägt worden ist, die ihn damit schon etwas verächtlich machten? Es ist möglich. Doch genügt allein der scheinbare Widersinn: Jesus, das ist

der Heiland und „Gott mit uns" – Nazareth, das ist der ver-
rufene und verachtete Ort. Ist nicht in der Wahl gerade dieses Ortes etwas von der Entäußerung Gottes zu spüren? Es
mutet wie eine Vorliebe für das Kleine, das Schwache, das
Unbeachtete und Unrühmliche an – hier in den Anfängen und
später in der Vollendung . . .

Aber die Gegner haben keinen Grund, diese „Schwäche"
gegen Gott ins Feld zu führen: Auch das ist bei den Propheten angedeutet! Wenn Joseph in Nazareth Wohnung nimmt,
erfüllt sich auch darin Gottes Wille, der in der Schrift enthalten ist, zwar undeutlich und anscheinend gekünstelt, aber
für den Sinn des Glaubens erkennbar: *„Er wird Nazoräer
heißen"*. Dieses Wort steht so nirgendwo im Alten Testament. Die Angabe „durch die Propheten" sagt auch nichts
Genaues. Woran hat Matthäus gedacht? Der Prophet Isaias
sagt vom Messias der Zukunft: „Ein Reis wird hervorgehen
aus dem Stumpf Isais, und ein Schoß aus seinen Wurzeln
Frucht tragen. Auf ihm wird ruhen der Geist des Herrn . . ."
(Is 11,1 f.). Aus dem Stumpf Isais, dem (durch Gottes Gericht) abgebrochenen und unfruchtbar gewordenen Stamm-
geschlecht Davids, soll ein neuer Sproß hervortreiben. „Sproß"
heißt hebräisch „nezär", das ähnlich klingt wie „nozri", der
Nazoräer (vielleicht erst später umgedeutet in:) der Mann
aus Nazareth. Am wahrscheinlichsten ist an diese Beziehung
zwischen „Mann aus Nazareth" und dem „Reis aus Isais
Stumpf" zu denken. Dann ist aber diese Herkunft nicht verächtlich und verdächtig, sondern im Gegenteil: ein Hinweis
auf den Messias und Retter . . .

II. TEIL

DAS WIRKEN DES MESSIAS IN GALILÄA
(K. 3–18)

I. DER AUFBRUCH (3,1 – 4,22)

1. JOHANNES DER TÄUFER (3,1–12)

Im ersten Abschnitt des öffentlichen Wirkens Jesu steht Johannes der Täufer im Mittelpunkt. Es wird zunächst sein Auftreten geschildert (3,1–6), dann folgen aus seiner Predigttätigkeit zwei Stücke: Predigt zur Umkehr (3,7–10) und die Ankündigung des Messias (3,11–12). Der Höhepunkt seines Wirkens ist die Taufe Jesu (3,13–17), die aber schon zur Tätigkeit Jesu hinüberführt.

a) Das Auftreten des Täufers (3,1–6)

Unvermittelt ist der Übergang von der Frühgeschichte des Messias zu seinem Auftreten als erwachsener Mensch. Anscheinend sorglos wird dieser neue Abschnitt eingeleitet: *„In jenen Tagen...“* Wir erfahren nicht, in welchem Alter Jesus steht. Matthäus scheint an biographischen und historischen Angaben weniger interessiert zu sein (vgl. Lk 3,1–6). Das ist hier und im ganzen Buch zu erkennen. Für uns liegt darin ein Hinweis, dieses Evangelium in der rechten Einstellung zu lesen. Matthäus kommt es immer zuerst auf die Sache an; nicht die geschichtlichen Einzelheiten und die bunte Farbe der Ereignisse, sondern ihre innere Bedeutung, ihr Sinn und ihre Aussage von Gott und Jesus Christus. Der Evangelist verkündet sie zunächst für den Glauben seiner Hörer. Alles, was wir lesen, ist zunächst Zeugnis des Glaubens – aus dem Glauben geboren und für unseren Glauben bestimmt.

[1] *In jenen Tagen trat Johannes der Täufer auf, predigend in der Wüste von Judäa,* [2] *und sprach: Tuet Buße! Denn nahegekommen ist das Himmelreich.*

Rasch eilt der erste Satz seinem Ziele zu: der Botschaft des Täufers in V. 2. Nur wenige Einzelheiten erfahren wir von dieser gewaltigen Stunde. *„Es trat Johannes der Täufer auf.“* Hier wird er zum erstenmal erwähnt, aber wie eine längst bekannte Gestalt. Matthäus erzählt in der Vorgeschichte nichts über ihn wie Lukas (vgl. Lk 1,5–25.39–80); auch an dieser Stelle holt er nichts von dem nach, was wir gern erführen: seine Eltern, seinen Geburtsort und -tag, seinen Werdegang und seine Berufung. Hier wird nur der Eigenname genannt und „der Täufer“ wie ein fester Zuname beigefügt. Jeder weiß, wer es ist; sein Auftreten hat die Zeit tief erschüttert; seine Gestalt steht wie ein ragender Felsen in der Geschichte. Auch wir dürfen uns nicht aufhalten, sondern lassen uns von dem gedrängten Satz weitertreiben.

„Predigend in der Wüste von Judäa“. Das ist also die Hauptsache: sein Wort! Er verkündete, er rief aus, er sagte an . . ., denn das griechische Wort meint das Ausrufen einer Botschaft durch den Herold. In der Wüste von Judäa: Das ist jenes steinige Gebiet vom Hochland von Judäa bis zum Jordangraben mit dem Toten Meer, grauer, ausgemergelter Fels. Der Ruf des Herolds kommt von außen her. Er mischt sich nicht in den Lärm und das Gerede der geschwätzigen Straßen und Plätze. Wie eine Fanfare ertönt er aus der Ferne, einsam und unvermischt. Die Wüste ist der Raum der Reinheit und Leere. Nichts verstellt den Blick zum Himmel – kein Baum, kein Haus, keine Mauer. Nichts stellt sich zu Gott in

den Weg und verhindert das Vernehmen seines Wortes. Die Zeit der Wüstenwanderung ist die vorbildliche Heilszeit: „Wie Trauben in der Wüste habe ich Israel einst gefunden, wie Frühfeigen am jungen Feigenbaum habe ich eure Väter erschaut" (Hos 9,10). Aus der Wüste wird das Heil kommen: „Siehe, nun schaffe ich Neues; schon sproßt es, gewahrt ihr es nicht? Ja, ich lege durch die Wüste einen Weg, und Ströme durch die Einöde" (Is 43,19; vgl. 41,18–20). Aus der Wüste erwartete man zur Zeit Jesu den Messias: „Wenn sie euch sagen: Siehe, er ist in der Wüste . . ." (Mt 24,26).

Die Botschaft ist so knapp und groß wie nur möglich. Sie enthält zwei Sätze: Der erste heißt: *„Tuet Buße!"* An diesem Ruf erkennt man den Propheten. „Kehret um!", „Bekehret euch!", das war der immer wiederkehrende, wie eine Fackel von einem Propheten zum anderen weitergegebene Ruf zurück zu Gott. Bei Ezechiel gipfelt dieser Ruf, verbunden mit der Verheißung des Lebens. Vollkommene Umwandlung des Denkens und Lebens wird gefordert: „Kehret um und wendet euch ab von all euren Missetaten . . . Werfet von euch all die Missetaten, die ihr gegen mich begangen habt, und schaffet euch ein neues Herz und einen neuen Geist! Warum wollt ihr denn sterben, Haus Israel? Habe ich doch kein Wohlgefallen am Tode dessen, der sterben muß, spricht Gott der Herr. So bekehret euch denn, auf daß ihr lebet!" (Ez 18,30–32) Die Wanderung, die zum Tode führt, soll ins Leben münden. Die Sünden, die das Herz beschweren, sollen abgeworfen werden, und dafür sollen ein neues Herz, das Gott vollkommen ergeben ist, und ein neuer Geist, der dieses Herz beseelt und antreibt, geschaffen werden. In diesem weiten Sinn ist der Ruf des Täufers zu hören. Es geht um Leben oder Tod, um Verderben oder Heil. Damals und immer.

Nie vorher hat ein Prophet diesem Rufe eine solche Begründung folgen lassen: *„Denn nahegekommen ist das Himmelreich."* Die Propheten drohten mit dem Gerichte Gottes, dem Ausbruch des Zornes und der Vergeltung, dem schrecklichen „Tag Jahwes": „Ist doch der Tag Jahwes Finsternis und nicht Licht, dunkel und ohne Glanz" (Am 5,20). Unter der Wucht und andrängenden Nähe dieses Tages steht ein Mann wie Amos; sie geben seinem Bußruf die mitreißende Gewalt. Ist das Ereignis, unter dem der Täufer steht, dieser finstere Tag, an dem sich die aufgespeicherte Zornesglut Gottes über Israel und die Völker entlädt? Hört man seine Bußpredigt (3,7–10), muß man diese Frage bejahen. Hier aber, am Anfang, wo er den Ausdruck „Himmelreich" verwendet, ist das unmöglich. Dieses Wort hat hellen und hoffnungsfreudigen Klang. Es meint die Aufrichtung der Königsherrschaft Gottes in aller Welt und für alle Zeit, den glanzvollen Triumph Gottes am Ende der Geschichte, die Seligkeit und Freude aller, die zu Gott gehören. Das ist nun angekommen, so nahe vor der Tür, daß Johannes sagen kann: Jetzt kommt es wirklich, ich rufe es aus! Eine erregende Stunde . . .

Es fällt auf, daß die ersten Worte, die *Jesus* nach dem Bericht des Matthäus verkündet, vollkommen gleich lauten (4,17). Hat der Täufer nichts anderes verkündet als Jesus? Muß er als Vorläufer und Wegebereiter nicht zurückhaltender sein, nur von der Buße und der Umkehr reden, aber die Ankündigung der großen Freude dem überlassen, der nach ihm kommt? Gewiß ist das so, und die folgenden Stücke zeigen es deutlich. Aber Matthäus will sagen: Johannes der Täufer gehört schon in die neue Zeit herein. Er steht jenseits der Grenzscheide der Zeiten. Mit ihm schon beginnt sich das Königtum Gottes zu verwirklichen. – Damit ist noch etwas anderes gesagt: So streng seine Bußpredigt ist und so sehr sie unter den Schrecken des „Tages Jahwes" steht, letztlich dient sie dem freudigen Ereignis, der frohen Botschaft, dem anhebenden Heil. Sein Wort soll den Menschen nicht erdrücken, sondern erheben. Er fordert strenge Umkehr, aber um eines herrlichen Zieles willen, und das ist das Größte, was wir wissen und denken können, das Königtum Gottes...

[3] *Denn dieser ist es, der von dem Propheten Isaias genannt wird, welcher sagt: Stimme eines Rufers in der Wüste: „Bereitet den Weg des Herrn, gerade macht seine Pfade!"*

Nach dem gewaltigen Prolog wird Johannes näher bekannt gemacht. Wiederum ist bezeichnend, daß wir zuerst von seiner Stellung im Plane Gottes und dann von den Einzelheiten seiner Erscheinung hören. Isaias hat sein Amt im voraus bezeichnet, als er den müden Verbannten in Babylon zurief: „Horch, es ruft: In der Wüste bahnet den Weg des Herrn; machet in der Steppe eine gerade Straße unserm Gott. Jedes Tal soll sich heben, und jeder Berg und Hügel soll sich senken, und das Höckerige soll zur Ebene werden und die Höhen zum Talgrund, daß die Herrlichkeit des Herrn sich offenbare und alles Fleisch es sehe zumal; denn der Mund des Herrn hat es geredet" (Is 40,3-5). Er sah eine glanzvolle Prozession durch die Wüste in das Vaterland (Is 40,9-11), und er hörte den Ruf, die Straße für diesen „Königszug" zu bereiten, eben zu machen, auf dem Gott mit dem jauchzenden Volke ziehen werde. Mit großer Kühnheit hört die Kirche und der Evangelist dieses Wort neu und versteht es von Johannes. Er ist es, der da gerufen hat, der jetzt ruft: *„Bereitet den Weg des Herrn!"* Isaias konnte nicht angeben, wer diesen Ruf ausstößt, aber wir wissen es. Mit dem Volke sollte Gott im Triumphzug einherziehen, jetzt aber kommt leibhaftig jener, der den Namen trägt „Gott mit uns". Aus dem

Gesamtbild erkennt der Blick des Glaubens die beiden Gestalten: Der Heroldsbote ist Johannes, und der „Herr" ist der Messias. Die Erlösung aus der Knechtschaft naht . . .

[4] *Er aber, Johannes, hatte ein Gewand von Kamelhaaren an und einen Ledergürtel um seine Hüfte; seine Nahrung waren Heuschrecken und wilder Honig.* [5] *Da zog zu ihm Jerusalem und ganz Judäa und das ganze Jordangebiet hinaus.*

Das *äußere Leben des Täufers* ist streng. Er trägt ein härenes Gewand aus Kamelhaaren, nur mit einem Ledergurt zusammengehalten. Er nährt sich von der dürftigen Speise des öden Berglandes: von Heuschrecken und wildem Honig. Mit wenigen Strichen ist das Bild eines Mannes gezeichnet, dessen Leben zu bezeugen vermag, was er von den anderen fordert. Der Ruf bleibt nicht ungehört. Er hallt wider in *„Jerusalem und ganz Judäa und dem ganzen Jordangebiet".* Eine große Wallfahrt hebt an! Aber nicht die Wallfahrt, die der Prophet sah: das befreite Volk auf dem Weg in die Heimat – hier ist es umgekehrt: zu dem einsamen Rufer in der Einöde, dem Mann Gottes, wandert das Volk hinaus, nicht um der Sensation willen, sondern um das Leben zu erneuern. Mögen die Ausdrücke übertrieben sein, sicher ist, daß eine tiefe Erschütterung das Volk von Juda aufschreckt und zu Johannes hinaustreibt. – Auch Scharlatane und Rattenfänger können eine Volksbewegung entfachen und begeistern. Wo aber Gottes Stimme ertönt, bleibt es nicht beim Strohfeuer. Da gibt es keine Massensuggestion. Der einzelne wird im Herzen ergriffen und zu persönlicher Entscheidung gerufen . . .

[6] *Und sie wurden von ihm im Jordanfluß getauft, wobei sie ihre Sünden bekannten.*

Alle, die zu ihm hinkamen, wurden von ihm getauft. Johannes hatte einen besonderen Ritus für die Umkehrbereitschaft eingerichtet: *die Taufe.* Sie ist für ihn so bezeichnend geworden, daß er den Beinamen bekam: „der Täufer". Im Jordan, wohl nicht unweit der Einmündung in das Tote Meer, vollzieht er ein Tauchbad an den einzelnen. Die Sünde soll symbolisch abgewaschen werden. Gewiß gab es zu seiner Zeit im offiziellen Judentum und bei sektenartigen Gemeinschaften Waschungen und Bäder. Doch gehörten sie zum Alltag, waren Bestandteil des gesetzlichen Lebens. Die Taufe Johannes' ist ein einmaliger Vorgang, Zeichen der Bekehrung, der Erneuerung des Menschen, der Bereitschaft für das herankommende Heil, endzeitliches Fanal – im Sinne des Propheten: „Waschet, reiniget euch! Tut hinweg eure bösen Taten, mir aus den Augen! Höret auf, Böses zu tun, lernet Gutes tun!" (Is 1,16 f.) Wer so eingetaucht war in den Fluß, der sollte als neuer Mensch weiterleben, ganz hingerichtet auf das Kommende.

b) Die Predigt zur Umkehr (3,7–10)

[7] *Als er viele Pharisäer und Sadduzäer zur Taufe kommen sah, sprach er zu ihnen: Ihr Otternbrut! Wer hat euch gelehrt, ihr könntet dem kommenden Zorn(gericht) entfliehen?* [8] *Bringt also Frucht, würdig der Umkehr!*

Unter den Wallfahrern waren nicht nur einfache Leute, sondern auch Kaufleute und Soldaten, fromme Pharisäer und Ratsmitglieder aus Jerusalem. An sich ist es nicht verwunderlich, daß Johannes unter der Menge auch „viele Pharisäer und Sadduzäer ' sah, die sich taufen lassen wollten, also doch zur Umkehr bereit waren. Merkwürdig bleibt trotzdem, daß das einzige ausführliche Stück der Predigt, das der Evangelist wiedergibt, nur an jene Gruppe gerichtet wird. Matthäus will wohl sagen: Die schneidend scharfe Anrede *„ihr Otternbrut"* (Schlangen) paßt gerade zu jenen, die sich im Laufe des Evangeliums so entlarven (vgl. 12,34; 23,33). Es kann aber kein Zweifel sein, daß dieses Stück Grundgedanken der Täuferpredigt ganz allgemein enthält. Es erläutert das erste Programmwort: Tuet Buße!

Wie ein Donnerschlag dröhnt nach der Anrede die Frage: *„Wer hat euch gelehrt, ihr könntet dem kommenden Zorn (gericht) entfliehen?"* Es ist das drohende Ereignis, in dessen Bann die Propheten vor ihm standen, wie wir oben sahen. Der Tag der Katastrophe und Vernichtung, der Tag Jahwes, der nicht Licht, sondern Finsternis ist; dieser Tag steht vor der Tür, er „kommt heran" mit solcher Gewalt und Geschwindigkeit, daß ihm keiner zu entfliehen vermag. Ob in Johannes ein Wort widerhallte, wie es Amos von der Unentrinnbarkeit vor dem Tag des Herrn geprägt hat: „Es wird sein, wie wenn einer einem Löwen entflieht, und ein Bär begegnet ihm, und er kommt ins Haus und stützt die Hand an die Wand, und es beißt ihn eine Schlange" (Am 5,19). Keiner kann entfliehen. Wer sich in Sicherheit glaubt, der wird erst recht ergriffen; wer Zuflucht sucht, dem wird das Versteck zum Verhängnis. Auch über euch bricht dieser Tag herein, er läßt keinem den Weg zur Flucht. „Denn groß ist der Tag Jahwes und furchtbar; wer kann ihn bestehen?" (Joel 2,11)

Es gibt doch eine „Flucht", einen Weg, der zwar nicht vor dem Ereignis selber bewahrt, aber es zu bestehen hilft. Der Tag kommt gewiß, aber nicht als Gericht und Zorn, wenn ihr euch bekehrt: *„Bringt also Frucht, würdig der Umkehr!"* Buße ist das einzige, was euch zu retten vermag: den falschen Weg verlassen und den Weg des Rechtes gehen; die Straße, die zum Tode führt, vertauschen mit der zum Leben; die Sünde fortwerfen und Gott wählen. Die Umkehr muß sich in Taten bewähren, der vollkommenen Hinwendung zu Gott soll ein neues Leben entsprechen. Man muß etwas merken davon. Es genügt nicht ein „Umdenken", eine Änderung des Sinnes und des Geistes. Das ganze Leben muß verwandelt, insgesamt eine „würdige Frucht der Buße" sein . . .

⁹ Und glaubt ja nicht, bei euch sagen zu können: Wir haben Abraham zum Vater; denn ich sage euch: Gott kann aus diesen Steinen (da) dem Abraham Kinder erwecken. ¹⁰ Schon ist die Axt an die Wurzel der Bäume gesetzt. Nun wird jeder Baum, der keine gute Frucht bringt, abgehauen und in das Feuer geworfen.

Aber wie ist es mit den Sicherheiten, mit unseren Garantien? Sind wir nicht das auserwählte Volk, beschenkt mit einer Fülle von Zusagen und Privilegien? Sind wir nicht Söhne Abrahams, des „Vaters", durch den gleichen Stamm auch Teilhaber seiner Verheißung; wird uns sein „Verdienst" nicht angerechnet werden, so daß wir um unser Heil nicht zu bangen brauchen? Macht die Lawine des Gerichtes nicht halt vor den Kindern der Erwählung? Johannes: „Glaubt ja nicht, bei euch sagen zu können: Wir haben Abraham zum Vater; denn ich sage euch: *Gott kann aus diesen Steinen (da) dem Abraham Kinder erwecken.*" Das ist unerhört, das ist eine Ketzerei! Gott achtet die Privilegien nicht? Doch! Aber er läßt sich die Umkehr nicht abhandeln durch eifersüchtiges Pochen auf Vorrechte; die „Heilsgewißheit" ohne eigene Umkehr gilt vor ihm nichts. Da seht die rohen Steine herumliegen! An Kindern hat Gott keine Not, an wahren Söhnen. Wenn ihr es nicht seid, da ihr die Buße verweigert, so schafft

Gott dem Abraham ein neues Geschlecht aus diesen Steinen! Das mußte jeden in Bewegung bringen und auch den selbstsicheren, treugläubigen, in der Schrift bewanderten Juden aus den Angeln heben. – Gewiß hat Gott eine Ordnung des Heiles bestimmt, und gewiß steht er zu seinem Versprechen, auch dem erwählten Volke gegenüber. Aber damit kann sich keiner die Umkehr, das Heil und Leben erschleichen. Das muß jeder selber tun, auch in der Kirche, auch heute ...:

Schon hier ahnt man, wie der alte Rahmen gesprengt wird und ein *anderes Israel* am Horizont in Sicht kommt, das sich nicht deckt mit der nationalen Gemeinschaft des Judentums: Abraham wird Paulus den „Vater aller unbeschnittenen Gläubigen" nennen und auch den „Vater der Beschnittenen", doch nur derer, die ihm im Glauben nachfolgen (Röm 4,11 f.). Johannes will nur die selbstgerechte Sicherheit erschüttern, er wird noch nicht an ein Israel „aus den Heiden" gedacht haben. Aber die Wege sind vorgezeichnet, und Paulus ist der erste, der sie betritt. Welche Umwälzung kündigt sich da an! Das ist wahrhaftig ein „Wegebereiten", ein „Gerade-Machen der Pfade" ...

Die Zeit drängt, und es gibt keinen Aufschub, auch nicht für die Umkehr: *„Schon ist die Axt an die Wurzel der Bäume gesetzt."* Nur noch wenige Schläge, und die Bäume brechen berstend um. Es ist Eile geboten, zögert keinen Augenblick mehr! – Nun schieben sich die Bilder ineinander: die Bäume, die Früchte der Bäume, die Axt zum Fällen. Wenn die Axt angelegt ist, so trifft sie mit Sicherheit, so wie dem Tag des Zornes keiner zu entfliehen vermag. Wer sich bekehrt hat, dessen Baum wird zwar gefällt, aber nicht verbrannt. Er kann bestehen in dem Feuer des Untergangs. Alle anderen sind ihm geweiht: Jeder Baum, der keine gute Frucht bringt, wird abgehauen und in das Feuer geworfen. Das Feuer ist das Feuer des Vernichtungsgerichtes. Es ist schon angezündet und frißt sich durch, gierig nach Nahrung. Alle werden von ihm gefressen, die sich nicht bekehrt haben . . .

c) Die Ankündigung des Messias (3,11–12)

11 *Ich taufe euch mit Wasser zur Umkehr; der aber nach mir kommt, der ist stärker als ich, dem ich nicht wert bin, seine Schuhe zu tragen; der wird euch mit Heiligem Geist und Feuer taufen.*

Johannes steht nicht nur unter dem Ereignis des „Tages Jahwes", sondern unter noch einem anderen Licht, das sich mächtig über ihn geworfen hat. Es ist nicht nur seine Sendung, die Katastrophe auszurufen, sondern eine Gestalt anzukündigen, nicht nur die Nähe des Gerichtes, sondern die Nähe einer Person zu vermelden. Das, was kein Prophet vor ihm sagen durfte, das ist ihm gegeben: *„Der aber nach mir kommt, der ist stärker als ich."* Sein Name ist nicht genannt, es ist „der Kommende" schlechthin. Das ist einerseits der Erwartete, mit dessen Ankunft man gerechnet und auf die man gehofft hat, anderseits der, der jetzt schon nahe ist und gleichsam vor der Tür steht. Dieser „Name": „der Kommende" spricht sein unmittelbar bevorstehendes Erscheinen aus. Jeder Advent läßt das die Kirche tief erleben: die Nähe dessen, „der ankommt" . . .

Daß dieser andere stärker ist als er, zeigt Johannes in zwei Bildern. Das erste Bild spricht von der *Taufe.* Seine eigene Taufe geschah „im Wasser zur Umkehr". Sie war zur Umkehr bestimmt und drückte sie aus. Daß der Täufling mit Wasser übergossen wurde, war eine Aufforderung zum neuen

Leben, das er führen sollte. Johannes' Tun dabei war eine äußere Besiegelung und Bestätigung dieses Willens, der Vollzug eines Zeichens, dessen Inhalt der einzelne selbst erfüllen mußte. Nun aber kommt der Stärkere; er wird auch eine Taufe spenden, aber von ganz anderer Art: *„Er wird euch mit Heiligem Geist und Feuer taufen."* Zunächst: nicht mehr mit Wasser, das nur die Oberfläche bespült, sondern mit dem lebendigen Geiste Gottes, der die Herzen verwandelt. Was der Geist Gottes angreift, das wird unfehlbar neugeschaffen. Diese Gabe vermag der Stärkere zu spenden.

Gottes Heiliger Geist ist eine *Gabe der Endzeit.* Isaias sieht das entblößte und verwüstete Land, „bis über uns ausgegossen wird der Geist aus der Höhe. Dann wird die Wüste zum Fruchtgefilde ..." (Is 32,15). Er hört Gottes Ansage: „Ich gieße meinen Geist aus über deine Kinder und meinen Segen über deine Sprößlinge" (Is 44,3). Unter den Ereignissen des Endes nennt Joel auch die Ausgießung des Geistes, die Petrus zu Pfingsten erfüllt sieht: „Und nach diesem wird es geschehen, daß ich meinen Geist ausgieße über alles Fleisch; und eure Söhne und Töchter werden weissagen, eure Greise werden Träume träumen, eure Jünglinge werden Gesichte sehen. Auch über die Knechte und über die Mägde will ich in jenen Tagen meinen Geist ausgießen" (Joel 2,28 f.). – Welche wahrhaft göttliche Kraft muß dem Stärkeren gegeben sein... Ferner: er wird auch *mit Feuer* taufen. Johannes sprach eben vom Feuer des Vernichtungsgerichtes (3,10). Auch das ist ein altes Bild vom Tage Jahwes: „Denn siehe, es kommt der Tag, brennend wie ein Ofen, und alle Übermütigen und alle, die gottlos handeln, werden wie Stoppeln sein; und der Tag, der da kommt, wird sie in Brand stecken, spricht der Herr der Heerscharen, daß von ihnen weder Wurzel noch Zweig übrigbleibt" (Mal 4,1; vgl. Joel 2,1–5). Über den Unbekehrten wird die Flamme zusammenschlagen, über die Bekehrten der Geist ausgegossen werden. Das ist die doppelte Taufe. Aber im Vordergrund steht doch das erste, wie der folgende Vers zeigt.

[12] *Die Wurfschaufel ist in seiner Hand, und er wird seine Tenne reinigen und seinen Weizen in die Scheune einbringen, die Spreu aber mit unauslöschlichem Feuer verbrennen.*

Das andere Bild stammt aus dem Leben des Bauern: *die Ernte*. Das Getreide wird zusammengetragen und auf der Tenne geworfelt. Da scheidet sich die Spreu vom Weizen: die Spreu verfliegt im Winde, das schwere Korn fällt zu Boden. Das eine wird verbrannt, das andere in die Scheune eingelagert. Das kommt jetzt herbei. Der Stärkere hat die Schaufel schon ergriffen. Nur wenige Augenblicke wird es dauern, bis die Scheidung beginnt. – Aber ist das nicht Gottes eigene Sache, sein Vorrecht, das Gericht abzuhalten? Deutet darauf nicht hin, daß von *„seinem Weizen"* die Rede ist, womit doch nur die gottgehörigen, bekehrten Menschen gemeint sein können? Und die Spreu wird nicht nur wie in der Wirklichkeit auf der Tenne verbrannt, sondern einem *„unauslöschlichen Feuer"* übergeben, das nur das Feuer der Gehenna, der Hölle, sein kann. Johannes kennt nur ein Gericht, und das ist das Gericht Gottes. Wenn er davon spricht, muß er alles das sagen, was die Propheten vor ihm darüber kundgemacht haben. Aber der es vollstreckt, ist doch nicht Gott, sondern jener Stärkere, kein anderer als der Messias. Von ihm wird ausgesagt, was bis zu dieser Stunde heiliges Vorrecht Gottes war. Das Bild des Messias bekommt allerdings schon am Anfang Ausmaße, die sich kein Jude ausgedacht hätte: Herr und Richter der Endzeit. Wahrhaft ein „Stärke-rer", vor dem selbst Johannes zusammensinkt und sich nicht einmal zum geringsten Sklavendienst fähig fühlt, nämlich die Sandalen nachzutragen. Der gesandt ist, „vor ihm" herzu-gehen, fühlt sich nicht imstande, „hinter ihm" als Diener zu laufen.

Wenige Sätze sind es, die Matthäus von dem Auftreten und der Predigt des Täufers niederschreibt. Doch diese Sätze ge-ben ein grandioses Bild von jenem Manne, den Jesus selbst als den „Größten unter den vom Weibe Geborenen" bezeich-net (11,11). Steht er so hoch über allen anderen und sieht er den Abstand zwischen sich und dem Messias wiederum so groß, was werden wir erst sagen, wenn *wir* an ihm gemessen wer-den?

In seiner Botschaft herrschen die dunklen Farben vor. Was ihn erschüttern macht, das ist der Tag des Gerichtes Gottes, und seine Ankündigung des Messias steht auch unter diesem drohenden Gewitter. Er vermag den Messias, wie es scheint, nicht anders zu sehen denn als den Vollstrecker des göttlichen Zornes. Daß er aber überhaupt angesagt wird, das ist schon eine frohe Botschaft, das erste Licht, das sich von dem Ruf: „Nahegekommen ist das Himmelreich" her verbreitet. Und er bringt nicht nur das schreckliche Gericht, sondern auch den belebenden Geist für ein neues Volk ...

2. DIE TAUFE JESU (3,13–17)

[13] *Da kam Jesus von Galiläa an den Jordan zu Johannes, um sich von ihm taufen zu lassen.* [14] *Der aber wehrte ihn ab und sprach: Ich habe nötig, von dir getauft zu werden, und du kommst zu mir?* [15] *Jesus antwortete und sprach zu*

ihm: Laß es jetzt (geschehen)! Denn so ziemt es sich für uns, alle Gerechtigkeit zu erfüllen. Da ließ er ihn (zu).

Jesus kommt als einer unter vielen, und zwar mit der ausdrücklich genannten Absicht, *getauft zu werden.* So deutlich war es nicht einmal von den Pharisäern und Sadduzäern gesagt worden (3,7). Das ist seltsam genug, und unmittelbar erhebt sich die Frage: Wie kann sich der, der eben als der „Stärkere" bezeichnet wurde, dem solche Vollmachten zugeschrieben worden sind, unter den Schwächeren beugen? Wie ist es möglich, daß der Richter über die anderen hier scheinbar richtet über sein eigenes Leben? Der die Taufe mit Heiligem Geist spenden sollte, er läßt sich nun selbst mit Wasser waschen? Solche Fragen haben sich wohl sehr bald in der Missionszeit der Urkirche erhoben, da man von der Taufe Jesu berichtete. Die anderen Evangelisten übergehen die Schwierigkeit und geben keine Antwort darauf. Bei Matthäus geben sie schon der Täufer und Jesus bei ihrer Begegnung. Johannes muß Jesus sofort erkannt haben. Dieses Erkennen ist nicht näher geschildert, wie etwa im Johannesevangelium (Jo 1,29–37). Auch macht ihn der Täufer nicht dem Volke bekannt. Mit der bestürzten Frage sucht er ihn aber von seinem Vorhaben zurückzuhalten: *„Ich habe nötig, von dir getauft zu werden, und du kommst zu mir?"* Johannes ist noch nicht mit der Geisttaufe, die er eben verkündet hat, getauft worden, und es verlangt ihn danach. Diese Taufe wird nochmals als das Höhere, die Ablösung seiner eigenen geschildert und damit die alte von der neuen Zeit getrennt. Die Grenzlinie läuft gleichsam mitten durch die Gestalt des Johannes hindurch. Es heißt zwar, daß kein Größerer unter den vom Weibe Geborenen aufgestanden ist als er, aber auch: „Der Kleinste im Himmelreich ist größer als er" (Mt 11,11). Seine

Frage ist nicht zuerst Zeichen persönlicher Demut oder eigenen Heilsverlangens, sondern die Folgerung aus seiner Predigt: Jetzt kommt die Zeit des „Stärkeren"; der Geist- und Feuertäufer hat doch mit meiner Bußtaufe nichts zu tun! Jesus antwortet ihm: *„Laß es jetzt!"* Sträube dich nicht und laß geschehen, was nötig ist! *„Denn so ziemt es sich für uns, alle Gerechtigkeit zu erfüllen."* Seltsam, daß sich Jesus mit dem Täufer zusammenschließt und von „uns" redet. Die so ungleich im Rang sind (nicht einmal zum Sklavendienst fühlt sich Johannes fähig!), stehen in einer Hinsicht doch nebeneinander: Uns beiden ist jetzt etwas aufgetragen, dem wir uns nicht entziehen dürfen. Es geht um „alle Gerechtigkeit". Was soll das bedeuten? Ist nicht die Gerechtigkeit eine persönliche Haltung der Vollkommenheit, wie sie Joseph zugesprochen wurde? Das ist auch hier gemeint: was Gott jetzt will, das müssen wir in allem gehorsam tun. Wir beide stehen unter höherem Befehl! Das ist der „Weg der Gerechtigkeit", der Weg zum wahren Leben, mit dem Johannes kam (21,32). Den gleichen Weg betritt der Messias, der ihn im Gehorsam zum Tode führen wird – allen Nachfolgenden schon am Anfang bedeutend, was die „Gerechtigkeit" sei, die jene der Pharisäer und Schriftgelehrten bei weitem übertreffen soll (vgl. 5,20): Auslöschen des eigenen Willens, tief innerliches Einswerden mit dem Willen Gottes ...

[16] *Als Jesus getauft war, stieg er sofort aus dem Wasser heraus. Und siehe, es öffnete sich der Himmel, und er schaute Gottes Geist wie eine Taube herabschweben und auf ihn kommen.* [17] *Und siehe, eine Stimme sprach vom Himmel her: Dieser ist mein geliebter Sohn, an dem ich Wohlgefallen gefunden habe.*

Das erscheint fast wie eine Antwort auf die Rede von „aller Gerechtigkeit". Jesus steigt aus dem Wasser heraus, der Himmel spaltet sich, und er schaut „*Gottes Geist wie eine Taube herabschweben und auf ihn kommen*". Matthäus schildert das Ereignis als eine persönliche Erfahrung des Herrn; die große Öffentlichkeit scheint nichts davon zu merken.[7] Es geht um ein Geschehen zwischen dem Vater und ihm, um ein Geheimnis innerhalb der göttlichen Sphäre. Wieder ist von „Gottes Geist" die Rede. Er war schon am Werk bei der wunderbaren Empfängnis im Schoße der Jungfrau (1,18.20.). Geistgewirkt ist der Anfang des Lebens, geistgewirkt auch der Beginn des Wirkens. Wenn der Geist „auf ihn" herabkommt, dann ergreift er von ihm Besitz. So wurde auch bei den Gottesmännern im Alten Bund gesprochen und vor allem von Isaias vom Messias verkündet: „Der Geist Gottes des Herrn ruht auf mir, dieweil mich der Herr gesalbt hat; er hat mich gesandt, den Elenden frohe Botschaft zu bringen" (Is 61,1). – Alle Sendung geht von Gott dem Herrn aus, die Ausführung aber ist getragen und getrieben von seinem Heiligen Geiste. So auch beim Messias . . .

Zu dem wortlosen Zeichen des herabsteigenden Geistes kommt das Wort des Vaters, das vom Himmel her erschallt: „*Dieser ist mein geliebter Sohn, an dem ich Wohlgefallen gefunden habe!*" Eine atemberaubende Offenbarung! Gott bekennt sich zu diesem Menschen, der am Ufer des Jordans steht wie ein Mann aus dem Volke, unauffällig und unbemerkt. Er nennt ihn seinen „geliebten Sohn". Das Beiwort hat zwar die Bedeutung „der einzige", aber darin klingt doch die Wärme und Nähe der Liebe mit, die wir zuerst empfinden. Auch im Alten Bunde ist von „Söhnen Gottes" die Rede, besonders die Könige Israels werden so bezeichnet. Sie stehen Gott besonders nahe, da sie seine Herrschaft und seine

Herrlichkeit auf Erden abbilden. Niemals vorher aber wurde einer von Gott selbst „mein geliebter Sohn" genannt. Ein neues und unvergleichbares Geheimnis deutet sich an, von Jesus selbst gewußt, den Umstehenden damals unbekannt, vom Glauben der Kirche später jubelnd verkündet.

Der Vater bezeichnet Jesus nicht als seinen Sohn, um ihn der Welt vorzustellen oder sich ihm persönlich zu offenbaren, sondern um sich *zu ihm zu bekennen.* „An ihm habe ich Wohlgefallen gefunden", das will sagen: In allem, was er sagt und tut, in seinem Leben und Leiden, ist er mir wohlgefällig. Das Wirken, das bald anheben soll, trägt ausdrücklich und von vornherein das Siegel göttlicher Anerkennung. Schon im voraus ist unterschrieben, was Gott mit der Auferweckung des Gekreuzigten tun wird. Anfang und Ende entsprechen einander wie zwei Pfeiler, auf denen die Brücke ruht ...

3. Die Versuchung in der Wüste (4,1–11)

[1] *Darauf wurde Jesus vom Geiste hinauf in die Wüste geführt, um vom Teufel versucht zu werden.* [2] *Als er vierzig Tage und vierzig Nächte gefastet hatte, danach hungerte ihn.* [3] *Und es trat der Versucher heran und sprach zu ihm: Wenn du Gottes Sohn bist, so sprich, daß diese Steine Brot werden.* [4] *Er aber antwortete und sprach: Es steht geschrieben: Nicht vom Brot allein lebt der Mensch, sondern von jedem Worte, das aus Gottes Mund kommt.*

Voll des Geistes steht Jesus am Jordan. Sofort zeigt sich, wie die große Kraft in ihm wirkt: *„Der Geist führte ihn in die Wüste."* Schon Johannes lebte dort, nun ist auch Jesus dahin gewiesen. Auch das, was nun folgt, ist gottgewollt! Eigenartig, wie ein Gesetz die Wege Gottes zu bestimmen scheint:

Das Heil kommt aus der Wüste. Sie ist der Ort reiner Gottesverehrung, in der Wüstenwanderung des Volkes, bei der Heimkehr aus der Gefangenschaft, bei Johannes, bei Jesus...
Hier ist die Wüste zum Raum der Entscheidung geworden: für oder gegen Gott. Eine Entscheidung, die nicht zur Klarheit der persönlichen Sendung herbeigeführt wird, sondern für oder gegen das Heil aller Menschen und der Welt. So drängt der erste Satz darauf hin, den Zweck dieses Wüstenaufenthaltes zu nennen: *„um vom Teufel versucht zu werden"*. Eine andere Macht erscheint auf der Bühne: Neben dem Gottesmann Johannes, dem Messias, dem Heiligen Geiste und der Stimme des Vaters tritt nun der große Widersacher auf. Die Heilige Schrift nennt ihn den „Teufel", das ist der Widersacher, der auseinanderbringt, Mensch und Gott entzweit.
Die Geschichte Israels zeigt durch ihren ganzen Verlauf hin, daß es gewaltige Kräfte gab, die der Aufrichtung des Königtums Gottes ständig entgegenarbeiteten, Kräfte, die sich in roher Gewalt oder verkappter Raffinesse äußerten, sich der äußeren Machtmittel großer Staaten oder der Schwäche einzelner Menschen bedienten. Tausendfältig sind die Formen, gleichbleibend ist immer das Ziel: Gott darf nicht Herr sein, sein Wille nicht gelten, sein Plan nicht verwirklicht werden. Erst in den letzten Jahrhunderten vor Christus sieht man in Israel schärfer und erkennt hinter allen verschiedenen Formen eine *persönliche Macht*. Es gibt so etwas wie einen Widergott, ein böses Wesen, das sich aller Machtmittel bedienen kann, um Gott zu bekämpfen. Im Neuen Testament, und gerade hier an dieser Stelle, wird alles das blitzhell erleuchtet. Im ersten Augenblick, in dem das Werk Gottes getan werden soll, ist auch der Widersacher zur Stelle. Der Vorhang einer Bühne wird aufgezogen; auf ihr stehen sich unverhüllt und

hart Gott und Satan gegenüber. Da spürt man, wie schwer das Wort „versuchen" wiegt. Da geht es nicht um eine unserer täglichen Versuchungen, von denen im Beichtspiegel die Rede ist, sondern um die einzige große Versuchung: von Gott fort zu Satan hin. Es ist die Versuchung zum Abfall, zum Tod, zum Nichts . . .

Jesus hat in der Wüste gefastet vierzig Tage und Nächte, wie vor ihm Moses auf dem Sinai (Ex 34,28) und Elias (3 Kg 19,8). Im Zustand lebhaften Hungers und körperlicher Erschlaffung tritt der Böse an ihn heran mit der Aufforderung, *aus diesen Steinen da Brote zu machen.* Ein leichtes offenbar für den „Sohn Gottes" und sinnvoll zugleich! Eine naive Versuchung von geringer Tragweite?

Jesus weist sie zurück mit einem Schriftwort, das dem Deuteronomium entnommen ist. In einer Ansprache erinnert Moses das Volk daran, daß Gott es in der Wüste trotz Not und Hunger wunderbar erhalten hat: „Er demütigte dich und ließ dich hungern und speiste dich dann mit Manna, das du und deine Väter nicht gekannt hatten, um dir kundzutun, daß der Mensch nicht vom Brot allein lebt, sondern von allem, was das Wort des Herrn schafft" (Dt 8,3). Das war für die Väter in der Wüste eine wichtige Erfahrung: Gott hat sie auf wunderbare Weise am Leben erhalten, auch dort, wo die Not andrängte, hat sein lebenschaffendes Wort neue Nahrung bereitet: Manna und Wachteln. Sie mußten aber Moses glauben und so auf Gott vertrauen, daß er sie bewahren werde. Sie haben beides in einem getan: dem Worte Gottes geglaubt und sich von der Speise für den Leib ernährt. Muß das nicht auch beim Messias so sein, daß selbst er nicht auf seine eigene Macht, sondern allein auf Gott vertrauen darf? Wenn er ihn in die Wüste geführt hat, wird er ihn nicht am Leben erhalten? Auch hierin erfüllt Jesus „alle Gerechtigkeit" – zum lauteren Vorbild für alle, die ihm nachfolgen werden: Gott sorgt für die Seinen, wenn sie zuerst auf ihn schauen. Sein allmächtiges Wort könnte allerdings aus diesen Steinen Brote machen. Aber noch viel fürsorglicher belohnt er das Vertrauen: Engel kommen zur Aufwartung (4,11). – So hat es sich auch in unserem Leben vielfältig bewährt, und es wird sich immer neu bestätigen.

⁵ *Dann nahm ihn der Teufel mit in die Heilige Stadt und stellte ihn auf die Zinne des Tempels* ⁶ *und sprach zu ihm: Wenn du Gottes Sohn bist, so stürze dich selber hinab. Denn es steht geschrieben: Seinen Engeln wird er um deinetwillen gebieten, und auf Händen werden sie dich tragen, damit du deinen Fuß nicht an einen Stein stößt.* ⁷ *Jesus sprach zu ihm: Wieder steht geschrieben: Du sollst den Herrn, deinen Gott, nicht versuchen.*

Die zweite Versuchung führt ihn „*in die Heilige Stadt*". Das ist Jerusalem, allein von Matthäus mit diesem Titel ehrfürchtig benannt. Auf der Zinne des Tempeldaches stehen sie beide. Der Teufel fordert ihn auf, sich herabzustürzen, im Vertrauen auf das Wort des Psalmes, nach dem Gott seine Engel aufbieten wird, damit seinem Frommen nichts schade (Ps 91,11 f.). Um wieviel mehr wird diese Zusage für den „Sohn Gottes" gelten! In der ersten Versuchung hat sich das Vertrauen Jesu auf Gott glänzend bewährt. Es ist doch ein leichtes, dieses eben ausgesprochene Vertrauen noch einmal unter Beweis zu stellen! Das, was du eben bekannt hast, in einer mutigen Tat zu beweisen! Ist dieses Vertrauen so vorbehaltlos und gewaltig, dann kann mein Vorschlag nicht als vermessen gelten!

Dem schriftgewandten Verführer antwortet Jesus ebenfalls mit einem Schriftwort, das das feingesponnene Gewebe des anderen durchschlägt: *„Du sollst den Herrn, deinen Gott, nicht versuchen"* (Dt 6,16). Wenn ich das täte, was du erwartest, so spricht Jesus, dann wäre das nicht ein Beweis meines Vertrauens, sondern das Gegenteil: *peirasmos,* die große Versuchung zur Entzweiung, zum Abfall. Gott läßt sich nie zwingen. Er bleibt der unbeschränkt waltende Herr. Er läßt seine Hilfe nicht vorschreiben und von Menschen in Dienst nehmen. Sein Eingreifen ist immer frei geschenkte Gnade. Auch der Messias steht so vorbehaltlos erwartend vor ihm, daß er alles ihm überläßt. Gewiß, sein Vertrauen ist unbegrenzt, aber gerade auch in dem Sinne unbegrenzt, daß er „nichts aus sich selber tun kann, sondern nur, was er den Vater vollbringen sieht" (Jo 5,19). Gott muß ganz und in allem Herr sein . . .

[8] *Nochmals nahm ihn der Teufel mit auf einen sehr hohen Berg und zeigte ihm alle Königreiche der Welt und ihre Herrlichkeit* [9] *und sprach zu ihm: Dies alles will ich dir geben, wenn du niederfällst und mir huldigst.* [10] *Da sprach Jesus zu ihm: Fort, Satan! Denn es steht geschrieben: Dem Herrn, deinem Gott, sollst du huldigen und ihm allein dienen.* [11] *Da ließ der Teufel von ihm ab, und siehe, Engel kamen herbei und bedienten ihn.*

Der Teufel wagt noch einen dritten Versuch. Er führt Jesus auf einen sehr hohen Berg und *„zeigt ihm alle Königreiche der Welt und ihre Herrlichkeit".* Er bietet ihm den Besitz darüber an – um den Preis der anbetenden Huldigung. Erst hier spricht der Böse eine offene Sprache. Nun wird vollends klar, was vorher verschleiert blieb: es geht um Macht oder Ohnmacht, um Königsherrschaft oder Sklavendienst, um Sein oder Nichtsein. Wir sollen nicht zu ergrübeln versuchen, wie der Teufel das Gaukelstück vollbracht haben mag und wie man sich im einzelnen diese Szene vorstellen muß.[8] Es geht um den Sinn des Geschehens. – Satan fühlt sich als Herr der Welt, „Fürst dieser Welt", wie Johannes in seinem Evangelium sagt (Jo 12,31). Er glaubt sich sogar imstande, diese Herrschaft zu übertragen. Aber er muß auch aussprechen, daß der Preis dafür hoch ist. Nur wer sich vor ihm beugt und ihn als Herrn anerkennt, der kann dieser Herr sein! Welch grotesker Widersinn! Das wäre ja eine Scheinherrschaft, die in Wirklichkeit Sklaverei ist, und er bliebe trotzdem der Herr der Welt.

In dieser letzten Zuspitzung antwortet Jesus zwar auch mit einem Schriftwort, aber daneben steht sein eigener Befehl: „Fort, Satan!" Schon hier zeigt sich, daß die größere Macht in ihm wohnt und daß er gebieten kann selbst über den, der sich im Besitz der Welt glaubt. Ein schlichtes und klares Befehlswort genügt, um Satan aus dem Felde zu schlagen. Jesus tut das anscheinend im eigenen Namen, aus eigener Machtfülle, und sagt doch im gleichen Atemzug: „Dem Herrn, deinem Gott, sollst du huldigen und ihm allein dienen." Er hat die Macht, doch ist es nicht seine eigene. Er jagt den Versucher davon, aber nicht in seinem Namen. Auch und gerade hier geht es allein um Gott. Er ist der einzige, der Huldigung und Dienst verlangen darf.

„Und siehe, Engel kamen herbei und bedienten ihn." Welch merkwürdige Änderung der Szene! Eben hat Jesus alles Streben nach Herrschaft abgewiesen und sein Vertrauen auf Gott bekundet, sich ganz der Fügung des Vaters unterstellt – da empfängt er selbst den bereitwilligen Dienst von himmlischen Wesen. Ähnlich wie in dem Taufbericht vorher ist es auch hier. Erst entäußert er sich, alle Gerechtigkeit gehorsam zu erfüllen, dann bekennt sich Gott zu ihm als „seinem geliebten Sohn". Hier anerkennt er vorbehaltlos Gottes Herrentum, dann schickt ihm Gott die himmlischen Boten zum Dienst.

Ein Wort führt noch tiefer in das Verständnis des seltsamen Stückes hinein. Satan verspricht *„alle Königreiche der Welt und ihre Herrlichkeit"*. In der Predigt Jesu werden wir unablässig dem Wort vom *„Königtum Gottes"* oder, wie es bei Matthäus immer heißt, vom *„Himmelreich"* begegnen. Gemeint ist immer die Herbeiführung und Aufrichtung von Gottes Herrentum, seiner Königsherrschaft. Es ist das tiefste Anliegen Jesu und seiner Sendung. Im Munde des Widersachers ist das schon im voraus angedeutet: Er weiß offenbar, daß es nicht nur um Jesus als Person geht, um seine messianische Sendung und seine Gottessohnschaft (4,3.6), sondern um das noch Größere: die Königsherrschaft Gottes. Mit dem gleichen Begriff vom „Königreich" sucht er Jesus zu fangen und in *seinen* Dienst zu stellen. – Der große Angriff, die Versuchung zum Abfall, ist abgeschlagen. Von dieser Stunde an nimmt die wahre Herrschaft unaufhaltsam ihren Siegeslauf. Daran kann Satan, der geschlagen das Feld räumen mußte, nichts mehr ändern. Jesus wird Dämonen austreiben, das Böse überwinden und in seinem eigenen Tode Satans Niederlage besiegeln. Überall dort, wo wir – mit Jesus vereint – Gott allein und radikal vertrauen, geschieht das gleiche: Satans Macht wird zerbrochen und das wahre Königtum aufgerichtet.

4. Der Beginn (4,12–17)

Die Verse 13–16 sind ziemlich selbständig und müssen von V. 12 abgesetzt werden. In V. 12 hat man den Eindruck, daß Jesus aus der Jordangegend, dem Aufenthaltsort des Täufers, nach dem nördlichen Galiläa reist, nach V. 13–16 aber, daß er von seinem Wohnsitz in Nazareth aufbricht, um sich in Kapharnaum niederzulassen. Die erste Angabe ist durch den entsprechenden Satz bei Markus veranlaßt (Mk 1,14), die zweite entspricht dem geographischen Bild, das Matthäus vorschwebt.

¹² Als er aber hörte, daß Johannes überliefert worden sei, zog er sich nach Galiläa zurück. ¹³ Und er verließ Nazareth und nahm Wohnung in Kapharnaum am Meere, im Gebiet von Zabulon und Nephthali.

Das Schicksal Johannes' des Täufers erfüllt sich. Er wird gefangengenommen und eingekerkert. Die Ereignisse, die dazu führten, werden erst später berichtet (14,3–12). Nach Matthäus scheint das geradezu das Signal für Jesus gewesen zu sein, nun mit seiner Tätigkeit zu beginnen. Es wird gleichsam die Nahtstelle gezeigt, die beide voneinander trennt und zugleich zusammenhält: Erst wirkt der Vorläufer, „den Weg des Herrn zu bereiten" (3,3), dann wirkt Jesus. Aber nicht nur die zeitliche Abfolge soll deutlich werden. Der Täufer ist nicht nur Vorläufer im chronologischen Sinne, sondern auch in seinem Schicksal als Prophet. Matthäus verwendet den bedeutungsschweren Ausdruck *„überliefert"*. Mit dem gleichen Wort wird später von Jesus gesagt, daß er den Händen der Hohenpriester und dem Tode überliefert wird (20,18 f.; 26,2). Es ist ein festgeprägter Ausdruck, mit dem die Unschuld des Gefangenen, aber auch die Entsprechung zum Willen Gottes (der ihn „preisgibt"), angedeutet wird. Auch an Jesus wird sich das Schicksal der Propheten erfüllen. Johannes ist für ihn Vorläufer in seiner Predigt und in seinem Tode ...
Jesus wandert *„nach Galiläa"*, anscheinend um dem gleichen Geschick zu entgehen, aber vor allem, weil das zunächst der von Gott bestimmte Raum seines Wirkens sein soll. Galiläa und besonders Nazareth wurden schon in der Vorgeschichte

aus der Schrift begründet (2,22 f.). – Nur Matthäus sagt so ausdrücklich, daß Jesus „*in Kapharnaum Wohnung nahm*". Nach Markus und Lukas hatte sich Jesus längere Zeit in und um Kapharnaum aufgehalten. Matthäus geht darüber hinaus und bezeichnet Kapharnaum als Wohnsitz Jesu. Damit ist wieder nicht nur eine geschichtliche Einzelheit ausgesagt. Denn dieser Ort liegt im ursprünglichen Stammesgebiet von Zabulon und Nephthali, das im folgenden Zitat erwähnt wird (vgl. Jos 19,10–16; 32–39). Kapharnaum erscheint bei Matthäus aber auch wie ein Typ der begnadeten Stadt. In ihr ist das Licht aufgegangen, sie hat Wunder schauen dürfen wie keine andere. Und doch hat sie sich nicht bekehrt! So muß über sie das Gericht ergehen: „Und du, Kapharnaum, bist du nicht bis zum Himmel erhöht worden? Bis zum Hades wirst du gestürzt werden. Denn wenn in Sodom die Machttaten geschehen wären, die in dir geschehen sind, es stünde bis zum heutigen Tag. So sage ich euch: Dem Lande Sodom wird es am Tage des Gerichtes erträglicher ergehen als dir" (11,23 f.). Die erste Heimatstadt Nazareth hat sich selbst das Gericht gesprochen, weil sie dem Sohn aus ihren Mauern nicht geglaubt hat und er so dort keine Wunder wirkte (13,54–58). Der zweiten Heimatstadt Kapharnaum wird das Gericht von Jesus angedroht, weil sie seine Zeichen gesehen, aber sich nicht bekehrt hat.

¹⁴ *Damit erfüllt würde, was durch den Propheten Isaias gesprochen war, welcher sagt:* ¹⁵ *Land Zabulon und Land Nephthali, dem Meer entlang, jenseits des Jordans, Galiläa der Heiden –* ¹⁶ *das Volk, das im Finstern saß, schaute ein großes Licht, und denen, die im Land und Schatten des Todes saßen, ging ein Licht auf.*

Wieder ist es ein Prophetenwort, das der Evangelist staunend sich erfüllen sieht. Einst, in der Eroberung des Nordreiches durch die Assyrer (722 v. Chr.), zu dem Galiläa zählte, brachte Gott Schmach über das Land Zabulon und Nephthali. Dann aber wird er es wieder zu Ehren bringen, wenn das Heil Gottes anhebt (Is 8,23). Das folgende Wort vom Licht in der Finsternis ist allerdings bei Isaias auf das ganze Volk, nicht nur das in Galiläa wohnende, zu beziehen. Matthäus versteht es so: gerade hier, an den vom Propheten genau bezeichneten Orten, ist das Licht aufgegangen! Er wählt aus dem ganzen Text (Is 8,23) nur einige Stichworte aus, die für die Städte des Wirkens Jesu zutreffen: *„Land Zabulon und Land Nephthali, dem Meer entlang"*, oder: „Landstrich gegen das Meer hin". Der Evangelist denkt wohl nicht an das Mittelmeer (wie Isaias), sondern an das Galiläische Meer, See Genesareth genannt oder auch See Tiberias, an dessen Westufer Kapharnaum liegt. Das Land *„jenseits des Jordans"* ist das Ostjordanland (Peräa), im weiteren Sinne das nördlich davon gelegene Gebiet der Zehnstädte (Dekapolis), das den See Genesareth von Osten her begrenzt und in dem sich Jesus öfters aufhielt (vgl. 8,18.28). Am wichtigsten aber ist *„Galiläa der Heiden"*![9] Damit wird die ganze stichwortartig bezeichnete Landschaft charakterisiert: es war ein lockeres Mischgebiet, das von vielen Heiden bewohnt wurde und gegenüber Judäa ziemlich selbständig war, auch in seinen religiösen Bräuchen und seiner Lehrüberlieferung. Und dann werden auch hier die „Heiden" erwähnt! Schon waren die Vertreter der östlichen Welt zur Huldigung gekommen (2,1–12), nun klingt das Thema weiter ...

Ein *großes Licht* erscheint in der Finsternis. Sein eigenes Volk weiß nicht den Weg und sitzt im Dunkel. Es wird nicht bestrahlt von der Sonne des Lebens, sondern brütet dahin im Schatten des Todes. Was ist dieses Licht, das jetzt erstrahlt? Die Erscheinung Jesu überhaupt, seine Lehre, seine Wunder? Alles zusammen! Jesus ist das Licht (vgl. Jo 8,12) und bringt das Licht, er lehrt die ganze Wahrheit und öffnet den Blinden die Augen. Vor allem sein Wort zeugt von dem Licht, das wie eine Sonne aufgeht.

[17] *Von da an begann Jesus zu verkündigen und zu sagen: Tuet Buße! Denn nahegekommen ist das Himmelreich.*

Alles im Leben des Herrn hat seine vorbestimmte Zeit und seinen von Gott festgelegten Ort. Der neue Ort ist Kapharnaum, in dem Land, über das der Prophet seinen Spruch gesagt hat, und die Zeit ist die Stunde nach der Auseinandersetzung zwischen Satan und ihm in der Wüste. Das erste ist die Verkündigung, das Wort. Jesus kommt als das Wort des Vaters schlechthin, seine erste Gabe ist das Wort. Wie beim Täufer wird das anspruchsvolle *„verkündigen"* verwendet. Es geht um eine Ansage, einen Heroldsruf, eine aufrüttelnde, erweckende Botschaft, nicht nur um eine neue Lehre. Es geht um eine Botschaft von Gott her, die unwiderruflich ausgerichtet werden muß und ihre festgelegte Stunde hat. All das schwingt in dem Wort „verkündigen" mit. Man muß darauf hören; nicht wie auf eine Belehrung, auch nicht nur auf eine Offenbarung von Wahrheit, sondern sich als ganzer Mensch anreden und aufrütteln lassen, mit allen Sinnen und Kräften des Herzens, mit der Bereitschaft, sein Leben neu werden zu lassen ...

Der Inhalt des Heroldsrufes heißt: *„Tuet Buße! Denn nahegekommen ist das Himmelreich."* Wir sahen, daß schon der Täufer die nämlichen Worte gebraucht hatte. Aber das war nur eine Vorwegnahme, eine inhaltliche Zusammenfassung und Deutung seiner Predigt und seines Wirkens. Der Christ sollte wissen, daß Johannes schon in die Zeit hineingehört, in der sich das Königtum Gottes anmeldet und verwirklicht. Nun aber kommt das Eigentliche, sozusagen die autoritative und wirkmächtige Ankündigung selbst. Die erste ist wie der Schatten, die jetzige wie die Sache selbst. Bei Johannes lag der Ton auf dem „Tuet Buße!", wie es seiner Rolle als Vorläufer und Gerichtsprediger entsprach. Nun liegt der Nachdruck auf dem zweiten: „Gottes Königtum ist nahegekommen." Es ist vor allem ein Wort der Freude, einer überschwenglichen Beglückung: der ungebrochene Wille Gottes zum Heil, die Sehnsucht des israelitischen Volkes, die Hoffnung der Welt – all das ist jetzt nahe. Gott wird seine Herrschaft, sein königliches Herrentum aufrichten. Und das bedeutet für die Welt Segen und Leben, Erfüllung und Glück.

Der Ausdruck *„nahegekommen"* sagt ein Zweifaches. Das erste ist das Kommen des Königtums. Es wird nicht allgemein für irgendeine Zukunft vorausgesagt, sondern im gegenwärtigen Augenblick angesagt. Es kommt und ist nicht aufzuhalten. Es heißt aber nicht: Gottes Königtum ist *jetzt da.* Es bricht noch nicht in seiner vollen Machtentfaltung und Herrlichkeit herein.

Vielmehr gilt auch das zweite, das in dem Wort enthalten ist: Es ist *nahe.* Es steht gleichsam vor der Tür, vor den Mauern der menschlichen Welt, an den Grenzen der Geschichte. Seine Nähe ist bedrohlich und erquickend zugleich, aber es ist noch eine Nähe! Es wird den Menschen und die Völker nicht überwältigen und zwingen. Gott kommt an – aber nicht, ohne vom Menschen erwartet und bereitwillig angenommen zu werden. Zu dem Wort von oben gehört die Antwort von unten. Daher steht dem Heilruf der Bußruf voran: Tuet Buße! Oben hörten wir davon, was dieser Bußruf bedeutet (S. 51). Das ganze Leben muß sich ändern! Erst wenn dies geschehen ist, so scheint es, wird das Königtum ganz dasein. Dann wird aus der Zukunft die Gegenwart, aus dem Herankommen die Ankunft, aus dem Nahesein das Dasein. – Das ist wie ein Gesetz des Heilswirkens: Gott handelt zuerst und kommt zuvor, doch der Mensch muß als zweiter handeln und nachkommen. Keine Ankunft Gottes ohne Umwandlung des Lebens, kein Königtum Gottes ohne Entthronung des Menschen ...

5. DIE ERSTEN JÜNGER (4,18–22)

[18] *Als er am Galiläischen Meer entlangging, sah er zwei Brüder, Simon, der genannt wird Petrus, und Andreas, seinen Bruder, als sie das Wurfnetz in das Meer auswarfen; denn sie waren Fischer.* [19] *Da sprach er zu ihnen: Auf, mir nach! Und ich werde euch zu Menschenfischern machen.* [20] *Da ließen sie sofort ihre Netze und folgten ihm nach.*

Die erste Tat, die uns bei Matthäus überliefert wird, ist nicht ein großes Wunder, eine aufsehenerregende Veranstaltung, sondern etwas ganz Unauffälliges. Wie beiläufig wird erzählt, daß Jesus am Ufer des Sees Genesareth entlanggeht. Dabei sieht er zwei Fischer, die offenbar in Ufernähe im seichten Gewässer mit ihren kleinen runden Wurfnetzen fischen. Die beiden werden wie schon bekannte Männer eingeführt: Simon trägt den Beinamen „Petrus", Fels, der auch gleichsam sein „Amtsname" ist.[10] Außerdem wird gesagt, daß Andreas sein Bruder ist. In den Apostelverzeichnissen stehen die beiden mit dem anderen Brüderpaar stets am Anfang, Petrus immer an erster Stelle.[11] Simon ist dadurch ausgezeichnet, daß er der Erstberufene ist – bereits ein Hinweis auf seine spätere führende Stellung.

Das Folgende ist so knapp geschildert, daß man sich die Größe des Geschehens lebhaft bewußt machen muß. Was geschieht bei dieser Begegnung? Keine Begrüßung, „Unterhaltung" oder ein Miteinander-bekannt-Werden, sondern nur ein Anruf. Jesus ruft den beiden Fischern auf dem Meere ein Wort zu, das wie ein Befehl klingt: *„Auf, mir nach!"* Es sind Rufworte, die man sich mit lauter Stimme über das Rauschen des Wassers hinweg vorstellen muß. Sogleich wird der Zweck des Befehls hinzugefügt: *„Ich werde euch zu Menschenfischern machen."* Sie sollen bleiben, was sie sind: Fischersleute. Der Beruf, den sie ihr Leben lang ausgeübt haben, wird auch weiter bleiben. Aber nicht mehr, um für den Verkauf, die tägliche Ernährung ihrer Familien die Fische aus dem Wasser zu holen. Menschenfischer, das sind doch wohl Leute, die auf Menschen Jagd machen sollen, die sie einfangen und heimbringen sollen? Mit welchen Mitteln und für welches Ziel – das bleibt alles offen. – Die Männer mögen jetzt und noch lange keine Vorstellung davon gehabt haben. Erst dann, als sie Jesus zum Predigen aussandte (10,1 ff.), werden sie diesen Beruf klarer erfaßt haben. Ganz deutlich erst nach der Auferstehung Jesu, da sie in die Welt hinausgeschickt wurden, um alle Völker zu lehren (28,16–20). Hier aber ist nur das Thema angegeben, ihr künftiger Weg in Umrissen vorgezeichnet. Er wird zwei Kennzeichen haben: „Mir nach" – das ist der bedingungslose Anschluß an Jesus, „Menschenfischer" – das ist ihr Auftrag für die Welt ...

Die beiden folgen augenblicklich dem Ruf: *„Da ließen sie sofort ihre Netze"*. Mitten aus der Arbeit, dem täglichen Gewerbe, mitten auch aus den Bindungen an ihre Frau und Familie, ihre Wohnung und Heimat kommen sie mit. Viel später, vielleicht Jahre danach, wird Petrus nach dem Lohn fragen: „Sieh, wir haben alles verlassen und sind dir nachgefolgt" (19,27). Den Verzicht und die Loslösung vom Besitz hat Jesus zu einem grundlegenden Gesetz für seine Jünger gemacht: „So kann denn keiner von euch, der nicht allem entsagt, was er besitzt, mein Jünger sein" (Lk 14,33).

Es heißt nicht: „Sie gingen mit", oder: „Sie schlossen sich ihm an", sondern bedeutungsvoller: *„Sie folgten ihm nach"*. Damit ist mehr gesagt, als daß sie ihn begleiteten, eine Art Reisegesellschaft oder eine helfende Schar zum Dienst bildeten. Es ist ein Verhältnis der Gefolgschaft: er ist der Vorangehende, sie die Hinterhergehenden; er ist der Führer, sie die Geführten; er ist der Erste, sie die Nachkommenden. So ist das Verhältnis bei ihnen von Anfang an begründet, und so ist es immer tiefer von ihnen gelebt worden, bis hin zu der Nachfolge in den Dienst, die Erniedrigung, die Verfolgung und auch den Tod ...

[21] *Und als er von dort weiterging, sah er zwei andere Brüder, Jakobus, den Sohn des Zebedäus, und Johannes, seinen Bruder, als sie in dem Boot mit ihrem Vater Zebedäus ihre Netze in Ordnung brachten. Da rief er sie.* [22] *Sie aber verließen sofort das Boot und ihren Vater und folgten ihm nach.*

Das gleiche wiederholt sich mit zwei anderen Brüdern, *„Jakobus, dem Sohn des Zebedäus, und Johannes, seinem Bruder"*. Von ihnen heißt es, daß sie mit ihrem Vater zusammen im Boot beschäftigt waren mit dem Säubern und Flicken der Netze. Noch kürzer drückt sich hier der Evangelist aus: *„Da rief er sie"*, er rief sie an, oder er rief ihnen zu. Gemeint sind die gleichen Worte, die Jesus zu Simon und Andreas gesagt hat (V. 19). Sie verlassen ebenso wie die ersten augenblicklich ihre Arbeit, „das Boot und ihren Vater" und schließen sich ihm an. Was der Vater in diesem Augenblick gedacht hat und wie er sich das rätselhafte Verhalten des Rufenden und seiner beiden Söhne erklärte, das wird nicht einmal angedeutet. Alles steht unter dem einen machtvollen und zwingenden Ruf dessen, der, erfüllt vom Heiligen Geist, bewährt in der Wüste, nun die große Botschaft angesagt hat und in der Vollmacht seines Amtes handelt.

Warum mag das Evangelium gerade davon zuerst berichten? Wie verhält sich das zu der eben ausgerufenen Botschaft vom nahen Königtum Gottes? Hier *beginnt* es in einem offenbar äußerst bescheidenen Maß! Es sind ganz einfache Männer, jedenfalls ihrem Herkommen und Stand nach. Sie gehören nicht zur Schicht der Gebildeten oder Einflußreichen im Land – und es sind wenige! Mit ihnen beginnt Jesus und setzt gleichsam alles auf sie. Sie werden das Fundament sein, auf dem sich der Bau erheben soll. Welches Wagnis! Jesus weiß aber, daß das Angekündigte nicht scheitern kann. Gottes Entschluß, seine eigene Sendung sind unwiderrufbar. Das Werk wird gelingen, der Bau erstehen.

Aber ist bei diesem Anruf die *Freiheit* wirklich gewahrt? Nimmt Jesus diesen Männern nicht jede Möglichkeit, abzuwägen und klug zu überlegen, sich frei zu entscheiden und unbeeinflußt zu handeln? Sie hätten auch anders entscheiden, den Ruf ablehnen können wie der junge Mann (19,16–22) oder auch vorsichtige Einwendungen machen können wie andere Berufene (8,18–22). Sie aber handeln augenblicklich und entschlossen. Das ist nur möglich, wenn sie in einer ständigen Bereitschaft für den Ruf Gottes und seinen königlichen Willen gelebt haben, in dem Wissen darum, daß Gott jederzeit alles fordern und jeden Dienst verlangen darf . . .

81

Aber ferner: Wenn sie der Anfang des Königtums Gottes sind, so haben *sie* doch vorher *keine Buße* getan und ihr Leben verändert! Beides ist aber so eng miteinander verknüpft! Hier wird deutlich, daß ihnen, die später „Apostel" genannt werden, ein besonderer Weg bestimmt ist. Für sie liegt der Beginn ihres neuen Lebens nicht nur in einer Umwandlung ihrer Gesinnung und ihres Tuns, sondern vor allem in der Gefolgschaft des Meisters. Der Anfang der Bekehrung ist für sie verbunden mit der unmittelbaren Nähe und Gemeinschaft des Lebens mit Jesus. Wie sich dieser Anfang vollendet, aus der bedingungslosen Bereitschaft die ausgelebte Nachfolge wird, wie das Umdenken und die Buße tagtäglich in diesem Kreise geübt werden, davon erfahren wir im Laufe des Evangeliums noch viel. – Für alle hat Gott das gleiche Ziel gesetzt: sein Königtum. Aber die Wege sind verschieden: „Und die einen hat Gott in der Gemeinde bestimmt, erstens zu Aposteln, zweitens zu Propheten, drittens zu Lehrern ... Sind etwa alle Apostel, etwa alle Propheten, etwa alle Lehrer?" (Vgl. 1 Kor 12,28 f.) Jeder muß *seinen* Weg erkennen und laufen, zu dem er gerufen ist. Man muß bereit sein, wie ein Läufer, der im Startloch federnd auf den Startschuß wartet, die eigene Bahn vor Augen, den Blick aufs Zielband gerichtet. Dann mag der Meister rufen, wohin er will.

6. Heilandswirken in Galiläa (4,23–25)

Der Evangelist schließt an die Berufung der ersten Jünger eine allgemeine Schilderung der Wirksamkeit Jesu an. Der Schauplatz ist „ganz Galiläa", die Tätigkeit des Messias heißt „verkündigen" und „heilen". Dieses Stück schließt einerseits den Bericht vom Anfang des messianischen Werkes ab, andererseits leitet es über zu dem großen Lehrstück der Bergpredigt, das die nächsten drei Kapitel umfaßt.

23 *Und er zog umher in ganz Galiläa, lehrte in ihren Synagogen und verkündigte das Evangelium vom Königtum und heilte jede Krankheit und jedes Gebrechen im Volke.*

Jesus hat wohl Wohnung genommen in Kapharnaum (4,13), aber sich nicht nur dort aufgehalten. Er reist umher und wandert durch das Land. Der *Same des Wortes* muß ausgestreut, die Botschaft überall hingetragen werden. „Zur Wonne ward mir dein Wort; zur Freude meines Herzens ward es mir", bekennt Jeremias (Jer 15,16). Das Wort muß sich vervielfältigen und im Lande verbreiten. Keinen soll es geben, der nicht davon gehört hat! „Ist nicht mein Wort wie ein Feuer, und wie ein Hammer, der Felsen zerschmettert?, spricht der Herr" (Jer 23,29).

Nicht nur das Wort des Heils bringt der Messias, sondern auch das *Werk des Heils.* Heil und heilen liegen dicht nebeneinander. Sinnfällig wird offenbar, daß Gott das Gute, das Gesunde und Heile wirkt. Gerade dadurch, daß beide Tätigkeiten in einem Satz nebeneinander genannt werden – lehren und heilen –, wird deutlich, daß beides zu dem einen Auftrag Gottes gehört. Es ist nicht nur ein menschliches Mitleid oder auch ein göttliches Erbarmen zum Kranken, die Jesus zum Heilen drängen, es ist die Verkündigung des Reiches Gottes in der Tat. Wo Gott hinkommt, da wird die Welt gesund und heil; wo der Messias auftritt, da werden die Krankheiten und „alle Gebrechen im Volke" fortgenommen.[12]

Von der Botschaft wird zweierlei gesagt: Jesus *„lehrt"* und *„verkündet".* Er zieht durch das Land, aber nicht wie ein sektiererischer Wanderprediger und Heilpraktiker. Er lehrt vielmehr „in ihren Synagogen"; er stellt sich bewußt in die Ordnung der Tradition. Die Synagoge ist der ordentliche Platz der jüdischen Ortsgemeinde, in der die Schrift verlesen, ausgelegt und das Gebet dargebracht werden. In diesen Gebets- und Versammlungshäusern, die in jedem Ort vorhanden waren als Ersatz für das Heiligtum in Jerusalem, lehrt Jesus. Daß der Evangelist von *ihren* Synagogen spricht, zeigt schon den Abstand zwischen dem jüdischen Volke und der christlichen Kirche in späterer Zeit, zu der das Buch verfaßt worden ist. Die Christen empfinden ihre Heimat nicht mehr in den Synagogen, wie das doch lange Zeit in der Urgemeinde zu Jerusalem der Fall war. Für sie sind diese Häuser nur noch jüdische Einrichtungen, aus denen die Christen verwiesen sind. Die schmerzliche Trennung zwischen Juden und Christen schimmert an solchen Stellen durch und bewegt auch uns zutiefst.[13]

Was Jesus in den Synagogen tut, ist aber nicht das herkömmliche und übliche Ausdeuten von Schriftstellen und ihre Anwendung auf die Gegenwart. Auch in den Synagogen „verkündet" Jesus „das Reich Gottes". Er sagte seine Nähe an und ruft zur Buße auf, wie es 4,12 zu lesen ist. Diese Botschaft wird hier bezeichnet als *Evangelium vom Königtum*". Das ist wohl der knappste und treffendste Ausdruck, den wir dafür innerhalb aller Evangelien finden. Er faßt zusammen, was Jesus gepredigt hat, und er gilt auch genauso für das, was die apostolische Kirche in ihrer ersten Mission verkündete. „Evangelium vom Königtum", „Frohbotschaft vom Reiche Gottes", das könnte eine gute Überschrift des Matthäusevangeliums sein. – Es ist Festzeit, Freudenzeit, da Gott naht, wie der Prophet es hörte: „Juble, Tochter Sion, jauchze, Israel! Freue dich und frohlocke von ganzem Herzen, Tochter Jerusalem! König ist der Herr in deiner Mitte, du sollst kein Unglück mehr erfahren. An jenem Tage wird man zu Jerusalem sagen: Fürchte dich nicht, Sion! Laß deine Hände nicht sinken! Der Herr, dein Gott, ist in deiner Mitte, ein Held, der

Sieg schafft. Er jubelt über dich in Freude, erneuert dich in seiner Liebe, jauchzt über dich mit Frohlocken" (Zeph 3,14. 15b.16.17). Wenn wir das Evangelium hören oder lesen, soll diese Freude uns anrühren . . .

²⁴ *Und es ging der Ruf von ihm aus nach ganz Syrien. Und sie brachten zu ihm alle Leidenden, die von allerlei Krankheiten und Plagen gequält waren, Besessene und Mondsüchtige und Gelähmte, und er heilte sie.*

Die Kunde von dem lehrenden Wundertäter breitet sich überallhin aus, „nach ganz Syrien", wie der Evangelist sagt. Das ist der weitere Umkreis Palästinas nach Norden hin. Besonders seine Heilungstätigkeit zieht die Menschen an, so daß sie *Kranke und Leidende* zu ihm bringen. Die Krankheiten werden zunächst allgemein genannt, dann einige besonders schwer empfundene und nach dem Glauben der Alten nur mühevoll heilbare hinzugefügt: vom Teufel Besessene, Mondsüchtige, Gelähmte. Schon hier wird kurz zusammengefaßt, was der Evangelist später in ausführlicheren Heilungsberichten darstellt. Ein grandioses Bild von der Wundermacht und Gewalt über alles Leid entsteht vor unseren Augen. Es ist, als ob ein Magnet alle Mühsal und Krankheit, alles Böse und Quälende, die Geißeln der geplagten Menschen anzöge; zugleich das Bild einer großen Hoffnung, die in den Herzen der Menschen wach wird. – Welch ein Heer von gepeinigten Menschen vor diesem einen! Rembrandt hat es in dem berühmten Bild gestaltet, wie Jesus umlagert wird von einer Heerschar Kranker und „sie heilt". Immer wieder in der Geschichte gab es dieses Bild, wo ein Heilkünstler oder auch ein Scharlatan auftrat und die Menschen naiv gläubig und sehnsuchtsvoll ihn umdrängten, bis in unsere Tage hinein. Aber es ist immer nur einer, der diesem Ansturm wahrhaft gewachsen ist und das Böse zwingen kann, der „unsere Gebrechen weggenommen und unsere Krankheiten getragen" hat (8,17) ...

²⁵ *Und es folgten ihm große Volksscharen von Galiläa und der Dekapolis und Jerusalem und Judäa und von jenseits des Jordans.*

Noch ein Drittes fügt Matthäus in dieses große Bild ein: *große Volksscharen folgen ihm.* Nicht nur die Jünger, die er selbst gerufen hat, sondern viele andere begleiten seine Wanderung. Eine bunte Menge mag das gewesen sein, ernst die Wahrheit Suchende und sensationshungrige Nichtstuer, Frauen und Männer, Gebildete und Einfältige, Gesunde und Kranke. Wie ein Bienenschwarm umlagern sie ihn, achten auf jedes Wort und jede Gebärde, damit ihnen nichts entgehe, im Innersten aber doch angetrieben von einer großen Erwartung, deren Ausdruck auch für sie – vielleicht mit kuriosen Vorstellungen untermischt – das Wort „Reich Gottes" ist.

Es ist eine Gefolgschaft aus dem *ganzen Palästina,* dessen Bezirke Matthäus genau angibt: Galiläa im Norden, das fast ganz heidnische Gebiet der „zehn Städte" (Dekapolis) im Nordosten des Jordans, aber auch Jerusalem und Judäa im Süden und die südöstlich des Jordans gelegenen Bezirke („jenseits des Jordans"). Das ist ein Großpalästina (nur Samaria wird nicht erwähnt!), soweit dort überhaupt noch Juden wohnten, wenn auch vielfach als geringe Minderheit mitten unter Heiden. Es ist das gleiche Gebiet, das unter Josuas Führung die zwölf Stämme Israels – aus Ägypten und der Wüste kommend – in Besitz nahmen. Politisch war es nur ein einziges Mal in der langen Geschichte geeint: unter David und Salomon. Religiös aber ist es das Land der Väter, der Verheißung, das von Gott zugewiesene heilige „Land Israel" geblieben. Dieses Land ergreift nun Besitz vom Messias und dieser von ihm. Gottes Weg führt sicher zum Ziel. Aus dem Land und Volk der zwölf Stämme wird das Volk Gottes neu erstehen.

II. DIE LEHRE VON DER WAHREN
GERECHTIGKEIT (5,1 – 7,29)

Große „Reden" prägen den Charakter des Matthäusevangeliums in besonderer Weise. In jeder einzelnen steht ein
Thema der Verkündigung Jesu im Mittelpunkt. Die erste
und bedeutungsvollste ist die sogenannte „Bergpredigt". In
ihr werden die Grundlagen des messianischen „Reiches" gelegt. Von den ältesten Zeiten des Christentums bis heute
wirkten diese drei Kapitel wie ein Gluthers, der das Feuer
des Evangeliums in ungezählten Herzen entfachte. Wie in
einen aus mächtigen Quadern erbauten Dom tritt man ein.
Es ist „das Evangelium des Evangeliums".

DIE EINLEITUNG (5,1–2)

[1] *Als er aber die Volksscharen sah, stieg er auf den Berg,
und da er sich gesetzt hatte, kamen seine Jünger zu ihm.*
[2] *Und er tat seinen Mund auf und lehrte sie, indem er
sprach:*

Die „Scharen", die Jesus schaut, das sind jene, die ihm nachgefolgt waren, jene bunte Menge aus allen Gebieten des Landes Israel (4,25). Die Rede soll also an das ganze Land Israel
gerichtet sein, an die Vertreter aller Bezirke und Stämme.
Damit allein ist die Bedeutung der kommenden Predigt betont. Sie wird gesteigert dadurch, daß Jesus „auf den Berg
stieg" und sich dort niedersetzte. Es wird nicht gesagt, welcher Berg das ist – jede Vermutung darüber ist grundlos. Es
ist der Berg als solcher gemeint, der erhöhte Ort, von dem
eine große Menge zu überschauen ist, aber auch der Ort göttlicher Unterweisung. So stand auch Esdras, als er das Gesetz-

buch dem Volke vorlas, „höher als alles Volk" (Neh 8,5). Das Sitzen ist die Haltung des *Lehrers*. So saßen die Rabbinen auf dem Lehrstuhl des Moses in den Synagogen (vgl. 23,2), so sitzt Petrus in der Peterskirche in Rom auf der Kathedra, den rechten Arm lehrend erhoben, so wird Christus in der altchristlichen Kunst gern dargestellt. Was wir hier hören, ist weniger „Predigt" als Lehre, die mit Vollmacht und in der Autorität Gottes vorgetragen wird.

Die Rede ist an das ganze Israel gerichtet – aber auch an „*seine Jünger*". Sie werden eigens erwähnt, sie treten zu ihm heran. Sie gehören zu ihm. Es ist der Anfang des neuerweckten Israel, herausgerufen aus den zwölf Stämmen. Das Nebeneinander von Volk und Jüngern ist nicht so zu verstehen, als wären manche Teile der Rede für die Allgemeinheit, andere nur für die Jünger bestimmt. Auch nicht so, als gälten die Worte nur den Jüngern und die Massen wären nur Zuschauer. Vielmehr spricht Jesus zu den Jüngern als dem jetzt schon vorhandenen wahren Israel und zu allen als dem Israel der Hoffnung und der Zukunft. Oder umgekehrt: Jesus redet zu allen Zuhörern von dem wahren Willen Gottes, den sie alle erfüllen müssen, den aber die Jünger zu erfüllen schon begonnen haben. Es ist keine Rede für die religiös besonders Anspruchsvollen, für die Frommen und Gutwilligen, sondern für alle, die zur Jüngerschaft gerufen sind, zu dem „Israel", das Gott wirklich haben will, zu dem alle gehören sollen, auch wir selbst . . . So ist jedes Wort an uns gerichtet, und es gibt keine Möglichkeit, dem hohen Anspruch auszuweichen.

1. Der Beruf der Jüngerschaft (5,3–16)

a) Die Seligpreisungen (5,3–12)

Die Rede beginnt mit einem achtmal wiederholten „Selig". Das ist
ein Ausruf, eine Zusage, ein herzlicher Appell mit dem Sinn: Heil
euch! Im Alten Testament wird er gebraucht, um einem anderen den
Segen, Frieden und Glück zu wünschen und zuzurufen. Das Gegenteil
ist die Herabrufung des Fluches in dem Ausruf: Wehe euch! Heil
oder Unheil, Gutes oder Böses, Glück oder Unglück sollen einem
anderen zugesprochen werden. Matthäus eröffnet die Rede mit einer
langen Reihe solcher Heilrufe, eine noch längere Reihe von Wehe-
rufen über die „Schriftgelehrten und Pharisäer" steht im 23. Kapitel.[14]
Hier offenbaren die Heilrufe das Bild des wahren Gottesvolkes und
damit jedes einzelnen, der Gott erwählt hat. Dort richten die Weherufe das falsche Israel und alle einzelnen, die den Willen Gottes
nicht erkennen und tun.

Alle acht Seligpreisungen zusammen geben ein Bild des vollkommenen Jüngers Jesu, das in der ganzen Bergpredigt näher
ausgeführt wird. Als Überschrift könnte hier schon stehen,
was wir später an wichtiger Stelle lesen: „Seid also vollkommen, wie euer himmlischer Vater vollkommen ist" (5,48).

3 *Selig die Armen im Geiste, denn ihrer ist das Himmelreich.*

Jesus ist gesandt, „den Armen frohe Botschaft zu bringen"
(Is 61,1). Zunächst waren *die Armen* im Alten Testament keineswegs geachtet. Vielmehr galt Besitz und Reichtum als Zeichen von Gottes Segen. In späterer Zeit erkennt man jedoch
immer deutlicher, daß der Besitzlose und Dürftiglebende
eine besondere Nähe zu Gott haben kann. Die Erfahrung
solcher Menschen mag das bestätigt haben. So finden wir besonders in den Psalmen das Bild vom Armen, der Gottes

Liebling ist, seiner Huld besonders nahesteht.[15] Dieser „Arme" ist einer, der sein Schicksal neu sehen gelernt hat. Er empfindet sich nicht als vernachlässigt und verkümmert. Sein Mangel an irdischen Gütern wird ihm zum Reichtum an geistlichen Gütern, zur Freiheit vor Gott, zur Demut und Erwartung.

Jesus meint diese „Armen". Sie hadern nicht mit ihrem Los oder sinnen auf gewaltsamen Umschwung. Sie sind nicht etwa einfältig, beschränkt oder lebensuntüchtig, sondern *im Geiste* arm, ihre Armut hat eine „geistliche" Seite. Sie übertragen ihre geringe Stellung in der irdischen Gesellschaft auf ihr Verhältnis zu Gott. Alles erwarten sie von ihm, bauen nicht auf eigenen Besitz an Gerechtigkeit und Frömmigkeit. Ihr *ganzes* Leben ist somit arm geworden, das natürliche und das geistliche.

Diesen geistlich Armen wird das *Königtum Gottes* zugesagt. Ja, sie allein sind es eigentlich, die es überhaupt empfangen können, denn sie bringen selbst nichts mit, sondern erwarten alles von oben. Sie sind frei von der Last irdischen Besitzes und der Last eigener Anmaßung, damit auch frei für Gott. – Geistlich arm muß jeder sein, der das Königtum Gottes empfangen will; nur solchen kann es ganz geschenkt werden.

[4] *Selig die Trauernden, denn sie werden getröstet werden.*

Wie der Messias den Armen frohe Botschaft bringen soll, so soll er auch „heilen, die gebrochenen Herzens sind" und die Stunde ausrufen, „da alle Trauernden getröstet werden" (Is 61,1 f.). Diese Trauernden sind etwa die gleichen wie die „Armen im Geist": alle, die ihr Leid, den wortlosen Kummer im Herzen und den Schrei des bohrenden Schmerzes vor Gott bringen. Viel Tränen gibt es in der Welt, ein Meer an Klage und Leid. Trauer über den Verlust eines lieben Menschen,

Besitz oder auch Ansehen, über Enttäuschungen und Schick-salsschläge – hinter all dem steht aber eine große Trübsal. Es ist die Trauer über den *verlorenen Zustand der Welt,* dar-über, daß Gott und sein Gesetz nicht gelten, die Trauer, die alle einzelne Betrübnis in sich birgt. Es ist die Trauer, die jeder sehende und wache Mensch hat. Er sieht nicht nur sein eigenes persönliches Schicksal mit seinen Nöten, sondern das allgemeine, die ganze Welt in einem Zustand von Verwir-rung und Leid.

Die Jünger sollen aber nicht Menschen sein, die trübe Augen und freudlose Gesichter und einen schiefen Kopf zur Schau tragen. Sie nehmen das Leid an. Sie vergrämen sich nicht noch werfen sie es wieder spielend ab. Sie öffnen ihre be-drängte Seele auf Gott hin. Und Gott wird sie *trösten,* jetzt schon, da der erwartete „Trost Israels" (Lk 2,25) die befrei-ende Verheißung spricht, vor allem aber dann, wenn Gott selbst „jede Träne abwischen wird von ihren Augen, und der Tod nicht mehr sein wird, noch Trauer noch Klage noch Müh-sal" (Offb 21,4) . . .

[5] *Selig die Demütigen, denn sie werden das Land besitzen.*

In Ps 36,11 lesen wir fast das gleiche: „Die Demütigen wer-den das Land besitzen." Wer ist unter dieser Gruppe zu ver-stehen? Die „Armen" und die „Demütigen" sind im Alten Testament eng verwandt. Beide sind bedürfnislos und arm, aber *ergeben in Gottes Willen* und voller Erwartung auf seine Huld. Sie unterdrücken nicht und beuten nicht aus, noch trachten sie nach wilder Rache und gewaltsamer Durchset-zung ihrer Ziele. Sie wissen, daß Gott die soziale Ungerech-tigkeit haßt und die hochmütigen Unterdrücker richtet: „Weil sie den Unschuldigen um Geld verkaufen und den Armen wegen eines Paars Schuhe. Sie treten in den Staub das Haupt des Geringen und drängen die Elenden beiseite. Sie strecken sich aus auf gepfändeten Kleidern neben jedem Altar und trinken den Wein der Gebüßten im Haus ihres Gottes" (Am 2,6 f. 8). Sie wissen auch: Gott „wird die Armen richten mit Gerechtigkeit und den Elenden im Lande Recht sprechen mit Billigkeit" (Is 11,4). Es sind die Schlichten, die „Hingebeugten", doch ganz für Gott geöffneten Menschen.

Diese werden *„das Land besitzen"*. Welches Land ist das? Zunächst das Land der Verheißung, Kanaan, das die Israeliten in der Wüste sehnsuchtsvoll vor Augen hatten, das sie dann als gnädiges Geschenk von Gott erhielten. Es wurde entweiht durch Götzendienst und Abfall, ging verloren an das Babylonische Großreich, wurde neu nach der Gefangenschaft verliehen. Doch nie in der Geschichte des Volkes schien es, als wäre sein Besitz ganz gesichert. In der Katastrophe des Jahres 70 n. Chr. wurde es wieder von den Römern erobert und beherrscht. Da zerbrach die Einheit zwischen Gott, Volk und Land endgültig. Lange vorher schon war die Hoffnung vergeistigt worden: das Land wurde zum Sinnbild des unvergänglichen himmlischen Erbes. – So geht die Sehnsucht weiter, auch über das Neue Testament hinaus, bis in die Zukunft des Reiches Gottes. Zu jedem Menschen und Volk gehört auch das Land als Raum des Lebens. „Wer kein Land sein eigen nennen kann, der ist kein Mensch", sagen die Schriftgelehrten.[16] Die Einheit von Gott, Volk und Land wird kommen, aber neu und ganz anders als je zuvor. Da werden es nicht die Eroberer und Gewaltherrscher sein, die das Land besitzen, sondern die Hingebeugten, die Demütigen und „Stillen im Lande" . . .

[6] *Selig, die hungern und dürsten nach der Gerechtigkeit, denn sie werden gesättigt werden.*

Der Hunger in der Welt! Wohl keine Zeit hat diese Not so tief erfahren und erlitten wie die unsere. Der Hunger ist wie ein Schrei, der aus der Menschheit aufsteigt, eine Menschheitsnot, die in tausend bedrängenden Bildern und Zahlen uns umgeistert. Den Hungernden wird *Sättigung* versprochen, aber eine volle Sättigung, die von Dauer ist und nie mehr ein Bedürfnis offenläßt. Auch dies nicht jetzt, sondern erst beim Anbruch des Königtums Gottes. Später wird Jesus dieses Wort durch sein Werk noch deutlicher unterstreichen: in der wunderbaren Brotspende (14,13–21; 15,32–39). Wichtig ist aber: Die Hungernden sind wie die „Armen" und „Demütigen" Leute, die ihr Leben voll Vertrauen in Gottes Hand legen, von ihm Hilfe in der Not erwarten.

Der Hunger des Leibes ist aber nur eine Seite des menschlichen Hungers. Der Schrei nach Brot ist ein Schrei des ganzen Menschen. Auch wenn der Leib gesättigt ist, bleibt noch ein anderer Hunger und Durst zurück, der genauso quälend, der noch viel reißender sein kann. Es ist der Hunger des Geistes und Herzens, so zu sein, wie uns Gott geschaffen hat und haben will. Von *diesem* Hunger spricht diese Seligpreisung. Die Sättigung wird denen verheißen, die *„hungern und dürsten nach der Gerechtigkeit"*. Das ist nicht die zivile Gerechtigkeit der Rechtsprechung, auch nicht die Gerechtigkeit im täglichen Umgang untereinander, die wir oft schmerzlich vermissen. Gerechtigkeit ist vielmehr in dem Sinne zu verstehen, in dem Joseph „gerecht" genannt wurde. Sie macht den Menschen vollkommen vor Gott, ist diese Vollkommenheit selbst. Wer gerecht sein will, der hat eine Leidenschaft, Gottes Willen ganz und ungeteilt zu erfüllen.

Es ist nicht angedeutet, ob diese Gerechtigkeit auch durch menschliches Wirken erlangt werden kann oder allein ein gnädiges Geschenk Gottes ist. Spätere Texte beleuchten diese

Frage heller als unser hier.[17] Die Hauptsache ist, daß der Mensch überhaupt jene Sehnsucht hat, daß er sein Leben auf Gott richtet und das höchste Gut seines Lebens in jener Gerechtigkeit sieht, die ihn Gottes würdig macht. Aber eines ist sicher gesagt: Jene letzte Sättigung und damit die tiefste Befriedigung des menschlichen Wesens geschieht nicht hier, sondern in der *Zukunft* ... Das ist keine Flucht vor der Wirklichkeit oder eine Lähmung menschlicher Aktivität, sondern die nüchterne Erkenntnis der Wahrheit, daß der Mensch nicht vom Brot allein lebt (vgl. 4,4).

[7] *Selig die Barmherzigen, denn sie werden Erbarmen finden.*

Den Armen im Geist, den Trauernden, den Demütigen und den nach Gerechtigkeit Hungernden spricht Jesus das Königtum Gottes zu. Allen ist gemeinsam, daß ihr Leben nicht geschlossen, sondern von der Not her geöffnet ist. Alle erfahren ihre Bedürftigkeit, ihr Angewiesensein, ihre Schwäche, das Bruchstückhafte ihres Lebens. So ist es auch mit den Barmherzigen. Sie werden seliggepriesen, weil sie Gutes tun, Erbarmen über das Recht stellen, den Mitmenschen nicht feindselig anpacken, sondern Not lindern und Wunden heilen. Nicht nur aus einer milden und menschenfreundlichen Gesinnung heraus, sondern weil sie wissen, daß sie selbst auf das *Erbarmen Gottes* angewiesen sind, aus ihm unablässig leben. Sie richten nicht, damit sie nicht selbst gerichtet werden (7,1); sie vergelten nicht Böses mit Bösem, weil ihnen selber nur mit Gutem vergolten wird; sie verurteilen den Bruder nicht, weil sie nicht verurteilt werden; sie verzeihen denen, die ihnen Unrecht tun, weil sie selbst die Vergebung Gottes immer neu erfahren (vgl. 6,14 f.; 18,35). Vor allem aber: Sie werden einmal am Tage des Gerichtes ohne dieses

Erbarmen nicht bestehen können. So wie auf die Sättigung und den Besitz des „Landes", geht auch ihre Sehnsucht auf jenes große Erbarmen im Gericht ...

[8] *Selig, die reinen Herzens sind, denn sie werden Gott schauen.*

Nicht nur nach der Gerechtigkeit haben wir Hunger und Durst, sondern auch und noch viel tiefer danach, *Gott anzuschauen.* Die ganze Welt und ihre Herrlichkeit ist ja nur ein Spiegelbild der Schönheit Gottes. Die Spuren Gottes sind überall eingegraben: in dem strahlenden Glanz der Sonne, der schlichten Klarheit der Blume, dem Antlitz des Kindes. Aber Gott selbst sehen wir nicht. Wenn der Israelit zum Sionsberg in den Tempel hinaufstieg, verlangte ihn, Gott zu schauen: „Meine Seele dürstet nach Gott, dem lebendigen Gott. Wann werde ich kommen und Gottes Angesicht schauen?" (Ps 42,3) Moses bittet den Herrn darum: „Laß mich doch deine Herrlichkeit schauen! Und er antwortete: Ich will all meine Pracht vor deinem Angesicht vorübergehen lassen und will den Namen des Herrn vor dir ausrufen: wem ich gnädig bin, dem bin ich gnädig, und wessen ich mich erbarme, dessen erbarme ich mich. Dann sprach er: Du kannst mein Angesicht nicht schauen, denn kein Mensch bleibt am Leben, der mich schaut. Und der Herr sprach: Siehe, da ist Raum neben mir; tritt auf den Felsen. Wenn nun meine Herrlichkeit vorübergeht, will ich dich in eine Kluft des Felsens stellen und meine Hand schützend über dich breiten, bis ich vorüber bin. Und wenn ich dann meine Hand weghebe, darfst du mir nachschauen, aber mein Angesicht kann niemand sehen" (Ex 33,18–23). Die Bitte wird nur zum Teil gewährt. Die Schau Gottes ist uns hier verwehrt, vorbehalten der Ewigkeit. Der verborgene und unsichtbare Gott wohnt in unzugänglichem Lichte. „Niemand von den Menschen hat ihn gesehen, und es kann ihn niemand sehen" (1 Tim 6,16). Dann wird aber das Wunder geschehen, daß er sichtbar wird unserem verklärten Auge.

Nicht alle werden Gott schauen, sondern nur jene, die „reinen Herzens sind". Damit ist eine innerste Lauterkeit und Klarheit gemeint, gleichsam ein vollkommen durchsichtiges und sauberes Gefäß für die Fülle jenes Lichtes. Das Herz wird beschmutzt von den Sünden aller Art: „Das, was aus dem Munde herauskommt, das geht aus dem Herzen hervor, das macht den Menschen unrein. Denn aus dem Herzen gehen hervor böse Gedanken, Mord, Ehebruch, Unreinheit, Diebstahl, falsches Zeugnis, Lästerung" (15,18 f.). Im Herzen wird das Böse geboren. Das Herz wird dadurch unrein und so der ganze Mensch (vgl. 6,22 f.). Reinen Herzens aber sind jene, aus denen das Gute hervorkommt, die Gedanken der Liebe und Barmherzigkeit, die Sehnsucht nach Gott und seiner Gerechtigkeit. Solche Sehnsucht wird erfüllt werden, wenn sich Gott selbst unserem Auge gewährt, überwältigend und beseligend . . .

9 *Selig die Friedensstifter, denn sie werden Söhne Gottes genannt werden.*

Gott ist ein Gott des Friedens, er denkt „Gedanken des Friedens, nicht des Verderbens" (Jer 29,11). In ihm selbst ist die Fülle des Lebens, aber kein Gegensatz und Widerspruch. In unserer Welt aber und in der menschlichen Gesellschaft gibt es Streit und lärmende Zwietracht. Die Einheit ist zerrissen, der Friede gestört. Es geht da nicht nur um milde Gesinnung, Toleranz oder Bereitschaft zum Nachgeben. Friede ist ein hohes, letztlich ein göttliches Gut wie Gerechtigkeit und Wahrheit, eine Gabe des Heils, die der Mensch weiter geben soll. So geht unser Streben auf einen Frieden, in den Gott eingeschlossen ist, wo Menschen untereinander *und mit Gott* im Einklang sind. Wo das nicht der Fall ist, kann es sogar sein, daß die Spaltung mitten durch Eltern und Kinder und Brautleute hindurchgeht „und des Menschen Hausgenossen seine Feinde sind" (vgl. 10,35 f.).

Selig jene, die den Frieden bringen, die Streitenden versöhnen, den Haß löschen, das Getrennte verbinden! In dem normalen Alltag, in einer kleinen Geste, einem versöhnenden Wort – doch aus einem Herzen heraus, das von Gott voll ist. Selig jene, die so bangen und sorgen um den Frieden unter den Völkern und in lauterer Absicht für ihn arbeiten! Vor allem selig, welche den Frieden stiften zwischen *Gott und Mensch!* Das ist der besondere Auftrag jedes apostolischen Dienstes, der ja zutiefst nach dem Wort des heiligen Paulus „Dienst der Versöhnung" und „Amt der Versöhnung" ist (2 Kor 5,18–21). Aber es gilt auch schon von jedem Christen. Wer den eigenen Frieden in Gott ausstrahlt, der braucht nicht viel Worte zu machen: er wird für viele zum Weg, zur Brücke, auch diesen Frieden zu finden.

Am Ende der Zeit werden sie alle „*Söhne Gottes*" genannt werden; das heißt: sie werden Söhne Gottes *sein.* Immer neue Bilder gebraucht Jesus, um das Leben in der Vollendung des Königtums zu beschreiben: Besitz des Landes – Sättigung – Gottesschau – Sohnschaft Gottes. Das Alte Testament nennt Engel und himmlische Wesen „Söhne Gottes", selten aber Menschen. Es ist ein Vorrecht erhobener Menschen, vor allem der Könige in Israel. Als Sohn wird in der Erwartung auch der künftige Messias bezeichnet: „Mein Sohn bist du, heute habe ich dich gezeugt" (Ps 2,7), und bei der Taufe bekannte sich der Vater mit den nämlichen Worten zu seinem „geliebten Sohn" (Lk 3,22). Diese Sohnschaft des

Messias ist einzigartig und unvergleichbar. Aber die andere soll allgemeines Heilsgut in der Ewigkeit werden. – Das ist das schönste Bild für unsere Erwählung und Berufung. Es besagt volle Gemeinschaft mit Gott, persönliche Liebe wie zwischen Vater und Kind, die vertraute Nähe zu dem Allherrscher, ja die „Verwandtschaft" mit dem heiligen Gott. Von dieser Verheißung für die Zukunft ist jetzt schon etwas verwirklicht. Noch nicht im vollen Sinne, aber doch schon wirklich und wahrhaftig gilt, was im 1. Johannesbrief von uns gesagt ist: „Wir heißen Kinder Gottes und sind es" (1 Jo 3,1) . . .

[10] *Selig, die um der Gerechtigkeit willen verfolgt werden, denn ihrer ist das Himmelreich.*

Verfolgung hat es zu allen Zeiten gegeben, aus persönlicher Feindschaft, aus rassischer Abneigung, aus Besitzstreit von Stämmen oder Völkern. Aber kann man „um der Gerechtigkeit willen" verfolgt werden? Das ist doch jene *Gerechtigkeit Gottes,* nach der wir Hunger und Durst haben sollen (5,6), die Hingabe an Gott und die vollkommene Reinheit und Ordnung des Lebens – in der Nachfolge Jesu! Muß nicht diese Gerechtigkeit die anderen anspornen, statt sie abzustoßen, begeistern, statt zum Haß zu reizen? Jesus weiß und bezeugt es hier, daß auch die größte Rechtschaffenheit zum Anlaß der Feindschaft werden kann. Johannes der Täufer wurde um ihretwillen überliefert und ging in den Tod (4,12; vgl. 14,3–12). Jesus selbst wird es in seinem eigenen Schicksal erfahren. So kann es auch für jene gelten, die seine Jünger sind.

Aber *selig sind sie!* In einem völligen Gegensatz zu ihrer jetzigen Erniedrigung wird ihre einstige Erhöhung stehen. Alle, die um jener Gerechtigkeit willen die Schmach und das

Leid der Verfolgung erlitten haben, werden das Königtum Gottes empfangen. Mag in ihrem irdischen Leben von ihrer Herrlichkeit äußerlich nichts zu sehen sein, jene Verheißung steht fest und ist gesichert durch das Wort des Herrn. Manche Verzagtheit und Müdigkeit wird sich von ihr erleuchten und hochreißen lassen ...

[11] *Selig seid ihr, wenn sie euch schmähen und verfolgen und alles Böse lügnerisch gegen euch sagen um meinetwillen.* [12] *Freut euch und jubelt, weil euer Lohn groß im Himmel ist; denn so haben sie die Propheten vor euch verfolgt.*

Die letzte Seligpreisung fällt etwas aus dem Rahmen. Das Gleichmaß der dritten Person: „Selig sind jene ..." wird abgelöst von der bewegten Anrede in der zweiten Person: „Selig seid ihr ..." Diese letzte ist auch bedeutend umfangreicher als alle vorhergehenden. Sie knüpft an V. 10 mit dem Thema der Verfolgung an und verstärkt das „Selig" noch durch den Ausruf: „Freut euch und jubelt!"

Verfolgt um der Gerechtigkeit willen – *verfolgt um meinetwillen* – das steht nebeneinander und erläutert sich gegenseitig. Denn die wahre Gerechtigkeit ist nur zu erlangen auf dem Wege Jesu und seiner Lehre. Umgekehrt: Wer um seinetwillen Verfolgung leidet, der wird damit zugleich um der Gerechtigkeit willen verfolgt. Zwischen dem Alten Testament und der Lehre Jesu ist keine Kluft, sondern volle Einheit. Auch Pharisäer oder Schriftgelehrte können die Gerechtigkeit des Alten Testaments und ihrer eigenen Lehre nicht gegen die Lehre Jesu ausspielen.

Vielfältig sind die Formen der Feindschaft: *Schmähung* und üble Nachrede, ja sogar *„alles Böse"* wird man ihnen anhängen. Alles das wird geschehen, aber erlogen und erfunden sein. Wenn Jesus vor dem Hohen Rate steht, gelästert und verspottet wird bis unter das Kreuz, dann werden das die Jünger unablässig vor Augen haben und sich nicht mehr wundern ...

All dies soll in ihnen keine Trauer oder Klage, kein trotziges Aufbegehren oder grimmigen Zorn erzeugen, vielmehr Freude und Frohlocken. Gewiß nicht wegen all dieser Schmähungen und Erniedrigungen, sondern weil ihr *„Lohn groß ist im Himmel"*. Jesus gibt keinen billigen Trost für das Jenseits; aber er sagt nüchtern, daß dieser Lohn hier auf Erden eben nicht zu erwarten ist. Hier sind die Jünger den Mächten des Bösen, der Lüge und Feindschaft preisgegeben wie er. Was ist aber dieser große „Lohn im Himmel"? Nichts anderes, als vorher in immer neuen Wendungen verheißen worden ist: Gott selbst, seine königliche Herrschaft, das Schauen Gottes und der Besitz des Landes, die Sohnschaft Gottes ...

Nicht nur im Blick auf eine ungewiß vor ihnen liegende Zukunft sollen sich die Jünger darauf rüsten, sondern auch im *Blick auf die Vergangenheit*, die Geschichte ihrer Väter. Auch da zeichnet sich schon dieses Gesetz ab: „Denn so haben sie die Propheten vor euch verfolgt." Wer sind diese Verfolger? Ihre eigenen Vorfahren, die sich dem Wort der Propheten widersetzten und ihnen Schmach antaten. Das Bild des leidgesättigten und -bewährten Propheten Jeremias ist ein sprechendes Zeugnis dafür. Die Nachfahren jener Väter, die Jesus den Prozeß machen und dann die Jünger wie ihn hassen werden, sie „machen das Maß ihrer Väter voll" (vgl. 23,32). Es ist also an die Verfolgung von seiten der Juden gedacht. Sie waren es ja auch zuerst, die den aufkeimenden Samen der christlichen Botschaft ersticken wollten. Das ist die Erfahrung der ersten Mission und besonders des heiligen Paulus.[18] Auch darin zeigte sich schon ein allgemeines Gesetz, das zu jeder Zeit an irgendeinem Ort in Geltung blieb, wie wir heute nach fast zweitausend Jahren Geschichte der Kirche, besonders nach den leidvollen Erfahrungen der Nazizeit, wissen. Jesus lenkt den Blick der Jünger zurück in die Geschichte Israels; unser Blick umfaßt noch mehr ·Zeit – das kann uns nüchtern machen, vor optimistischen Träumen bewahren. – Die Apostel aber jubelten wirklich, wenn sie gewürdigt worden waren, für den Namen Jesu Schmach zu erdulden (vgl. Apg 5,41). Würden wir das auch tun?

c) Das Salz der Erde und das Licht der Welt (5,13–16)

Die unmittelbare Anrede in der zweiten Person von V. 11 f. wird jetzt fortgesetzt. Zwei Bilder gebraucht Jesus, um zu zeigen, was seine Jünger sind: das Salz (V. 13) und das Licht (V. 14 f.). Eine ausdrückliche Anwendung beschließt das Stück (V. 16).

13 *Ihr seid das Salz der Erde. Wenn aber das Salz schal wird, womit soll man es salzen? Es taugt zu nichts, als daß es hinausgeworfen und von den Menschen zertreten wird.*

Wir haben das *Bild vom Menschen,* das die Seligpreisungen geschildert haben, vor Augen. Es ist ein Bild der Vollkommenheit und eines hohen Anspruchs. Diesem hohen Anspruch entspricht der große, der allergrößte und vollkommene Lohn. Doch ist dieses Bild keine romantische Malerei, die die herbe Wirklichkeit verklärt, den Menschen verkennt und einen phantastischen Tugendspiegel entwickelt. Besonders in den letzten Versen (V. 10–12) wird deutlich, daß dem Jünger nichts erspart bleibt und er sich auf schwere Belastungen einrichten muß. Das Streben nach dem Königtum Gottes wird Schmähung und Verfolgung einbringen. Wenn aber all das getan wird, dann sind die Jünger „das Salz der Erde".

Das Salz dient dem Menschen zum Würzen der Speisen. Salzlose Nahrung ist fade und schal. So ist das Salz wie eine innere Kraft und Würze aller Nahrung, die wir zu uns nehmen. Es kommt aber vor, daß die Hausfrau das Salz nicht mehr verwenden kann, weil es abgestanden, ausgelaugt und kraftlos geworden ist. Dann ist es völlig unbrauchbar, man muß es fortwerfen. – *„Ihr seid das Salz der Erde."* Wie die Speise des Salzes bedarf, so auch die Erde, das heißt die ganze Menschheit. Sie wartet darauf, gekräftigt und gewürzt zu werden. Das ist der Beruf der Jünger. Wenn sie all das tun, was vorher aufgeführt wurde: arm sind und barmherzig, sanftmütig und reinen Herzens, Friedensstiftende und in aller Verfolgung Jubelnde, dann sind sie die Kraft der ausgelaugten Menschheit. Dieses reine und ganz vom Königtum Gottes her und auf es hin lebende Dasein ist ihre innere Stärke . . .

Das Wort hat noch einen *mahnenden Klang.* Jesus fügt sofort bei: „Wenn aber das Salz schal wird, womit soll man es salzen?" Der Beruf kann also erschlaffen, die Kraft dieses Lebens auf Gott hin ermüden. Dann fällt nicht nur das eigene Leben des Jüngers in sich zusammen, sondern mit ihm auch die Kraft für die anderen. Außer ihm gibt es kein anderes Salz! Es ist das einzige, auf das „die Erde" angewiesen ist, das unersetzbar in die Menschheit eingemischt werden muß.

Das schale Salz wirft man hinaus, die Menschen treten es kaputt. In dem Bildwort wetterleuchtet von Ferne die Verwerfung des ungetreuen Jüngers. *„Man wirft es hinaus"* – das erinnert an den Gast ohne Festtagsgewand, der von den Knechten hinausgeworfen wird (vgl. 22,12), und den nutzlosen Knecht, der das Talent seines Herrn vergrub und nun „in die Finsternis draußen" geschleudert wird (vgl. 25,30). Es ist ein hoher und herrlicher Beruf gewiß, für den Jünger selbst und die Menschen, denen er Salz sein soll. Aber auch ein Beruf,

der verfehlt werden kann, der erschlaffen, in der Gleichgül-
tigkeit versickern und untergehen kann und dann völlig nutzlos wird, ja sogar der Strafe gewärtig sein muß . . .

[14] *Ihr seid das Licht der Welt. Eine Stadt, die auf dem
Berge liegt, kann nicht verborgen bleiben.* [15] *Und man
brennt auch kein Licht an und stellt es unter den Scheffel, sondern auf den Leuchter, und so leuchtet es allen,
die im Hause sind.*

Das zweite Bild ist noch größer: *„Licht der Welt"*. Die Sonne
ist für uns das Licht der Welt, ohne sie sitzen wir im Finstern und tappen in der Dunkelheit. Ohne ihr Licht gibt es
keine Farbe und Schönheit, sieht man nicht den Weg und die
Welt der Dinge. Die Welt bedarf dieses äußeren Lichtes,
aber noch viel dringlicher des inneren Lichtes, der rechten
Erkenntnis, der Wahrheit. Oben hieß es Salz *der Erde,* hier
nun Licht *der Welt.* Das ist der umfassendere Ausdruck. In
beiden Fällen ist das gleiche gemeint, nämlich die Welt der
Menschen und ihres Lebens, der belebte und bewohnte Erd-
kreis. Aber das Wort „Kosmos", Welt, erweckt noch stärker
den Eindruck des Umfassenden und Totalen, der Ganzheit
des irdischen Daseins. – Welch ein Anspruch! Im Johannesevangelium sagt Jesus von sich selbst, daß er „das Licht der
Welt" sei (Jo 8,12). Hier sind die Jünger Licht der Welt. Das
kann nur bedeuten: Die Jünger, weil sie das Licht der Wahrheit, das Jesus gebracht hat, nun selbst tragen. Die Jünger
gehören so eng zu ihm und sind so von ihm angefüllt, daß sie
selber zum Licht werden.

Wenn das Licht wirklich da ist, dann leuchtet es auch unzerstörbar, und nichts kann diesem Schein widerstehen; alles
wird von ihm erhellt und bestrahlt. Ganz ähnlich wie bei der
Stadt, die hoch oben *auf dem Berge* liegt und von überallher

gesehen wird, so wie eine Burg das Land überragt oder ein hoher Kirchturm von allen Seiten die Stadt verrät. Der Israelit mußte sogleich an die eine Stadt, die „hochgebaute" (Ps 122,3), denken: Jerusalem. Von weit her sahen sie die Wallfahrer. Diesen Ort, den heiligen Sionsberg, hatte sich Gott selbst erwählt als Wohnstätte seines Namens und als Ort der Gnade. Er wird auch in der Schau der Propheten zum Mittelpunkt des endzeitlichen Heilsgeschehens: Die Heidenvölker werden am Ende der Zeiten zu ihm aufbrechen und sagen: „Kommt, lasset uns hinaufziehen zum Berge des Herrn, zu dem Hause des Gottes Jakobs, daß er uns seine Wege lehre und wir wandeln auf seinen Pfaden; denn von Sion wird die Weisung ausgehen, und das Wort des Herrn von Jerusalem" (Is 2,3).

Das Bild der Propheten ist geblieben, sein Inhalt ist neu: *Die Jüngerschaft,* die hungert und dürstet nach der wahren Gerechtigkeit, die zum Licht der Welt geworden ist, sie wird jene Stadt sein, die nicht verborgen bleiben kann. Nicht mehr der eine geographische Ort ist zum Träger des Heils für die Welt ersehen, sondern lebendige Menschen, die in sich das Licht haben. Überall, wo sie sind, dort ist auch die „Stadt auf dem Berge" . . .

Noch ein zweites Mal wird das Wort vom Licht verdeutlicht: *Ein Licht* stellt die Hausfrau ja auch nicht unter den Scheffel – das ist ein Faß oder Krug als Getreidemaß –, sondern *auf den Leuchter.* Töricht wäre, wer ein Licht anzündete und es sogleich wirkungslos machte, indem er darüber einen Krug stülpte! Das Licht ist zum Leuchten da, oder es hat überhaupt keinen Sinn. Die Kerze, die die Hausfrau anbrennt, soll „allen im Hause leuchten". Ist das nicht ähnlich bei der Jüngerschaft? Wieder steht – wohl bewußt – das Wörtchen „allen". Erde – Welt – alle, das ist immer das gleiche, die ganze

Menschheit. Vielleicht ist aber hier bei „allen, die im Hause sind" besonders an die Hausgenossen der christlichen Gemeinde gedacht. Denn das Licht ist nicht nur das Licht der Mission für die Heiden, sondern auch das Licht der Erbauung und des Vorbildes für die eigenen Hausgenossen ...

[16] *So leuchte euer Licht vor den Menschen, damit sie eure guten Werke sehen und euren Vater preisen, der im Himmel ist.*

In der Anwendung kommt neu hinzu, daß das Licht die *guten Werke* sind. Das ist nicht leicht zu verstehen. Zunächst: Das Licht sind keine Ideen oder Gedanken. Die Jünger sollen keine neue Weltanschauung oder Philosophie oder Weisheitslehre zu den Menschen tragen, sondern lebendige, hör- und sehbare Taten. Also „gute Werke" im frommen katholischen Verständnis? Das Almosen für die Caritasbüchse, die Löffelspende für den Altentag, das Ausbessern der Kirchenwäsche oder das Fasten am Quatembertag? Alles das kann es sein, aber auch unendlich mehr. Die Werke sind einfach das ins Leben eingedrungene und verwirklichte Licht. Sie sind gestaltgewordene Wahrheit, gelebter Glaube. Sie stehen nicht neben dem Glauben oder begleiten ihn wie eine Uferstraße den Fluß, sie sind auch nicht, wie die Protestanten oft vorwerfen, eigenes Verdienst. Die guten Werke insgesamt sind das tätige, eben werktätige, sich unablässig wie aus einem Vulkan verströmende christliche Leben. Das Licht der Welt wird hier sozusagen in seinem stärksten Leuchten erfaßt. Nur das Licht strahlt wirklich, das solche Werke unaufhörlich hervorbringt und sich so in ihnen bezeugt.

Jeder Gedanke an eigenes Verdienst oder heuchlerische Ruhmsucht wird mit den letzten Worten abgeschnitten. Das sich verströmende Licht soll nicht auf uns selbst zurückgespiegelt werden. Wir sollen nicht leuchten, damit die Menschen *unser* Licht rühmen. Die Werke werden nicht getan, damit wir gelobt werden, sondern einzig und allein Gott gerühmt werde. Es ist der *„Vater im Himmel"*, der erkannt werden soll. Das Licht des Jüngers soll durch ihn hindurch zurückweisen auf den Ursprung, „den Vater alles Lichtes" (vgl. Jak 1,17). Das ist das letzte Ziel und der tiefste Grund des Jüngerberufes: mit seinem ganzen Dasein, dem in der Liebe erleuchteten Leben, den aus der Wahrheit getanen Werken Gott offenbar zu machen . . .

2. Die wahre Gerechtigkeit in der Erfüllung des Gesetzes (5,17–48)

Die Seligpreisungen haben schon die neue Gerechtigkeit programmatisch verkündet. In einem zweiten großen Abschnitt verfolgt Matthäus dieses Thema weiter, und zwar ausgehend vom mosaischen Gesetz. Für die Christenheit, besonders die aus dem Judentum stammende, mußte sofort die Frage entstehen, in welchem Verhältnis das, was Jesus verkündet und gefordert hat, zu dem Gesetz der Väter steht. Ist das Bild der Vollkommenheit in den Seligpreisungen völlig unabhängig von diesem Gesetz zu verwirklichen? Ist es eine ganz neue Lehre? Oder wurzelt auch sie in dem Mutterboden der Gottesgeschichte Israels und dem Gesetz? Auf diese Fragen gibt das folgende große Kapitel von 5,17–48 die Antwort. Auch hier geht es um die wahre Gerechtigkeit, das vollkommene Leben. Aber das wird entwickelt von dem Gesetz und seinem zeitgenössischen Verständnis her.

a) Grundsätzliche Klärung (5,17–20)

17 *Glaubt nicht, daß ich gekommen bin, das Gesetz und die Propheten aufzuheben; ich bin nicht gekommen, aufzuheben, sondern zu erfüllen.*

Das *Gesetz* war von Gott gegeben als heilige Ordnung des gesamten Lebens Israels. Es war auch gegeben als Wegweiser für den einzelnen, sein ethisches und religiöses Denken und Tun. Gottes fordernder Wille hat sich in ihm ausgesprochen, er steht hinter jedem Buchstaben. Neben dem Gesetz stehen *die Propheten*. Auch in deren Botschaft hat sich Gottes Wille ausgesprochen. Beide zusammen, Gesetz und Propheten, sind nicht nur für ihre Zeit von Bedeutung gewesen. Das Gesetz wurde feierlich von Moses dem Volke übergeben, und das Volk verpflichtete sich am Berge Sinai darauf. Die Propheten haben je zu ihrer Zeit in lebendiger Anrede das kundgetan, was Gott fordert. Es blieb nicht beim mündlichen Wort und der gesprochenen Botschaft: alle diese Worte, „Gesetz und Propheten", wurden schriftlich niedergelegt und jeder folgenden Generation mit gleicher verpflichtender Kraft weitergegeben. Sie wurden als heilige Schriften zum Mark und zur inneren Norm im Leben des Bundesvolkes. Kann das, was so eindeutig von Gott her kommt und über Jahrhunderte hin den Willen Gottes vergegenwärtigte, nun plötzlich dahinfallen? Und gar durch Jesus selbst, der doch von sich bekannt hat, daß er „alle Gerechtigkeit zu erfüllen" (3,15) bereit sei? Das ist undenkbar.

Jesus spricht von seiner Sendung so wie kein Prophet vor ihm, wenn er sagt, daß er *gekommen* sei. Das meint ein Gekommensein von einem anderen her, das Gesandtsein vom Vater. Was er tut, geschieht in dessen Namen und Auftrag. Derselbe, aus dem Gesetz und Propheten letztlich hervorgehen, kann ihn nicht senden, sie *aufzuheben*. Aufheben meint: außer Geltung setzen, so wie im irdischen Bereich eine Verordnung oder ein Gesetz außer Kraft gesetzt wird. Es beginnt nicht etwas völlig Neues, das mit dem Alten in keiner Verbindung steht. Jesus beseitigt nicht die alte Ordnung und richtet eine neue auf. Seine Sendung bezieht sich auf etwas anderes, und das ist doch etwas Neues.

108

„Ich bin nicht gekommen, aufzuheben, sondern zu erfüllen."
Der Wille Gottes und die heiligen Schriften, die ihn in sich
aufgenommen haben, sollen *„erfüllt"* werden! Das Neue ist
nicht das völlig andere, sondern die Vollendung des Alten.
Gesetz und Propheten sind wohl Offenbarung Gottes, aber
noch nicht die endgültige. Sein Wille tut sich dort kund, aber
nicht in seiner reinsten Gestalt.

Seit diesem gewaltigen Wort Jesu ist die Lage völlig verändert.
Gesetz und Propheten, die heiligen Schriften des *Alten Testaments,* haben als solche für uns keine Verbindlichkeit. Sie
sind aber auch nicht ganz bedeutungslos geworden, gleichsam nur ein Schatten des zukünftigen Heils im Neuen Testament, sondern sie gelten weiter, aber in ihrer Vollendung
durch Jesus. Er hat endgültig gesagt, wie der Wille Gottes
wahrhaft zu vollbringen ist; hinter diese Vollendung durch
Jesus können wir nicht mehr zurück. Lesen wir in diesem Buche, so können wir es nur im Lichte der Offenbarung Jesu tun.
Dann weicht die „Hülle" von unseren Augen, und alles erscheint in neuem Licht: überall sehen wir Gott am Werk und
vermögen das Unvollkommene vom Vollkommenen zu scheiden.

Für *die Juden* aber liegt, wie der heilige Paulus sagt, noch
„die Decke über der Verlesung des Alten Bundes und wird
nicht aufgehoben, obschon sie mit Christus verschwindet. Bis
heute liegt, so oft Moses verlesen wird, eine Decke über ihren
Herzen. Aber wenn sich einer zum Herrn bekehrt, wird die
Decke weggenommen" (2 Kor 3,14–16). Wir bitten und er-
sehnen, daß auch ihnen die Hülle weggenommen werde und
sie die wahre Herrlichkeit Gottes im Antlitz Jesu Christi sehen (vgl. 2 Kor 4,6).

[18] Denn wahrlich sage ich euch, daß Himmel und Erde eher vergehen, als daß ein Jota oder ein Häkchen von dem Gesetz vergeht – bis alles geschehen ist.

Das ist ein gewaltiger Vergleich. Die ganze Welt schwindet eher dahin, als daß auch nur der geringste Teil, ja sogar der kleinste Buchstabe vom Gesetz dahinfällt.[19] Das *Jota* ist der kleinste Buchstabe im hebräischen Alphabet, und die *Häkchen* sind kleine Verzierungen, die beim Schreiben der heiligen Texte als Lesehilfen verwendet wurden. Jeder Teil und jeder Buchstabe sind heiliges Gotteswort und unantastbar. Niemals können sie außer Kraft gesetzt werden, weil Gott es ist, der da gesprochen hat. Sind die menschlichen Worte flüchtig und vergänglich, Gottes Wort hat dauernden Bestand ...

Aber Gott hat eben nicht nur im Gesetz und durch die Propheten gesprochen, sondern auch „zuletzt durch seinen Sohn" (Hebr 1,1 f.). Das ist sein „letztes Wort", nach dem er keines mehr mit gleicher Autorität sprechen wird. Dieses letzte Wort vollendet die vorhergehenden und rückt sie in das wahre Licht. Denn das Gesetz bleibt zwar bestehen, bedarf aber der Vollendung. Das ist mit dem kleinen Anhang ausgedrückt: *„bis alles geschehen ist".* Das will sagen: Das ganze Gesetz muß zur Vollendung gebracht werden, die jetzt in diesem Augenblick durch die Lehre Jesu schon anhebt. Es will aber auch sagen: Alles dort Vorausgesagte, in die Zukunft Weisende muß erfüllt werden. Jesus *lehrt* nicht nur die Erfüllung des Gesetzes, sondern bringt sie auch in seiner Person, seinem Leben und Sterben. Wenn alles dies geschehen ist – die vollkommene Lehre und die vollkommene Verwirklichung durch Jesus –, dann ist alles geschehen, dann ist es wahrhaft erfüllt.

Wir müssen *Jesus* auf den folgenden Seiten immer in diesem großen Zusammenhang sehen. Er ist kein Sektengründer und kein „religiöses Genie", wie man manchmal hört. Er ist vielmehr der letzte Prophet, das letzte Wort Gottes, der endgültige Offenbarer von Gottes Willen – und so unser Weg und unsere Wahrheit.

¹⁹ *Wer also eines dieser kleinsten Gebote aufhebt und die Menschen so lehrt, der wird der Kleinste heißen im Himmelreich; wer (sie) aber tut und (so) lehrt, dieser wird der Größte heißen im Himmelreich.*

Niemand darf es wagen, auch nur ein einziges der *Gebote Gottes* aufheben zu wollen, und wäre es auch nur ein geringfügiges, wenig bedeutungsvolles. Er handelt nicht im Sinne Jesu. Es ist einfach, das Alte beiseite zu schieben und sich neuen Ideen zu verschreiben. Viel schwerer ist es, das Überkommene so zu tun, daß es neu zum Leuchten kommt. So fährt Jesus fort: „Wer (sie) aber tut und (so) lehrt . . ." Das *Tun* steht voran und wird betont – darauf kommt es vor allem an. Dieses Tun und Lehren der Gebote aber kann jetzt nur möglich sein in dem Sinn und in der neuen Weise, in der sie Jesus verkündet! Im folgenden hören wir mehrere Beispiele, die uns zeigen, wie das gemeint ist. – Auch die kleineren Gebote sollen wir aus der gleichen Kraft der Hingabe und Liebe tun! Das bewahrt uns vor allzu großzügigem, vielleicht schon überheblichem Denken, dem die kleinen Dinge des Alltags belanglos werden.

Wie einer hier lebt und lehrt, so wird er auch in dem *Königtum Gottes* sein. Auch dort gibt es Kleine und Große – nicht nur hier auf Erden. Die Sorgfalt auch im Kleinen bestimmt die „Rangstufe" im Himmelreich mit. Wie einer lebte und lehrte, so wird er sein. Das Wort gilt vor allem für jene, die ein Lehramt in der Kirche haben: Katecheten und Seelsorger, Priester und Laien. Sie dürfen sich nicht Lieblingsideen verschreiben und eine willkürliche Auswahl aus dem Glaubensgut treffen: ihnen ist das Ganze anvertraut, in dem jeder Teil, auch „der geringste", seine Bedeutung hat.

[20] *Denn ich sage euch: Wenn eure Gerechtigkeit die (der) Schriftgelehrten und Pharisäer nicht bei weitem übertrifft, werdet ihr nicht in das Himmelreich eingehen.*

Da haben wir den Kern, den Hauptsatz des ganzen Stückes. Es geht um die *Gerechtigkeit.* Auch die *Schriftgelehrten* suchen sie, vor allem in ihrem Studium und in ihrer Lehre. Ihre Aufgabe ist es, die Schriften zu erforschen und nach dem Willen Gottes zu fragen. Sie unterweisen das Volk, geben den Kindern Unterricht und wenden so jeweils das auf ihre Gegenwart an, was sie in den Büchern erforscht haben. Schriftgelehrte, oder auch Rabbinen genannt, sind die offiziellen Lehrer auf dem Lande und in der Metropole Jerusalem, aber auch die Richter in kleineren Prozessen in den Landgemeinden. Sie „sitzen auf dem Lehrstuhl des Moses" (23,2) und haben „den Schlüssel der Erkenntnis" (Lk 11,52) in der Hand. Sie suchen die wahre Gerechtigkeit.

Das tun auch die *Pharisäer.* Sie haben kein offizielles Amt im Volke, aber einen großen persönlichen Einfluß. Sie sind eine religiöse Gruppe, eine Partei, die das Gesetz besonders eifrig befolgen will; Gegner aller Lauheit und Mittelmäßigkeit, radikal und unnachgiebig in religiösen Fragen, geschworene Feinde der heidnischen Besatzungsmacht. Ihnen geht es nicht sosehr um die Lehre als um das Tun, die praktische Verwirklichung der Gerechtigkeit. Beide haben einen großen Einsatz gemacht. Denken wir nicht geringschätzig darüber!

112

Mit beiden *scheint Jesus verwandt* zu sein. Ist er nicht auch ein Rabbi, ein wandernder Lehrer, der seine Jünger im wahren Wege unterweist? Geht es ihm nicht auch wie den Pharisäern zuerst und entscheidend um das Tun? Trotzdem ist der Unterschied zu beiden groß. Das ganze Evangelium zeigt das klar. Hier sehen wir ihn in seiner Grundforderung an die Jünger. Auch sie haben beide Gruppen täglich vor Augen, sind selbst von Rabbinen als Kinder unterwiesen worden und erleben auf den Straßen und Plätzen das eifrige religiöse Gehaben der Pharisäer. Beiden geht es um die Gerechtigkeit. Aber die seiner Jünger soll sich von der ihren himmelhoch unterscheiden!

Was sie lehren und tun, das reicht trotz des riesigen Aufwandes nicht aus. Gott verlangt mehr. Die Jünger sollen sie *„bei weitem übertreffen"*. Ihre Gerechtigkeit soll „reichlich überfließend" sein. Das ist etwas so Überströmendes und Maßloses, daß es nicht mehr gemessen werden kann. Es soll eine Fülle und ein Reichtum sein, die jedes Maß überströmen. Da scheint es bei dieser Gerechtigkeit überhaupt um etwas Neues zu gehen! Nicht nur ein Gradunterschied ist gemeint, sondern eine andere Art . . .

Dieser höhere Weg verpflichtet jeden Jünger! Sonst können sie nicht *„in das Himmelreich eingehen"*. Die Bedingung für den Eintritt in Gottes Königtum ist jene überfließende Gerechtigkeit. Vielleicht verzagt man jetzt schon vor dieser Forderung, ohne noch erfahren zu haben, was sie genau meint. Wie sollen diese einfachen Leute, die Jünger Jesu, mit den gelehrten und eifrigen Gesetzesmännern Schritt halten? Sie sollen jene übertreffen, zu denen die schlichten Menschen in Ehrfurcht aufschauen? Muß man noch mehr Gebote befolgen, mehr Leistungen vollbringen, als es die Pharisäer tun? Müßte nicht jeder wie einer der alten Mönche in der Wüste sein, die einsam und bedürfnislos, unter härtesten Entbehrungen sich selbst absterben und für Gott leben? Gleich hören wir, daß die Gerechtigkeit nicht so zu verstehen, sondern im Grunde etwas ganz Einfaches ist.

b) Vom Zorn und der Versöhnung (5,21–26)

21 *Ihr habt gehört, daß den Alten gesagt wurde: Du sollst nicht töten! Wer aber tötet, der soll dem Gericht verfallen.*

Jesus knüpft an die Unterweisung durch die Schriftgelehrten an. Aus ihrem Munde vernimmt man das Wort Gottes und seine Deutung. Von ihnen haben sie alles, was Gott gebot, *gehört* – konnten doch nur die wenigsten lesen. Sie haben gläubig angenommen, was Gott ehemals zu ihren Vorfahren gesprochen hat. Die Vorfahren, die Generation des Auszugs und der Wüstenwanderung, sind *die Alten,* denen Gott sich offenbarte. Am Fuße des Berges Sinai, in heiliger Furcht verharrend, vernahmen sie aus dem Munde des Moses sein Gebot. Dieses Wort bleibt lebendig in der Geschichte, von Geschlecht zu Geschlecht wird es weitergegeben – bis in die Tage Jesu. Auch er selbst hat es in der Synagoge gehört und gelernt.

Zu den lapidaren Sätzen der Zehn Gebote gehörte: „*Du sollst nicht töten.*" Alles Leben kommt von Gott und ist heilig. Nur Tiere zu töten hatte Gott dem Menschen ausdrücklich erlaubt und so die Fleischnahrung freigegeben (Gn 9,2 f.). Das menschliche Leben blieb unantastbarer Besitz der Gottheit. „Wer Menschenblut vergießt, dessen Blut soll auch durch Menschen vergossen werden; denn Gott hat den Menschen nach seinem Bilde gemacht" (Gn 9,6). Vergossenes Menschenblut schreit zum Himmel nach Sühne wie das Blut des Abel, das die Erde getrunken hat (Gn 4,10). Gott selbst muß es rächen, und wenn der Mensch es tut, dann nur in seinem Auftrag. Jedes Menschenleben kann nur durch ein anderes Menschenleben aufgewogen werden. Niemals ist es dem Menschen erlaubt, jemanden zu töten aus Gier, Rache, Unachtsamkeit oder Feindschaft oder gar kalter Berechnung. Geschieht es doch, dann werden die Fundamente der menschlichen Gemeinschaft erschüttert . . .

Wer das tut, der *„verfällt dem Gericht"*, der wird nach dem Grundsatz, der im Noebund ausgesprochen war, gerichtet (Gn 9,6). Dieser Grundsatz gilt in noch juristischerer Formulierung seit der Moseszeit: „Wenn jemand irgendeinen Menschen erschlägt, soll er getötet werden; wer aber ein Stück Vieh erschlägt, der soll es ersetzen, Leben um Leben. Und wer seinem Nächsten einen Schaden zufügt, dem soll man tun, wie er getan hat: Bruch um Bruch, Auge um Auge, Zahn um Zahn; denselben Schaden, den er dem andern zugefügt hat, soll man ihm zufügen" (Lv 24,17–20). Die Vergeltung des Unrechts soll sich streng in den Grenzen des Gottesgebotes halten; sie nicht in wilder Rachsucht durchbrechen. Sicher ist und blieb es auch in der Anwendung immer, daß auf die (vorsätzliche) Tötung eines Menschen die Todesstrafe stand. Dieses Denken (Leben um Leben, Auge um Auge) war nicht nur den Israeliten, sondern dem ganzen Orient tief eingeprägt. Das eine bedingt notwendig das andere. Wer tötet, der verfällt dem Gerichtsspruch, und zwar der Todesstrafe, die im Namen Gottes, des Herrn des Lebens, verhängt wird. Im menschlichen Gericht geschieht das Gericht Gottes.

22a *Ich aber sage euch: Jeder, der seinem Bruder zürnt, der soll dem Gericht verfallen.*

Diesem Denken stellt Jesus etwas Neues gegenüber. Es wird feierlich angekündigt mit der Formel, die wie von einem Gesetzgeber gesprochen klingt: *„Ich aber sage euch."* Zu den Alten ist das damals von Gott *gesagt* worden. Jetzt sagt Jesus neu, was Gott will. Nicht mehr gilt die unlösbare Einheit, die stets ausgeglichene Waage: Wie die Tat, so die Sühne, auf Tod steht Todesstrafe. Jetzt heißt es: Auch schon die Gesinnung im Herzen macht für das Gericht reif – das menschliche Gericht, in dem sich das Gericht Gottes ausspricht.

Die Schalen der Waage scheinen auseinanderzuspringen, kein Mensch begreift im ersten Augenblick, wie man sagen kann: *„Jeder, der seinem Bruder zürnt, der soll dem Gericht verfallen."* Das kann nur sein, wenn der Zorn im Herzen so schwer gewogen wird wie die Tötung eines Menschen. Stimmt nicht etwas darin auch mit unserer Erfahrung überein? Wer den Zorn im Herzen trägt, der möchte alles Unheil für den anderen, ja, er wünscht, daß er nichts mit ihm zu tun habe, daß er für ihn gar nicht existiere. Ist das nicht wie ein geistiges Töten, eine Gesinnung, die den anderen verabscheut, erniedrigt und abweist? „Jeder, der seinen Bruder haßt, ist ein Menschenmörder . . ." (1 Jo 3,15). Sofort sehen wir ein, wie in diesem Beispiel die „überfließende Gerechtigkeit" (5,20) beschaffen sein soll. Der Jünger Jesu soll schon vor dem im Herzen aufkeimenden Zorn so große Furcht haben wie vor der Tötung eines Menschen. Der Maßstab ist verändert, weit Höheres und Innerliches verlangt.

22b *Wer aber zu seinem Bruder „Raka" („du Dummkopf")*
sagt, der soll dem Hohen Rat verfallen; wer aber „du Tor"
sagt, der soll der Feuerhölle verfallen.

Die beiden Beispiele führen den gleichen Grundsatz weiter
aus, ohne daß er wesentlich verändert oder als dreimalige
Steigerung aufzufassen wäre. Es geht um dasselbe, nur in der
Anwendung auf zwei andere Fälle des Zornes. *„Wer aber*
zu seinem Bruder ,du Dummkopf' sagt ..." Das ist einer,
der den Zorn nicht nur geheim im Herzen hat, sondern ihn
ausdrückt im Schimpfwort. Das Wort „Raka" ist eine herab-
setzende Beleidigung, ein Spottname. Auch davor soll sich
der Jünger hüten. Es ist lebensgefährlich. Es ist wohl nicht
gemeint und auch niemals vorgekommen, daß ein solcher vor
das Synedrion, den *Hohen Rat,* gebracht und von ihm verurteilt worden ist. Was gesagt werden soll, ist dasselbe wie im
ersten Beispiel: der Zorn schon macht für das Gericht reif.
So auch das dritte Beispiel, das ein weiteres Schimpfwort
nennt: *du Tor,* du Narr. Das erste Schimpfwort unterscheidet sich kaum vom zweiten, jedenfalls nicht so stark, daß man
einen so großen Unterschied in der *Strafe* verstehen könnte.
Vielmehr ergänzen sich beide Beispiele gegenseitig: Hoher
Rat und Feuerhölle. Wer seinen Bruder im Zorn beschimpft
und ihn herabwürdigt, der ist juristisch wie ein Mörder vor
dem Gerichtshof, aber seiner Schuld vor Gott, seiner Sünde
wegen wie einer, der für die Hölle reif ist.
Regelmäßig ist von dem *Bruder* gesprochen. Wer ist dieser
Bruder? Die Israeliten bezeichneten sich untereinander mit
diesem Ehrennamen. Es war ein Titel für den, der dem Bun-
desvolk angehörte. Bruder ist der Mann gleicher Herkunft,
gleichen Blutes und gleichen Glaubens. Den meint Jesus zunächst auch. Später mußte die Kirche, wenn sie diese Worte

Jesu auf sich anwandte, unter dem Bruder den Glaubens-genossen verstehen. Da galt ja nicht mehr Heide oder Jude, nicht mehr Freier oder Sklave, sondern alle waren sie Brü-der in Christus. Den Glaubensgenossen, Mitstreitern und Miterben Jesu Christi gilt dieses Gesetz. In der Bruderschaft, der christlichen Gemeinde, muß es leben. Dort sollen Ab-neigung, Zorn und Haß verpönt und gefürchtet sein. Wie sorgsam und genau müßte das Gewissen gebildet sein, wie schrecklich die Verletzung dieses Gebotes Jesu in der Ge-meinde empfunden werden, wie stark müßte in uns der Drang sein, alles Böse gegen den Bruder schon im ersten Stadium abzudrosseln!

[23] *Wenn du also deine Opfergabe zum Altare bringst und dich dort erinnerst, daß dein Bruder etwas gegen dich hat,* [24] *laß deine Opfergabe dort vor dem Altare zurück und gehe erst hin und versöhne dich mit deinem Bruder, und dann komme und bringe deine Opfergabe dar.*

Nichts Trennendes, keine Abneigung und Zwietracht soll zwischen den Brüdern sein. Sonst sind sie nicht fähig, Gott würdig zu dienen. Das Beispiel vom Opferdienst im Tempel erläutert das Gebot Jesu: Wenn zwischen den Brüdern Un-einigkeit besteht, dann ist auch das Band zwischen ihnen und Gott zerrissen. Jesus sagt nichts gegen die *Darbringung von Opfern,* die nach der Ordnung des Gesetzes vorgeschrieben war und selbstverständlich geübt wurde. Er ist kein Eiferer gegen Kultformen und liturgische Bräuche. In der Darbrin-gung von Opfergaben, der öffentlichen für das ganze Volk und der privaten für das Heil des einzelnen, kann sich echte Gottesverehrung aussprechen. Aber das ist eben an eine un-erläßliche Bedingung geknüpft: Nur dann ist die Gesinnung der Verehrung Gottes echt, wenn sie aus dem Frieden und der Einheit untereinander kommt.

Das Beispiel nennt nicht einmal den Fall, daß ich gegen einen anderen etwas habe, Abneigung, einen berechtigten Vorwurf oder gar den Groll im Herzen. Sondern umgekehrt: Es genügt schon, zu wissen, daß ein anderer *etwas gegen mich hat!* Dann soll ich den ersten Schritt zur Versöhnung tun, hingehen und den Frieden wiederherstellen. Das ist so dringlich, daß ich meine Opfergabe, das ausgesuchte Tier oder die Früchte der Ernte, vor dem Altare stehen- und liegenlassen soll, ungeachtet der Stockung und Verzögerung des Opferablaufs, ungeachtet des Aufsehens und Geredes, das entstehen wird. Allein aus dem erschreckenden, mir plötzlich bewußtwerdenden Wissen, daß ich nicht im Frieden mit einem Bruder lebe und so unwürdig bin. Erst wenn die Versöhnung erreicht ist, bin ich fähig zur Darbringung meines Opfers. Dann wird sie Gott wohlgefällig sein und auch die Versöhnung mit ihm bewirken. Der Friede untereinander ist die Vorbedingung für den Frieden mit Gott.

Das ist wirklich etwas Neues. *Gottesdienst* und die Verwirklichung der *Bruderschaft* im täglichen Leben sind eng miteinander verknüpft. Der Dienst vor Gott wird wertlos, wenn er nicht von der brüderlichen Liebe und Einheit getragen wird. Auch noch so viele und wertvolle Opfer, die einer darbringt, können niemals diese Vorbedingung ersetzen. Jesus hat hier den Opferdienst seiner Zeit vor Augen. Ein Beispiel aus der Praxis, die die Schriftgelehrten als erlaubt hinstellten, hat uns Markus bewahrt. Dort vertritt der Herr den gleichen Grundsatz: Gott kann nie eine Gabe angenehm sein, die auf Kosten der Pflichten des Kindes gegenüber seinen Eltern erworben wird (Mk 7,9–13; Mt 15,3–9). Die Gefahr ist immer gegeben, im Namen der Gottesverehrung die menschlichen und sittlichen Pflichten zu verkürzen. Von den Mißständen, die die Propheten vorfanden, bis in manche Formen heuchlerischer Frömmigkeit heute. Wie gern möchten wir uns von einer (schweren) menschlichen Aufgabe durch die (leichte) Flucht ins Religiöse allein, Gebet oder ein Werk der Buße, loskaufen.

Seit Jesus als der Hohepriester sich ein für allemal Gott als ein wohlgefälliges Opfer im Heiligen Geiste dargebracht hat, ist dieser alte Opferdienst hinfällig geworden.[20] Doch bringen die Christen auch Opfer dar, *geistige Gaben,* ihre Leiber und sich selbst als wohlgefällige Opferspenden – in und durch den Hohenpriester Christus.[21] Auch für diese Opfer, vor allem ihre Quelle und Mitte, das eucharistische Opfer in der Kirche, gilt das Wort Jesu. Nur aus der Liebe und dem Frieden untereinander nimmt Gott sie an. Wie achtsam muß unser Denken in dieser Hinsicht werden. Zwietracht und Uneinigkeit machen die Gemeinde unfähig zum Gottesdienst! Welche Anstrengung und Mühe müssen wir aufbringen, um Versöhnung zu erreichen – soll nicht aller Gottesdienst sinnlos und leer werden ...

[25] *Sei mit deinem Gegner schnell wieder Freund, solange du mit ihm noch auf dem Wege bist; damit der Gegner dich nicht dem Richter übergebe und der Richter dem Büttel und du ins Gefängnis geworfen wirst.* [26] *Wahrlich, ich sage dir, du wirst dort nicht herauskommen, bis du den letzten Groschen bezahlt hast.*

Ein zweites Beispiel, wie das erste dem Leben abgelauscht. Da hat einer *Schulden* bei einem anderen, und da er nicht bezahlen will, schleppt er ihn gewaltsam, unter Schimpfen und Fluchen, zum Richter. Der Richter bestätigt die Schuld und läßt ihn vom Gerichtsdiener abführen in die Gefängniszelle.

120

Dort muß er sitzen, bis er auf Heller und Pfennig die geschuldete Summe bezahlt hat. So ist das unter den Menschen: jeder versucht, mit Hilfe des Gesetzes, wenn nötig mit Gewalt, zu seinem Recht zu kommen.

Worin besteht die Mahnung, die Jesus an diese fast verschmitzt humorvoll erzählte Geschichte knüpft? *Benutze die Zeit* zur Versöhnung, solange du noch Aussicht dazu hast! Auf dem Wege bist du mit deinem Prozeßgegner allein, unter vier Augen. Da kannst du alles versuchen, mit ihm ins reine zu kommen. Vielleicht gelingt es dir, vielleicht auch nicht, wenn er hart und unnachgiebig bleibt. Auf alle Fälle aber sollst du die Zeit benützen. Der Ausgleich mit ihm scheint hier nicht als eine Pflicht der Brüderlichkeit gesehen zu sein. Ist das nicht ein ganz hausbackener Rat zur Klugheit?

Dem wäre so, wenn nicht die kleine Geschichte einen ernsteren Hintergrund hätte. Nutze die Zeit, ehe es zu spät ist – diese Eile deutet auf ein anderes herandrängendes Ereignis und der Richter auf einen anderen, größeren Richter: Gottes Königtum und Richteramt. Wir sind alle *auf dem Wege*, dem Gericht entgegen. Man kann sich die Folgen vorstellen und fast die Stunde ausrechnen ... Da wird die Aussöhnung zur dringenden Sorge, solange noch Zeit ist. Später wird es zu spät sein. Schiebt also die Zeit nicht auf und wendet alle Mühe an, um untereinander im Frieden zu sein!

c) Vom Ehebruch (5,27–30)

[27] *Ihr habt gehört, daß gesagt wurde: Du sollst nicht ehebrechen.* [28] *Ich aber sage euch: Jeder, der eine Frau anschaut, um sie zu begehren, der hat schon mit ihr die Ehe gebrochen in seinem Herzen.*

Das sechste Gebot im Dekalog soll die Ehe schützen und sichern. Der Satz: *„Du sollst nicht ehebrechen"* gilt ganz allgemein, für Mann und Frau in gleicher Weise. Die Auslegung des Gesetzes aber und die Anwendung der Schriftgelehrten gab dem Manne größere Freiheit als der Frau, wie wir gleich sehen werden (5,31 f.). Die Unantastbarkeit dieser Gemeinschaft zwischen Mann und Frau wurde nur dadurch gesichert, daß der äußere Verstoß verboten wurde, eben der vollendete Ehebruch, der einen juristischen, die Gemeinschaft störenden Tatbestand darstellt. Die soziale Hochschätzung und der juristische Schutz der Ehe bleibt immer wichtig – die Völker und Staaten haben dafür selbst zu sorgen.

Jesus hebt dieses Verbot nicht auf. Aber er lehrt, daß die Reinheit der Ehe nicht schon durch dieses Verbot gesichert ist. Schon durch die *im Herzen entspringende Begierde* nach einer anderen Frau wird die Ehe gebrochen! Die äußere Tat ist nur die Vollendung der inneren Begierde. Vor Gott kommt es auf die Gesinnung an, auf die Lauterkeit der Gedanken, auf den unverdorbenen und klaren Willen. Der Ehepartner soll bis in die Wurzeln seines Denkens von dieser Lauterkeit geformt sein. Wenn man das wirklich tut, ergeben sich viele soziale Bestimmungen und kirchliche Gesetze über die Unantastbarkeit der Ehe wie von selbst. Gott sieht in das Herz; er beurteilt uns nach unserer Gesinnung. Und auch das gilt: Ein äußerlich tadelfreies Verhalten, das niemals einen Anstoß gibt, kann doch durchweg *geheuchelt* sein. Hinter der glänzenden Fassade kann sich ein Trümmerhaufen von innerer Zerrüttung und Verdorbenheit verstecken. Außen und innen, Leben und Denken, Erscheinungsbild und Gesinnung sollen ganz übereinstimmen. Menschen, die so leben, kann man erkennen an ihren Augen, der Sauberkeit ihrer Rede, ihrem ungeheuchelten Tun.

²⁹ *Wenn dir aber dein rechtes Auge Ärgernis gibt, reiß es aus und wirf es von dir. Denn es ist besser für dich, daß eines deiner Glieder zugrunde geht, als daß dein ganzer Leib in die Hölle geworfen wird.* ³⁰ *Und wenn dir deine rechte Hand Ärgernis gibt, hau sie ab und wirf sie von dir. Denn es ist besser für dich, daß eines deiner Glieder zugrunde geht, als daß dein ganzer Leib in die Hölle fährt.*

Das sind harte Worte. Man versteht sie nur recht, wenn man weiß, was das *Ärgernis* ist. Das Wort (skandalon) kann Verschiedenes bedeuten. Man spricht vom „Ärgernis geben", wenn einer den anderen zu einer Sünde verführt, oder vom „Ärgernis nehmen", wenn man selbst von außen her zur Sünde gereizt wird. Unter den Möglichkeiten, der Sünde zu verfallen, gibt es eine, die alle anderen übertrifft: das ist das „große Ärgernis", die eigentliche Versuchung, der vollkommene Abfall. Davon ist später mehrfach die Rede.²² Hier ist davon nicht gesprochen, sondern von der Verführung zur einzelnen Sünde, und zwar der Sünde des geschlechtlichen Mißbrauchs, der sittlichen Entgleisung. Denn Matthäus hat die Worte ja an die Mahnung zu vollkommener Herzensreinheit angeschlossen.

Die Versuchung kommt hier nicht von anderen Menschen her, sondern aus dem eigenen Innern, dem „schlechte Gedanken ... Ehebruch, Unzucht" entspringen (vgl. 15,19). Aber sie bedient sich der *Glieder des eigenen Leibes*. Das Auge und die Hand sind besonders genannt, sie scheinen die besonders begünstigten Werkzeuge dieses Ärgernisses zu sein. Das Auge, das lüstern schaut und begehrlich um sich blickt; die Hand, die nach dem verbotenen Gute greift und es besitzen will – wie der Ehebrecher die fremde Frau. Nicht die Glieder sind böse oder gar der Leib überhaupt, wie man oft in unchristlicher Verachtung des Stoffes, der Materie gemeint hat! Sie können aber Werkzeuge des Bösen sein, Diener der Lust.

Wenn die Versuchung wie ein Feind einfällt, soll der Jünger radikal handeln, sofort den ersten Angriff abschlagen. Diese Entschlossenheit meinen die Worte: *„Reiß es aus und wirf es von dir – hau sie ab und wirf sie von dir."* Es geht in dem anscheinend kleinen Gefecht doch um die ganze Schlacht. Wenn der Jünger das Tor nur einen Spalt für die Sünde öffnet, wird er ganz von ihr beherrscht werden, seine Burg wird erstürmt. Sexuelle Ausschweifung hat immer eine Schwächung der ganzen Sittlichkeit, der Kraft des Charakters und der Inbrunst des religiösen Lebens zur Folge. Oft beginnt der Weg in die Gottesferne mit einem solchen Versagen.

Was dem droht, der nicht so entschlossen handelt, ist *„die Gehenna".* Wir übersetzen das Wort mit *„Hölle".* Die Juden zur Zeit Jesu nannten den Ort der Strafe nach dem Endgericht so. Jesus spricht oft – erschreckend häufig sogar – davon.[23] Erst wenn man um diese Möglichkeit weiß, auf immer verworfen und von Gott getrennt zu sein, bekommt unser Streben seinen vollen Ernst. Es ist kein Spiel; der Weg der Jüngerschaft kein bequemer Spaziergang. Wir würden sicher oft anders entscheiden, wenn wir mehr daran dächten. Nicht in Angst, sondern in männlicher Nüchternheit.

Die Sprache dieser beiden Worte ist derb realistisch und bewußt übertreibend. Sie muß vom V. 28 her verstanden werden: Die Gesinnung des Herzens entscheidet. Da geht es nicht nur um ein Geplänkel an den Grenzen zwischen Erlaubtheit und Sünde oder in einem neutralen Vorfeld der Kampflinien, sondern um die ganze Schlacht. Wir sind vor ein Entweder-Oder gestellt. Für den, der einmal sein ehrliches Ja zu Gottes Willen und dem Evangelium gesagt hat, wirken diese Worte doch nicht bedrückend, sondern befreiend. Es gibt nur einen einzigen Weg. Aber wir sind nicht auf die eigenen schwachen Kräfte angewiesen, sondern Gott selbst wirkt durch den Heiligen Geist in uns das Wollen und das Vollbringen: „Oder wißt ihr nicht, daß euer Leib ein Tempel des Heiligen Geistes ist, der in euch wohnt und den ihr von Gott empfangen habt, und daß ihr nicht mehr euch selbst gehört? Ihr seid um einen hohen Preis erkauft, verherrlicht also auch Gott mit eurem Leibe" (1 Kor 6,19 f.).

d) Von der Ehescheidung (5,31–32)

[31] *Es ist aber gesagt worden: Wer seine Frau entläßt, der gebe ihr einen Scheidebrief.* [32] *Ich aber sage euch: Jeder, der seine Frau entläßt – außer im Falle der Unzucht –, der macht sie zur Ehebrecherin, und wer eine Entlassene heiratet, der bricht die Ehe.*

Hier geht es um ein positives Gesetz des Alten Testaments. In Dt 24,1 wurde bestimmt, daß der Mann berechtigt sei, seine Frau zu entlassen, „wenn er etwas Schändliches an ihr findet", daß er aber eine dokumentarische Erklärung abzugeben habe, eine schriftliche Freigabe der Frau, den Scheidebrief.[24] Es ist der einzige Fall, den wir kennen, wo Jesus ein formelles Gesetz des Alten Testament aufhebt und durch ein neues Gebot ersetzt. Gerade hier, wo man von der *ursprünglichen Ordnung Gottes* abgewichen war und die Frau so schlimm ins Unrecht gesetzt hatte, mußte der wahre Wille Gottes wieder zur Geltung gebracht werden. Das tut der Herr in der Autorität des „Erfüllers" des Gesetzes. Das heißt hier: Das alte unvollkommene Gesetz wird durch das neue vollkommene ersetzt. Aber dieses neue ist in Wahrheit

125

das alte, weil es dem ursprünglichen Willen Gottes entspricht, der im Buch der Schöpfung ausgesprochen war (Gn 1,26 f.; 2,23 f.).

Jesus verbietet dem Manne, seine Frau fortzuschicken. Wenn es geschähe, würde sie zur Ehebrecherin, wenn sie erneut heiratet – denn das alte Eheband bleibt in Kraft. Und umgekehrt: Wenn ein Mann eine Frau heiratet, die von einem anderen entlassen worden ist, so begeht er mit ihr Ehebruch, weil auch ihre frühere Ehe noch gültig ist. Die Rechte sind gleich verteilt. Nicht nur die Frau, sondern auch der Mann sündigt, wenn sie eine zweite Ehe schließen, obwohl der andere noch durch eine frühere gebunden ist. Diese klare Weisung haben uns die drei ersten Evangelien bewahrt. Auch Paulus kennt sie als *Gebot des Herrn* (1 Kor 7,10 f.). An diese Weisung hat sich die Kirche von den ersten Zeiten an gebunden gefühlt als ein unaufweichbares Gesetz. Keine Macht der Welt, auch Kirche und Papst nicht, sind in der Lage, das, was Gott verbunden hat, selbstmächtig zu lösen. Die oft nicht verstandene Härte der kirchlichen Ehegesetzgebung fließt doch nur aus dieser Quelle, der klaren Weisung des Herrn, dem in ihr ausgesprochenen heiligen Willen Gottes. Aber: Es ist um des Menschen willen so bestimmt, für die Ordnung seines Lebens und sein Heil. Das bestätigt die Erfahrung auf vielfältige Weise. Wir müssen diese eherne Ordnung nicht als drückendes Gesetz ertragen, sondern von Herzen bejahen: es spricht die Wahrheit aus . . .[25]

e) Vom Schwören (5,33–37)

[33] *Wieder habt ihr gehört, daß den Alten gesagt wurde: Du sollst nicht falsch schwören, du sollst dem Herrn deine Gelübde erfüllen.*

Ein zweites Mal beginnt Jesus mit der längeren Einleitung: „Ihr habt gehört, daß den Alten gesagt worden ist" (vgl. 5,21) und eröffnet damit eine zweite Gruppe von Beispielen für die wahre Gerechtigkeit. Hier geht es um zwei alttestamentliche Gebote. Das erste bezieht sich auf die feierliche Beteuerung vor Gott, die ihn zum Zeugen für eine Aussage anruft. Wir nennen das schwören. Das alttestamentliche Gebot befiehlt, *nicht falsch zu schwören* (Lv 19,12). Wenn der Mensch sich an Gott wendet und ihn zur Bezeugung herberuft, dann muß ganz wahr und wahrhaftig sein, was er sagt. Sonst beginge er die Lästerung, Gott in den Dienst einer Lüge herabzuziehen, zum Falschzeugen zu machen, ihn, der heilig und wahrhaftig ist.

Das zweite Gebot bezieht sich auch auf das Verhältnis des Menschen zu Gott, aber in anderer Hinsicht. Wenn ein Mensch einem anderen ein Versprechen abgibt, so verlangt es die Ehre von beiden, dieses Versprechen zu halten. Auch Gott kann man etwas versprechen. Das ist dann eine weitaus stärkere Verpflichtung, wir nennen sie Gelübde. Hat einer sich so vor Gott gebunden, dann liegt die heilige Pflicht auf ihm, das Versprechen einzulösen. Das schärft das Gebot ein: *„Du sollst dem Herrn deine Gelübde erfüllen."* Beide Male geht es um Pflichten des Menschen vor Gott, wird an die Ehrfurcht vor der Heiligkeit Gottes gemahnt. Auch wir sollen darauf bedacht sein, aber es genügt noch nicht . . .

[34] *Ich aber sage euch: Überhaupt nicht zu schwören! Nicht beim Himmel, denn er ist der Thron Gottes;* [35] *noch bei der Erde, denn sie ist der Schemel seiner Füße; noch bei Jerusalem, denn sie ist die Stadt des großen Königs.*

Jesus tastet diese beiden Gebote nicht an, aber er führt sie weiter, noch mehr in die Tiefe. Es genügt nicht, sich nur vor Sünden und Nachlässigkeiten Gott gegenüber zu hüten, also nur das Böse zu meiden. Der Jünger soll eine persönlichere Nähe zu Gott haben. Einer, der diese beiden Gebote peinlich erfüllt, kann doch Gottes Heiligkeit verletzen. Das taten die Rabbinen und Pharisäer mit oft spitzfindigen Begründungen. Daher zunächst das scharfe: *„überhaupt nicht zu schwören"*. Denn das Schwören, wie es hierzulande üblich ist, verdirbt schon die Ehrfurcht vor Gott. Da sagen sie zwar: Man darf den Namen Gottes nicht aussprechen und bei einem Schwur, einer Beteuerung gebrauchen. Denn Gottes Name ist heilig. Aber man kann ihn umschreiben: beim Himmel, bei Jerusalem – und dabei doch immer Gott meinen. Damit ist aber erst recht dem Mißbrauch und der Leichtfertigkeit Tür und Tor geöffnet! Auf diesen Bruch in der Gesinnung, dieses spitzfindige Hantieren mit göttlichen Dingen, legt Jesus den Finger …

Er sagt: Wer *„beim Himmel"* schwört, der sagt damit praktisch doch „Gott", denn was ist der Himmel anderes als der Thron Gottes, wie bei Isaias zu lesen ist: „So spricht der Herr: Der Himmel ist mein Thron und die Erde der Schemel meiner Füße. Was wäre das für ein Haus, das ihr mir bauen wolltet, und welches wäre die Stätte meines Wohnens? Hat doch meine Hand dies alles gemacht" (Is 66,1 f.). Genauso ist es *„bei der Erde"*. Das ist zwar keine Umschreibung für den Namen Gottes, wie sie gebräuchlich war. Aber wenn die Erde der Schemel seiner Füße ist, dann ist sie Gottes Eigentum. Ähnlich *„bei Jerusalem"*, denn Gott hat sich diese Stadt und den Sionsberg als Ort seiner Gegenwart erwählt. Im Psalm wird sie gepriesen: „In Schönheit erhebt sich als Wonne der ganzen Welt der Sionsberg, der äußerste Norden, die Stadt des gewaltigen Königs" (Ps 47,3). Wer Jerusalem leichtfertig zum Schwur in den Mund nimmt, der verletzt auch damit Gottes Ehre.

36 *Noch bei deinem Haupte sollst du schwören, denn du kannst nicht ein einziges Haar weiß oder schwarz machen.*

Das letzte Beispiel klingt humorvoll. Man stelle sich einen lebhaften Südländer vor, der heftig gestikulierend und augenrollend einen anderen von der Wahrheit seiner Rede, vielleicht auch nur von seinen billigen Preisen zu überzeugen sucht. Der andere glaubt ihm nicht und wirft ihm eigennützige Geschäftemacherei vor. So greift er zu dem beteuernden Schwur: *„Bei meinem Haupte, ich schwöre dir . . .".* Was soll dieser ganze Aufwand? sagt Jesus. Du bietest ihm als Preis für deine Wahrhaftigkeit deinen Kopf an, für eine lächerliche Sache. Du kannst ja nicht einmal ein einziges von deinen Haaren weiß oder schwarz machen, das heißt dein Alter festsetzen oder ändern. Dieses Wort Jesu ist von so verblüffender Einfachheit und verstecktem Tiefsinn wie manche andere. Denn hinter diesem Spruch steckt doch die große Wahrheit: Gott ist der Herr deines Lebens, er hat alle Haare deines Hauptes gezählt (10,30) und dich so gemacht, wie du bist. Wie kann man etwas gleichsam als Pfand anbieten, worüber man gar nicht verfügt? – Sind wir nicht oft schnell bei der Hand mit Kraftausdrücken wie „bei meinem Leben", „bei meiner Seele", ohne zu bedenken, was wir damit sagen? Unsere Rede soll so einfach und wahr sein, daß wir diesen Schwulst nicht brauchen.

37 *Eure Rede soll sein: Ja, ja, nein, nein; was darüber hinausgeht, das stammt vom Bösen.*

Wenn ihr redet, sollen eure Worte das wirklich sagen, was ihr im Herzen meint. Ein *Ja* soll ein wirkliches Jawort, und das *Nein* ein wirkliches Nein sein.[26] Das gilt vor allem vor Gott, aber auch vor den Menschen. Denn wir sind nur einer und immer derselbe. Wer vor Gott offen und wahrhaftig ist, der wird es auch vor den Menschen sein. Denn Jesus will nicht nur eine ethische Regel geben, einen Maßstab für ein menschlich gerades Verhalten aufstellen. Das bliebe innerhalb eines weltlichen Denkens, das dem Menschen von sich aus erreichbar ist und von edlen Heiden auch erreicht worden ist. Es geht um keinen Humanismus. Sein Wort ist immer von Gott her ausgerichtet . . .

Er sieht auch den großen Widersacher, den Bösen. Das leichtsinnige Gerede, das Jonglieren mit Gottes Ehre ist nicht nur menschliche Unvollkommenheit, sondern Sünde: *„Was darüber hinausgeht, das stammt vom Bösen."* Der Böse hält sich besonders gern in dem weiten Feld zwischen eindeutigem Gebot und eindeutigem Verbot auf. Er versucht, uns nur auf das Legale, den Buchstaben des Gesetzes, festzunageln und einzureden, daß man doch einen weiten Spielraum des weder Verbotenen noch Erlaubten zur Verfügung habe. Er versteckt sich auch gern hinter Auslegungen des Wortes Gottes, die nach außen glatt und tadelfrei erscheinen, nach innen aber Heuchelei sind. Werden wir einander nur dann glauben, wenn wir eine Schwurformel benützen? Es gilt, bis in die Wurzeln der Gesinnung hinein wahrhaftig zu sein. Dann wird alles Beiwerk überflüssig.

f) Von der Vergeltung (5,38–42)

[38] *Ihr habt gehört, daß gesagt wurde: Auge um Auge und Zahn um Zahn.* [39a] *Ich aber sage euch: Dem Bösen nicht zu widerstehen.*

Der Mensch neigt dazu, für ein Unrecht, das ihm angetan worden ist, *Vergeltung* zu üben. Da herrscht oft das wilde Aufbegehren und der Trieb nach Rache, dem anderen ein Vielfaches von dem selbst erlittenen Schaden heimzuzahlen. Einer hat sich verfehlt, die ganze Sippe wird geächtet. Eine Verletzung ist geschehen, der Geschädigte trachtet gleich nach dem Leben des anderen. Auf eine Stadt fallen Bomben, die tausendfache Zahl wird als „Vergeltungsmaßnahme" über einer Stadt des Feindes ausgeschüttet.

Die unbeherrschte Rachsucht des Menschen wird dort eingedämmt, wo das *Maß der Vergeltung* genau festgesetzt wird. So geschah es in alten Rechtsordnungen der orientalischen Völker, so auch in den Rechtsbüchern des Alten Testaments. Das Strafmaß sollte dem Maß des Schadens entsprechen und nicht hemmungslos darüber hinausgehen. Hier wird ein Grundsatz der Gerechtigkeit aufgestellt und streng eingefordert: „Entsteht aber ein weiterer Schaden, so sollst du geben Leben um Leben, Auge um Auge, Zahn um Zahn, Hand um Hand, Fuß um Fuß, Brandmal um Brandmal, Wunde um Wunde, Strieme um Strieme" (Ex 21,23–25). Es scheint nicht so zu sein, daß Jesus diese Rechtsnorm des Alten Testaments, die für die ganze zivile Rechtsprechung gültig sein sollte, aufhebt. Vielmehr: Wie in den vorhergehenden Fällen geht es ihm um *das Denken*, das hinter den israelitischen Überlieferungen steht. Das heißt hier: das Pochen auf den Rechtsanspruch, auf Vergeltung, das Denken strenger und herzloser Gerechtigkeit, der tief im verstörten Menschenherzen wurzelnde Gedanke: Wie du mir, so ich dir. Wer so denkt und handelt, der mag glauben, das Unrecht sei dann aus der Welt geschafft, wenn es seine genau entsprechende Sühne gefunden hat. Jesus zeigt einen anderen Weg auf – den Weg der überströmenden Gerechtigkeit.

Er stellt dem alttestamentlichen Rechtsdenken ein neues Liebesdenken gegenüber in dem Grundsatz: *„Dem Bösen nicht zu widerstehen."* Das Unheil ist nicht dadurch überwunden, daß es mit gleicher Härte zurückgewiesen wird, sondern dadurch, daß es erlitten wird. Das Böse behält so lange Gewalt, als es an der Macht bleibt, hier also der Geschädigte mit gleicher Waffe antwortet. Es verliert aber seine Gewalt, wenn es von ertragender Liebe aufgefangen wird. Da geht der Stoß ins Leere, die Kraft verpufft, da sie keinen Widerstand findet. So allein wird die Macht des Bösen gebrochen – daß man es an sich zerschellen läßt . . .

[39b] *Sondern: Wer dich auf die rechte Backe schlägt, dem halte auch die andere hin.* [40] *Und wer dich vor Gericht bringen und dir den Rock nehmen will, dem laß auch den Mantel.* [41] *Und wer dich zwingt für eine Meile (weit zu gehen), mit dem gehe zwei.*

Was gemeint ist, zeigen drei Beispiele aus dem täglichen Leben. Scharfe und zugleich humorvoll-barmherzige Menschenbeobachtung spricht aus ihnen. Da ist einer, der auf eine *Wange geschlagen* und dadurch in seiner Ehre tief gekränkt wird. Er holt schon zum Gegenschlag aus – da fällt ihm Jesus gleichsam in den Arm und sagt: Nicht so, halte ihm auch die andere hin, daß er darauf schlage, und du wirst erleben, daß er ratlos und verwirrt abläßt und sein Zorn verraucht. Aber selbst wenn er doch zuschlägt, ist es besser, das Unrecht zu ertragen, als neues Unrecht zu begehen . . .

Ein anderer hat einen *privaten Rechtsstreit* und schleppt den anderen am Kragen vor den Richter, um (vielleicht als Pfand oder Schadenersatz) sein Obergewand zu erhalten. Streite nicht mit ihm und poche nicht vor dem Richter auf dein Recht, sondern gib ihm noch den Mantel dazu! Du wirst das gleiche erleben wie im ersten Fall. Wenn aber nicht, hast du als Sohn des himmlischen Vaters gehandelt und die Liebe, die er dir erweist, weitergeschenkt. Und die Liebe ist stärker als das Böse.

Der dritte hat dich *gezwungen,* eine Meile mit ihm zu gehen, vielleicht um Spanndienst zu leisten, Gepäck zu tragen oder nur den Weg zu zeigen. Begehre nicht auf gegen die Zumutung, habe keinen Groll in deinem Herzen, verschwende deine Gedanken nicht daran, wie du von ihm loskommen könntest – sondern geh gleich zwei Meilen mit ihm. Komm ihm zuvor mit deiner Güte und brich so den gewalttätigen Willen in ihm!

[42] *Dem Bittenden gib, und von dem, der von dir borgen will, wende dich nicht ab.*

Zum Schluß steht ein zusammenfassendes Wort, das aber wieder zwei konkrete Fälle im Auge hat: Dem Bittenden verweigere dich nicht, und den, der von dir borgen will, weise nicht zurück. Soll hier alle Vorsicht und Klugheit vergessen werden? Soll man sich zum Spielball der Laune des anderen und zum frivol ausgenützten Dummkopf machen? Das kann nicht gemeint sein. Wichtig ist in all diesen Fällen nicht das verdeutlichende Beispiel, sondern die Wahrheit, die es anzeigen soll. Sie heißt: dem Bösen nicht zu widerstehen. Das kann gewiß aus lebensuntüchtiger Feigheit, aus angeborener Schwäche und dem Gefühl der Minderwertigkeit, vielleicht sogar aus Einbildung und Hochmut, die nicht auf die Ebene des anderen herabsteigen wollen, kommen. Jesus meint all das nicht, sondern das neue Denken, *die Gesinnung der Liebe,* die dem Bösen übermächtig entgegengestellt wird und höchste Selbstzucht verlangt. Hat er doch selbst denen, die ihn geschlagen haben, geantwortet: „Habe ich aber unrecht geredet, was schlägst du mich?" (Jo 18,23) Es geht nicht um einen grundsätzlichen Verzicht auf das eigene Recht und die eigene Ehre, viel weniger um eine neue Rechtsordnung des öffentlichen Lebens, sondern um die höhere Gesinnung, die überströmende Gerechtigkeit. Es ist das gleiche, was der Apostel Paulus den Römern sagt: „Laß dich nicht vom Bösen überwinden, sondern überwinde du das Böse durch das Gute" (Röm 12,21).

g) Von der Feindesliebe (5,43–48)

43 *Ihr habt gehört, daß gesagt wurde: Du sollst deinen Nächsten lieben und deinen Feind hassen.*

Daß man den *Nächsten lieben solle,* ist eines der höchsten Gebote des Alten Testaments. Der Nächste war allerdings immer der Angehörige des auserwählten Volkes. Als Fortschritt muß man ansehen, daß der im Lande wohnende, aber nicht zum gleichen Blut gehörige Fremde in dieses Gebot in vieler Hinsicht mit eingeschlossen wurde. Für den Landesfremden sollen weithin die gleichen Gebote und Vergünstigungen gelten wie für die Israeliten selbst. So ist schon im Alten Testament der Umkreis des „Nächsten" ziemlich weit gezogen. Es soll eine herzliche Liebe der Zuneigung sein, die über das Recht hinausgeht und dem anderen das Gute wünscht und tut.

Eine Grenze aber wurde nie überschritten: die Abgrenzung gegen den Feind. Mit dem Feind ist der Landesfeind, der bewaffnete Gegner der Nation gemeint. Zwar steht nirgendwo im Alten Testament, daß man den *Feind* als solchen *hassen* solle – das wird so ausdrücklich in vorchristlicher Zeit nur von der Sekte am Toten Meer gefordert. Aber die Haltung ist auch im Alten Testament selbstverständlich, da man Land und Volk mit Gott zusammen sah. Ein Angriff gegen Land und Volk war immer auch ein Angriff gegen Gott und wurde mit unversöhnlicher Härte beantwortet. So zeigen es die Eroberungsfeldzüge im Buche Josua, die Kriege der Königszeit, auch die Frauengestalten Judith und Esther und der erbitterte Kampf gegen die heidnischen Herrscher der Seleukidenzeit in den Makkabäerkämpfen. So konnte man wohl das Gebot der Nächstenliebe ergänzen: Du sollst deinen Feind hassen.

44 Ich aber sage euch: Liebet eure Feinde und betet für eure Verfolger.

Wieder ist es nicht so, als würde durch Jesus das alttestamentliche Gebot beseitigt. Aber das Denken, das hinter der überlieferten Praxis steht, wird aufgehoben. Bei der privaten Vergeltung sollte das Rechtsdenken durchbrochen werden: Wie du mir, so ich dir. Nun wird auch die Zweiteilung im öffentlichen völkischen Leben in Freunde und Feinde einfach beseitigt. Es gibt den Feind überhaupt nicht mehr für das Denken des Jüngers!

Die Liebe des Jüngers soll sich auf alle Menschen erstrecken, jeder einzelne soll ihm Nächster sein können: *„Liebet (auch) eure Feinde und betet für eure Verfolger."* Wir haben wohl nicht sosehr an den persönlichen Widersacher, den Neider und Verleumder, den böswilligen Nachbarn oder Geschäftskonkurrenten zu denken. Schon zu Lebzeiten Jesu nahmen die Jünger an der Anfeindung und Verleumdung Jesu teil. Wieviel mehr traf das zu, als die Mission im vollen Gange war und die Missionare und Christengemeinden hart bedrängt wurden. Wie aktuell wird man da die Weisung Jesu empfunden haben: Betet für eure Verfolger, liebt eure Feinde.

Sie sollen nicht mit Abneigung und Haß antworten und die Mauer der Feindschaft verstärken. Ihre Aufgabe ist immer gleich: durch Liebe den Haß zu besiegen.

Besonders *das Gebet* soll nicht nur den Gleichgesinnten, den Brüdern der eigenen Gemeinde geschenkt werden, sondern weit sein und großmütig und alle Gegner Christi mit umschließen. Dieser Weg führte tatsächlich zum Siege, einem gewaltlosen, in Demut und hochgemuter Liebe errungenen Sieg. Es ist das königliche Gebot der Jüngerschaft auch heute, die reifste Frucht wahrer christlicher Gesinnung. Was müßte geschehen, wenn wir mit ungetrübtem Vertrauen auf die Frucht solcher Liebe handeln würden!

[45] *... damit ihr Söhne eures himmlischen Vaters werdet; denn er läßt seine Sonne scheinen über Böse und Gute und läßt regnen über Gerechte und Ungerechte.*

Söhne des Vaters zu werden – das ist das Ziel. Nicht ein innerweltlicher Humanismus, das Streben nach möglichst reiner Menschlichkeit, Vollendung der Persönlichkeit. Gott ist das Vorbild! Er handelt so, sagt der Herr, daß er seine Güte ungeteilt vergeudet: Die Sonne läßt er scheinen und den Regen spendet er, ungeachtet der Würdigkeit oder Dankbarkeit der Menschen. So wie sie alle Anteil haben an seinen natürlichen Gaben, so werden sie auch beschenkt mit den Reichtümern seiner Gnade. Unser Denken soll dem seinen entsprechen und unsere Taten sollen aus der gleichen hochgemuten und unenttäuschbaren Liebe kommen. Ihn nachahmen, ihm ähnlich werden, damit er uns am Ende als seine wahren Söhne erkennt und annimmt.

[46] *Denn wenn ihr (nur) die liebt, die euch lieben, welchen Lohn habt ihr? Tun dasselbe nicht auch die Zöllner?* [47] *Und*

wenn ihr nur eure Brüder grüßt, was tut ihr Besonderes?
Tun dasselbe nicht auch die Heiden?

Die Liebe soll weit über das hinausgehen, was die Schriftgelehrten und Pharisäer sagen und üben (5,20). Sie geht auch weit über das hinaus, was man bei Zöllnern oder Heiden beobachten kann. Auch *die Zöllner lieben* ihresgleichen, hacken einander nicht die Augen aus. Die Zolleinnehmer waren verachtet und gehörten zu den niedrigsten Klassen in der offiziellen Wertung. Was sie tun, das ist selbstverständlich – man braucht darüber kein Wort zu sagen.
Zueinander höflich und freundlich zu sein, sich gegenseitig zu grüßen, das ist überall üblich, auch bei *den Heiden,* die den wahren Gott nicht kennen. Sie wissen aber um die menschlichen Regeln des Umgangs und um zuvorkommendes Verhalten. Ihr sollt nicht nur untereinander solche freundliche Achtung walten lassen, sondern sie ausdehnen auf alle anderen! Dabei wird der Gruß unter den Christen stets besonders herzlich und tief sein, weil er Mitteilung und Austausch des Gnadenlebens ist, wie der Apostel öfter auffordert: „Grüßt alle Brüder mit heiligem Kuß" (1 Thess 5,26). Der Austausch herzlicher Liebe darf nicht auf den eigenen Kreis, die wohlvertrauten Glaubensbrüder, die Glieder der eigenen Pfarrgemeinde beschränkt bleiben, sondern alle sollen daran Anteil erhalten: die Hausbewohner, Arbeitskollegen und die vielen Unbekannten, mit denen wir täglich in Berührung kommen. In unserer Liebe, dem freundlichen Gruß, teilt sich Jesus dem anderen mit . . .
Jesus fragt: *„Welchen Lohn habt ihr?"* Das Wort vom Lohn kam schon einmal vor: Da wurde „reicher Lohn im Himmel" für alle Mühsal der Verfolgung und Schmähung versprochen (5,12). Auch hier wird unbefangen vom Lohn gesprochen, der

den Jünger erwarten wird. Der innere Antrieb für unser Handeln ist er nicht, das ist allein Gottes Verhalten zu uns, letztlich Gott selbst. Aber wer so in der Liebe lebt und die Weisung des Herrn befolgt, der wird auch den Lohn empfangen. Das ist der gleiche, der uns in den Seligpreisungen in einigen Bildern vorgestellt worden ist: die Sohnschaft Gottes (vgl. hier 5,45), die ganze Fülle und Seligkeit des Gottesreiches, Gott selbst. Man braucht nicht ängstlich zu sein, etwas aus Streben nach Lohn zu tun · je tiefer man in Gott lebt, desto mehr tut man alles um seinetwillen . . .

48 *Seid also ihr vollkommen, wie euer himmlischer Vater vollkommen ist.*

Das ist ein erster Abschluß des ganzen Abschnitts von 5,17 an. Das Wort faßt zusammen, was in 5,20 programmatisch ausgesprochen war und dann in sechs Beipielen dargelegt wurde. Zum erstenmal begegnet hier das Wort *vollkommen* für das menschliche Handeln, das nur Matthäus von allen Evangelisten so gebraucht. Was heißt „vollkommen"? Es ist ein sehr reiches Wort, das viele Gedanken in sich aufgenommen hat. Es wird uns verständlich aus dem Alten Testament, wo es häufig verwendet wird. Vollkommenheit und Gerechtigkeit entsprechen da einander. In der Opfersprache ist das Wort ein fester Begriff für die Unversehrtheit und Makellosigkeit einer Opfergabe, des Opfertieres. Beim Menschen ist „vollkommen" derjenige, der sein Herz unverwandt und in reiner Hingabe auf Gott gerichtet hat und das Gesetz erfüllt. Von Noe wird gesagt, daß er „ein vollkommener und gerechter Mann war" (Gn 6,9; vgl. Sir 44,17). Es ist der Mensch, der sein Leben zur Ganzheit und Geschlossenheit gebracht hat, nach Überwindung alles Bruchstückhaften und Halben, allein in der Ausrichtung auf Gott und den ungeteilten Dienst vor ihm. Von Gott selbst wird nie gesagt, daß er vollkommen sei.

Jesus aber tut das. So vollkommen, wie Gott ist, soll auch der Jünger sein. Der Jünger soll also *Gott nachahmen,* das Verhalten Gottes im eigenen Bemühen abbilden und ausprägen. Für diesen Gedanken gab es ein erhabenes alttestamentliches Vorbild in dem Grundsatz des Buches Levitikus: „Ihr sollt heilig sein, denn ich bin heilig, der Herr, euer Gott" (Lv 19,2). Da war vor allem die kultische, sakrale Heiligkeit (Reinheit) gefordert, durch die Israel für den Dienst vor Jahwe würdig werden sollte. Hier ist etwas anderes gemeint. Der Mensch soll Gottes eigenes Wesen und Sein, seine Denkweise und Gesinnung, vor allem seine göttliche Liebe nachbilden. Man möchte erschrecken vor diesem Gedanken . . .

Vollkommenheit – das ist nur recht zu verstehen von der *Liebe* her, die das Wesen Gottes ist. Sonst kommt ein Tugendideal heraus, das griechisch oder stoisch oder buddhistisch oder was immer sein mag, aber nicht das, was Jesus sagt. Wir dürfen gewiß auch vom „Vollkommenheitsstreben" sprechen. In der Kirche und ihrer geistlichen Überlieferung ist das immer geschehen bis in unsere Tage. Man kann damit etwas Falsches meinen, wenn man die Vollkommenheit als Summe aller Tugenden auffaßt. Man kann aber das Richtige treffen, wenn man Vollkommenheit als Vollendung in der Liebe sieht. Dieser Anspruch geht über alles hinaus, was wir selbst denken oder leisten könnten. Gott selbst muß es sein, der den Antrieb in uns weckt, der uns mehr zieht, als daß wir selber gingen . . .

So wird das Gesetz von Jesus „erfüllt", so soll es von uns getan werden (5,17). Das Wort faßt zusammen, was wir bisher gelesen haben (5,17–47), ja alle Weisungen des Evangeliums überhaupt. Es erklärt ihren hohen Anspruch: wie könnte er geringer sein, wenn es um ein *göttliches Verhalten* geht? Die stete Bereitschaft zur Versöhnung, Beherrschung der sinnlichen Triebe, lautere Wahrhaftigkeit, Verzicht auf jede Vergeltung und gar die Feindesliebe – all das ist von göttlicher Art. Das höchste Ziel, das uns überhaupt gezeigt werden kann, das aber auch unserer innersten Sehnsucht entspricht: wir wollen das Ganze und Höchste, das Halbe reicht uns nicht. Und vor allem: Das ist kein weltfremder Wunschtraum, sondern in der Gnade Gottes zu erreichen. Denn die Liebe, um die es hier geht, hat Gott „in uns ausgegossen durch seinen Heiligen Geist" (Röm 5,5). Diese Liebe drängt zum Leben. Das Leben der Heiligen macht sie für alle offenbar.

3. DIE WAHRE GERECHTIGKEIT IN DER ERFÜLLUNG DER GUTEN WERKE (6,1–18)

Auch weiterhin geht es um die wahre Gerechtigkeit (5,20). Die vorhergehenden Beispiele zeigten, wie das alte Gesetz im neuen Geiste erfüllt werden soll. Nun spricht Jesus von drei besonders geschätzten Übungen der religiösen Praxis: Almosengeben, Beten, Fasten. Die wahre Verehrung Gottes und die wahre Gerechtigkeit können in ihnen zum Ausdruck kommen, wenn sie im rechten Geiste getan werden. Aber auch das Gegenteil kann geschehen, wenn sie zu bloß äußerlichen Formen werden oder gar der Selbstsucht des Menschen dienen. Jesus deckt das heuchlerische Gebaren auf und weist mit klaren Worten den richtigen Weg.

[1] *Sehet zu, daß ihr eure Gerechtigkeit nicht vor den Menschen tut, um euch ihnen zur Schau zu stellen; sonst habt ihr keinen Lohn bei eurem Vater im Himmel.*

Mit Scharfblick deckt Jesus einleitend den Gegensatz zwischen wahrer und falscher Gerechtigkeitsübung auf: Geschieht sie um des *Menschen* oder um *Gottes* willen? Hinter den frommen Werken verbirgt sich eine Gesinnung, die das eigene Ich sucht. Statt der Anerkennung von Gott sucht sie das Lob der Mitmenschen; statt allein von ihm den Lohn zu erwarten, spekuliert sie auf den Lohn von Menschen. Was vielleicht als harmlose Eitelkeit oder allzu menschliche, aber verzeihliche Schwäche erscheinen mag, das ist im letzten nicht Gottesdienst, sondern Menschendienst. Dann wird aber das Ganze wertlos und hohl. Die wahre Gottesverehrung darf nur auf Gott selbst und den von ihm versprochenen Lohn gerichtet sein. Jeder Seitenblick auf das Lob oder den Tadel der Mitmenschen verfälscht diese reine Hinwendung. – Es ist nicht gesagt, daß ein „gutes Werk" nur um des göttlichen Lohnes willen getan sein soll, sondern: der Lohn wird von selbst gewährt, wenn diese lautere Gesinnung vorhanden war.[27]

a) Vom Almosen (6,2–4)

[2] *Wenn du also Almosen gibst, dann posaune es nicht vor dir her, wie es die Heuchler in den Synagogen und auf den Straßen tun, damit sie von den Menschen gelobt werden. Wahrlich, ich sage euch: sie haben ihren Lohn empfangen.* [3] *Wenn du aber Almosen gibst, dann soll deine Linke nicht wissen, was deine Rechte tut,* [4] *damit so dein Almosen im verborgenen bleibe; und dein Vater, der (auch) ins Verborgene sieht, wird dir vergelten.*

Wer Almosen gibt, der kauft sich nicht durch eine abgemessene Gabe von drängender *sozialer Verpflichtung* los. Vielmehr weiß er, daß sein eigener Besitz ihm nur anvertraut und nicht voll zu eigen gegeben ist. Der Bedürftige und Arme steht genau wie er in der Gemeinschaft und hat die gleichen Rechte wie jeder andere. Die Sorge für die Armen ist ein Prüfstein für die rechte soziale Gesinnung im Volk. Das haben die Propheten unermüdlich ihren Mitbürgern eingehämmert. Letztlich soll aber diese Sorge für den Notleidenden nicht nur aus menschlichem Mitgefühl und sozialer Verantwortung kommen, sondern auf *Gott* gerichtet sein. Denn er ist der Vater aller Menschen. Sein Wille ist es, daß keiner in der Not bleibe, sondern barmherzig von den Brüdern angenommen werde – weil er selbst sich auch immer des ganzen Volkes erbarmt...

Aber auch dann, wenn der Mensch das Almosen um Gottes willen gibt, bleibt er nicht ungefährdet. Gerade dort lauert die *Gefahr der Selbstsucht.* Jesus hat Menschen vor Augen, die mit ihrer Aufwendung prahlen und protzen, die Summe des Geldes oder den Wert einer Gabe laut ausrufen. Sie wollen von den Menschen Lob einheimsen und als Wohltäter gepriesen werden. Ihr Name soll raunend von Mund zu Mund gehen: Seht, wieviel Gutes der tut...

Jesus weist den rechten Weg zurück: Was du tust, das soll *im verborgenen* bleiben. Wenn es niemand erfährt, ja du selber es gleichsam gar nicht weißt oder sofort wieder vergißt („die Linke soll nicht wissen, was die Rechte tut"), dann hast du Sicherheit, daß dein Werk für Gott getan war. Habe keine Sorge, daß es vergessen wird oder keine Anerkennung findet. Gott schaut auch in das Verborgene; für ihn gibt es keinen unzugänglichen Bezirk, er weiß um die innersten Regungen deines Herzens. Er kennt deine Gesinnung genau und wägt den Wert deiner Taten nach ihr. Wer das Lob der Menschen sucht, der hat seinen Lohn, einen mageren, irdischen Lohn allerdings, schon empfangen und keinen anderen mehr zu erwarten. Er hat schon „quittiert". Der andere aber

wird belohnt, wenn er um Gottes willen schlicht und unbe-
obachtet das Gute wirkt.

b) Vom Beten (6,5–15)

Das nächste Beispiel ist das Gebet. Zunächst spricht Jesus vom Gebet
in der gleichen Weise wie vom Almosen: das heuchlerische, vor den
Menschen geübte Beten und das Beten im Geiste wahrer Gerechtigkeit (6,5–6). Es folgt ein Abschnitt über die gesprächige Wortmacherei beim Beten (6,7–8). Der wahre Geist des Betens wird erläutert an
dem Musterbeispiel, das Jesus selbst gelehrt hat: dem Vaterunser
(6,9–13). An die Bitte um Vergebung der Schuld fügt der Evangelist
schließlich ein Wort über die Vergebung untereinander an, das ihm
besonders wichtig ist (6,14–15).

⁵ *Und wenn ihr betet, seid nicht wie die Heuchler. Denn
sie lieben es, in den Synagogen und an den Straßenecken
herumstehend zu beten, damit sie den Menschen auffallen.
Wahrlich, ich sage euch: sie haben ihren Lohn empfangen.*
⁶ *Wenn du aber betest, gehe in deine Kammer und schließe
die Türe zu, und bete zu deinem Vater im verborgenen;
und dein Vater, der (auch) ins Verborgene sieht, wird dir
vergelten.*

Im Gebet spricht sich die *Anerkennung Gottes* und die Un-
terwerfung des Menschen aus. Wer betet, bekennt Gott als
den Herrn seines Lebens. Es ist eigentlich keine „fromme
Übung", die auch zum Leben gehört und da und dort gemacht werden soll. Das Gebet ist die ausdrückliche Hinwendung des Menschen auf seinen Ursprung. Auch in diese er-
habenste Tat, deren der Mensch fähig ist, kann sich das Gift
der Selbstsucht einschleichen. Es ist wie beim Almosen: durch
den Beigeschmack von Eitelkeit und Lobsucht wird nicht nur
der Wert gemindert, sondern das Ganze verstört. Die Rich-

tung auf Gott hin wird abgebogen und zurückgewendet auf den Menschen. Es ist eine innerste Verkehrung der eigentlich gemeinten Sache. Statt Gott wird der Mensch gesucht. Es ist wohl keine Karikatur, wenn Jesus das so beschreibt: Sie lieben es, in den Synagogen und an den Straßenecken herumstehend zu beten . . .

Jesus weist einen sicheren Weg, der vor Selbsttäuschung und Eitelkeit bewahrt: *„Gehe in deine Kammer und schließe die Türe zu."* Dort, wohin kein menschliches Auge blickt, kannst du zeigen, daß es dir nur um Gott geht. Jesus meint nicht, daß Gott in der Kammer, der trauten, stillen Stube, näher als woanders sei, etwa auf dem Marktplatz, unter den Leuten oder in der gottesdienstlichen Versammlung. Gott ist überall zugegen und soll überall gefunden werden. Hier geht es nur darum: Das Gebet muß frei von aller selbstsüchtigen Beimischung sein. Wer so „in der Kammer" das wahre Beten gelernt hat, der ist sicher imstande, draußen, auf den Straßen und im Getriebe des Alltags, im Gebet zu bleiben. Er kommt auch in der richtigen Haltung zum Gottesdienst. Er braucht nicht zu befürchten, daß die anderen ihm seine Frömmigkeit als Heuchelei auslegen. Gott schaut auch in das Verborgene, er weiß um die rechte Gesinnung und hält den Lohn für ihn bereit, den er nicht gesucht hat . . .

[7] *Wenn ihr betet, dann plappert nicht wie die Heiden. Sie meinen nämlich, daß sie erhört werden, wenn sie viele Worte machen.* [8] *Macht es also nicht wie sie! Denn euer Vater weiß, was ihr nötig habt, bevor ihr ihn bittet.*

Nur wenige Worte sind das, aber treffend gewählt und ins Schwarze gezielt. *Wortmacherei,* aufwendiges Gerede – das ist ein treffender Ausdruck für das Beten in der heidnischen Umwelt zu den heidnischen Göttern. Gewiß gibt es auch bei den Heiden echtes und tiefes Beten, von reiner religiöser Glut erfüllt. Aber das beherrschende Erscheinungsbild nach außen ist doch ein ungeheurer Schwall von Worten. Götter werden nicht nur mit einem, sondern mit unzähligen Namen und Titeln angerufen, ehe man zu seinem Anliegen kommt. Fünfzig solcher Namen und Titel sind keine Seltenheit. Dahinter steht, was Jesus knapp bemerkt: Sie glauben, durch den Aufwand an Worten schneller und sicherer erhört zu werden. Man will auf die Götter einreden, sie lauthals aufmerksam machen, ja geradezu „ermüden" und zum Nachgeben bringen. Jesus bezeichnet das als *heidnisch*. Gott will das Herz und den ganzen Menschen und läßt sich das nicht durch einen frommen Redeschwall abkaufen.

Ganz einfach ist seine Weisung: *„Macht es also nicht wie sie!"* Hinter ihr leuchtet das Bild Gottes schlicht und ergreifend auf: Euer Vater weiß, was ihr nötig habt, bevor ihr ihn bittet. Er weiß alles und sieht alles, auch das Verborgene. Aber nicht mit dem kalten und kritischen Blick eines Philosophen oder Naturforschers oder gar mit der unerbittlichen Genauigkeit eines Mikroskopes. Gott schaut uns an als *Vater*, mit dem Blick der Liebe. Er weiß genau, was uns abgeht. Wir brauchen das nicht mit großem Aufwand an Worten darzulegen, um seine Aufmerksamkeit zu gewinnen. Aber umgekehrt: Dieses Wissen Gottes macht unser Gebet nicht überflüssig. Es bleibt beim einzelnen, seine Bedürftigkeit vor Gott einzusehen und das Notwendige zu erbitten. Aber herzlich und kurz, mit ehrlicher Hingabe und reinem Vertrauen. – Wie man das macht, zeigt Jesus an einem Beispiel, das immer unser kostbarstes und reichstes Gebet bleiben wird.[28]

⁹ So nun sollt ihr beten: Unser Vater, der im Himmel ist –
geheiligt werde dein Name.

Nach dem Vorhergehenden verstehen wir leichter, was die
Anrede „*Unser Vater*" im Munde Jesu meint. Das ist in besonderer Weise sein Gott, der Gott, den Jesus verkündet.
Sicher auch der Gott Israels, der Gott „Abrahams, Isaaks
und Jakobs", aber doch neu geoffenbart als Vater. Der Vater
ist Ursprung und fürsorgender Beschützer zugleich. Auf den
Vater richtet sich kindliches Vertrauen und demütige Ehrfurcht. Er ist Autorität und doch familiärer Vertrauter, er
kann in Strenge handeln, aber niemals ohne Liebe.
Vom irdischen Vater unterscheidet ihn die Beifügung: „*der*
im Himmel ist." Daß er „im Himmel wohnt", ist ein Bild.
Wo sollten wir diesen Himmel in unserem modernen Welt-
bild suchen? Der Sinn des Bildes ist: er ist über allen irdischen Dingen, jenseits unserer sichtbaren Welt und ihr gegenüber. Die Welt ist kein Teil von ihm, er ist der „ganz andere". Die kindliche Nähe zum „Vater" verliert nie die
scheue Ehrfurcht. Und: der heilige, „ganz andere" Gott
kommt uns so nahe, daß wir zu ihm Vater sagen dürfen ...
Im gleichen Atemzug mit der Anrede ist auch die nächste Beifügung zu verstehen: „*Geheiligt werde dein Name.*" Es ist
das erste Wort, das sich dem Beter aufdrängt, das Wort des
Lobes und der Preisung seines herrlichen Namens.

¹⁰ Es komme dein Königtum; es geschehe dein Wille, wie
im Himmel so auch auf Erden.

Nun heben die Bitten an, die mit wenigen Worten das wirklich Notwendige aussprechen. Zunächst: „*Es komme dein*
Königtum." Das ist die große Bitte des Jüngers. Gottes Kö-

nigtum soll sich offenbaren, er soll der Herr der Welt wirklich sein und das herbeiführen und vollenden, was Jesus begonnen hat. Die Bitte geht aufs Ende, auf die Vollendung der Welt nach dem großen Gericht. Daß Gott König sei, ist die erste und dringendste Sorge des Jüngers. Auf dieses Ziel geht unsere Sehnsucht. Man muß tief in Gott leben und den gegenwärtigen Zustand der Welt – bei allem Großen und Schönen – durchschaut haben, um so beten zu können. An dieser Bitte muß unser Glaube wachsen . . .

Durch den nächsten Satz wird die Bitte um das Königtum auch auf die Gegenwart bezogen. Wenn wir darum bitten, daß sich *Gottes Wille* hier *auf der Erde* verwirkliche, wie es schon *im Himmel* der Fall ist, dann soll auch in unserer Zeit etwas geschehen. Gott möge selbst dafür sorgen, daß sein Wille sich durchsetzt und befolgt wird. Wir Menschen haben diesen von Gott ausgehenden fordernden Willen zu ergreifen und mit unserem eigenen Willen eins zu machen. Oder: Wenn wir wollen, was Gott will, dann verwirklicht sich schon Gottes Königtum hier auf der Erde. Der erste und hauptsächlich Handelnde ist Gott, weil ja die Herbeiführung des Königtums seine ureigene Sache ist. Aber der Mensch ist nicht ausgeschaltet und nur ein passiver Zuschauer. Seine eigene Kraft ist angerufen, Gottes Willen zu tun und so Gott über seinem Leben zum Herrn zu machen . . .

[11] *Unser Brot für den Tag gib uns heute;*

Gott weiß, was wir brauchen, bevor wir ihn bitten (vgl. 6,8). So genügt die schlichte Bitte um das ausreichende Brot für diesen Tag. Wir bitten nicht um Reichtum und Besitz, die Fülle der irdischen Güter, mit denen man seine Zukunft sichern könnte. Was wir aber brauchen, das ist das Notwendige, das „Existenzminimum", das für das eigene Leben, die

Familie gerade Erforderliche. Ein Blick in die Welt zeigt, wie realistisch und nötig diese Bitte ist, da Ungezählte auch dieses Allernötigste nicht haben. Vor allem ist die Bitte nötig für den Jünger, der sich ganz dem Dienst am Königtum geweiht hat. Seine erste Sorge ist Gottes Sache; so vertraut er darauf, daß Gott ihm auch das Notwendige zum Leben geben wird.

12 *und vergib uns unsere Schulden, wie auch wir unseren Schuldnern vergeben haben.*

Das nächste Gebetswort bittet um die *Vergebung der Schuld,* eigentlich – im einprägsamen Bilde – der „Geldschuld". Nur hier ist diese Bitte mit einer Bedingung verknüpft. Jesus setzt voraus, daß wir untereinander Verzeihung geübt und unsere gegenseitigen Verfehlungen vergeben haben.[29] An sich wäre das im Sinne Jesu selbstverständlich, und die Bitte könnte nur aus diesem Wissen heraus an Gott gerichtet werden. Nun steht es eigens da, und das ist wie ein Pfahl im Fleisch. Gott gewährt uns eben nicht alles frei und verteilt gleichsam wahllos seine Gnade. Er ist nur bereit, die Last der Schuld gegen ihn zu nehmen, wenn wir das gleiche untereinander getan haben. Dann geschieht es aber auch wirklich, und wir dürfen sicher damit rechnen.

Was von Gott da erbeten wird, ist vielleicht das *Größte,* soweit es um unser privates Leben geht. Denn die Sünde ist der drückendste Ballast unseres Lebens. Das zeigt unsere eigene Erfahrung. Vor allem weiß der Mensch, daß er sich allein davon nicht befreien kann. Er braucht den Arzt, der über ihm steht und das Geschwür mit milder Hand beseitigt, ohne je mit einem Honorar zahlen zu können. Gott allein ist dieser Arzt, unermüdlich bereit, uns zu reinigen und zu heilen.

Letztlich schaut auch diese Bitte auf *das Ende:* daß wir täglich, unser ganzes Leben hindurch, vor Gott als Schuldner dastehen, wird dann nochmals besiegelt. Da hoffen wir auf das
große, alles umfassende Erbarmen Gottes. Auch für die „unbekannten Sünden", unsere unbewußten Verstrickungen in
Schuld, die Ärgernisse, die wir ungewollt anderen gegeben
haben, alle Schuld der wirren Geschichte, unserer Väter und
Völker. Was würde aus uns ohne diese Hoffnung?

[13] *Und führe uns nicht in Versuchung, sondern errette uns
von dem Bösen.*

Die vierte Bitte ist eine Doppelbitte. Der zweite Satz führt
den ersten fort und verdeutlicht ihn. Wir bitten Gott darum,
daß er uns nicht *in die Versuchung,* in die Gefahr zur Sünde
hineinführe. Es kann kaum gemeint sein, daß wir vor den
„Versuchungen" der Welt im üblichen Sinne bewahrt würden. Das ist unmöglich, da wir ja mitten darin leben. Das ist
uns auch nicht zuträglich, da wir ja durch Versuchungen zur
Bewährung kommen sollen. Hier geht es um eine ganz bestimmte Versuchung. Das ist die gleiche, in die Jesus hinein-
geführt wurde in der Wüste: die Versuchung zum Abfall,
zur Absage an Gott, das heißt letztlich: zur Anerkennung der
Satansherrschaft anstelle der Gottesherrschaft. Jesus hat sie
bestanden und ist in ihr bewährt worden. Aber schon für die
Apostel muß er bitten, daß sie nicht in die Versuchung hineinkommen in der Stunde der Anfechtung am Ölberg (26,41).
Da geht es um das Ganze. Unsere Bitte, von dieser großen
Versuchung verschont zu werden, muß dringlich und herzlich
sein. Wissen wir doch nicht, ob wir ihr standhalten können
und dem Ansturm des Widersachers gewachsen sind. Wenn
wir in der Gnade Gottes noch feststehen, so mag es dem zu

verdanken sein, der diese unsere oft und oft ausgesprochene Bitte immer wieder erhört hat ...

„Sondern errette uns von dem Bösen." Diese Bitte schließt das Gebet ab und faßt es zusammen. Die Bitte um das Kommen des Königtums wird von ihr ergänzt. Denn dieses Königtum ist deshalb noch nicht da oder weiter vorangekommen, weil die Macht des Bösen ihm entgegenarbeitet. Und es wird so bleiben, bis sie endgültig gebrochen ist. Es geht über unser Können weit hinaus, davon befreit zu werden; Gott allein vermag das.

So klingt das Gebet, das so vertraut und licht anfängt, dunkel aus. Jedes Wort hat sein Gewicht, jede Bitte ihre besondere Notwendigkeit. Man muß wohl oft diese Worte *im Herzen erwägen* und ihren Geist tief einsinken lassen. Man sollte aber auch unser sonstiges Beten und Bitten an dem Herrengebet messen. Sich fragen, ob die von Jesus genannten Anliegen auch in unseren anderen Gebeten vorkommen. Fragen auch, ob unser Beten von dem gleichen weiten Geist erfüllt ist. Hier ist das Maß gegeben.

[14] *Denn wenn ihr den Menschen ihre Verfehlungen verzeiht, wird euch auch euer himmlischer Vater verzeihen.* [15] *Wenn ihr den Menschen aber nicht verzeiht, wird euer Vater auch nicht eure Verfehlungen verzeihen.*

Das gleiche, was oben in der dritten Bitte ausgesprochen worden war, wird hier wie *ein Gesetz* formuliert. Die Sprache ist Gesetzessprache. Streng, einander ausschließend, sind die Gedanken gefügt. Erst kommt der positive, dann der negative Fall: Wenn ihr den Menschen vergebt – wenn ihr den Menschen nicht vergebt. Beide Male ist das Handeln Gottes von dem unseren abhängig gemacht. Es gibt keine Lücke und keine Ausnahme. Das Gleichnis vom unbarmherzigen Knecht erläutert dieses Wort in packender Weise (18,23–35). – Nur wenige Worte aus dem Munde Jesu gibt es, die so unerbittlich eindeutig sind. Eine Gemeinde kann nicht wirklich christlich leben, wenn ihr dieses Gesetz nicht tief ins Herz gebrannt ist und ihr Tun bestimmt. Wir können den Mund nicht öffnen, um Gott um Verzeihung anzugehen, wenn wir selber einem anderen gegenüber noch verhärtet sind und unversöhnt.

c) Vom Fasten (6,16–18)

16 *Wenn ihr aber fastet, macht kein trübseliges Gesicht wie die Heuchler; denn sie entstellen ihr Gesicht, damit sie den Menschen als Faster auffallen. Wahrlich, ich sage euch: sie haben ihren Lohn empfangen.* **17** *Wenn du aber fastest, salbe dein Haupt und wasche dein Gesicht,* **18** *damit dein Fasten von den Menschen nicht gesehen werde, sondern von deinem Vater, der im verborgenen ist; und dein Vater, der (auch) ins Verborgene sieht, wird dir vergelten.*

In alter Zeit war das Fasten eine Sache des *ganzen Volkes.* Die Sünden, die in Israel geschehen sind, sind nicht nur persönliche Vergehen einzelner, sondern Schuld, die auf dem ganzen Volke lastet. Zur *Trauer und Buße* sollen alle fasten! Es gibt bußfertige Städte, die den Ruf annahmen und sich bekehrten, wie sogar die heidnische Stadt Ninive auf die Predigt des Propheten Jonas hin (vgl. Jon 3). Der große Fall Jerusalems im Ansturm des babylonischen Heeres ist Strafgericht über das Volk, das die Buße verweigert hat. Auch der einzelne konnte privat für seine persönlichen Sünden oder stellvertretend für die Sünden des Volkes fasten. Daß das ganze (Gottes)Volk zur Buße fastet – zeichenhaft und stellvertretend –, ist der erste Sinn unserer Fastenzeit.

Die Pharisäer schätzten das freiwillige Fasten hoch und übten es fleißig.[30] Doch wiederum: Welche Verkehrung des eigentlichen Sinnes des Fastens! Vor Gott wollen sie büßen und ihm ihre Bereitschaft zur Umkehr zeigen. Was ihm allein gelten soll, wird zum *Schauspiel vor den Leuten*. Alle sollen es sehen, wie sie sich abhärmen und zerknirschen. Sie machen ein bigottes, trübseliges Gesicht, streuen sich Asche aufs Haupt, laufen in zerschlissenen Gewändern umher – eine Schaustellung, die nicht lächerlicher sein kann. Auch sie haben, da sie auf das Lob der Leute spekulieren, *ihren Lohn* schon empfangen und keinen anderen zu erwarten.

Jesus verwirft das Fasten nicht, auch nicht das freiwillige; kann es doch echter Ausdruck der Bußgesinnung sein. Wer es aber tut, der soll *„sein Haupt salben und sein Gesicht waschen"*. Die Leute sollen nicht merken, was er tut. Er soll nach außen hin ganz normal erscheinen, mit gepflegtem Äußeren und fröhlichem Gesicht. Dann ist gewährleistet, daß die Richtung auf Gott nicht durchkreuzt wird von der Richtung auf die Menschen. Was so verborgen bleibt, wird von Gott doch gesehen und gelohnt werden, denn wieder gilt: Er schaut auch ins Verborgene, kennt die Regungen des Herzens und die reine Absicht und verzichtet auf den äußeren Aufwand.

Dieses Wort vom Fasten gilt für die Zeit, nachdem Jesus, der Bräutigam, von uns geschieden ist. Während er mit den Jüngern lebt und das Werk Gottes auf Erden tut, ist Freudenzeit, da ja „der Bräutigam bei ihnen ist. Es werden aber Tage kommen, da von ihnen der Bräutigam genommen wird, und dann werden sie fasten" (9,15). Da hebt ein neues Fasten an in der *Erwartung der Wiederkehr* des Bräutigams. Zeit der

Trauer über die Trennung, aber auch der Bereitung, der Sühne für die eigenen und alle Sünden in der Welt, Zeit der wachsamen Ausschau und des demütigen Knechtsdienstes – bis die Hochzeit des Lammes mit seiner Braut, der Kirche, wirklich gefeiert wird (Offb 22,3 ff.). – Unser Fasten kennt andere Formen, als sie bei den Juden damals, den alten Christen und auch im Mittelalter üblich waren. Die zeitentsprechende Art unseres Fastens muß auch an dieser Weisung Jesu gemessen werden. Auch da lauert die Gefahr der Heuchelei und des Menschendienstes, gerade unter den „Frommen". Nur dann dürfen wir sicher sein, vor Gott zu fasten, wenn wir jeden Seitenblick auf den Mitmenschen meiden und das Verborgene lieben.

4. Die wahre Gerechtigkeit in ungeteiltem Gottesdienst (6,19–7,12)

Das große Thema der wahren Gerechtigkeit wird fortgesetzt. Die bisherigen größeren Abschnitte waren innerlich einheitlich und übersichtlich gegliedert. Jetzt treffen wir auf verschiedenartige Einzelweisungen Jesu. Sie stehen alle unter einem Gesichtspunkt, den wir bisher auch antrafen: Die wahre Gerechtigkeit muß ganz auf Gott gerichtet sein. Gott ist die Mitte und das Ziel. In allen Einzelfragen und Bereichen unseres Lebens soll sich das auswirken.

a) Vom Schätzesammeln (6,19–21)

[19] *Häuft euch nicht Schätze auf Erden auf, wo Motte und Wurm (sie) zerstören und wo Diebe einbrechen und stehlen.* [20] *Häuft euch vielmehr Schätze im Himmel auf, wo weder Motte noch Wurm (sie) zerstören und wo Diebe nicht einbrechen und stehlen.* [21] *Denn wo dein Schatz ist, dort wird auch dein Herz sein.*

Das Streben nach Besitz gehört zu unserer Natur. Der Mensch richtet sein Denken und Handeln darauf, Besitz zu schaffen, zu erhalten und zu vermehren. Hier ist aber nicht nur vom Besitz, jeder Art von Eigentum die Rede, sondern von *Schätzen*. Damit ist großer und wertvoller Besitz gemeint, ausgedehnte Ländereien, massive Häuser, kostbarer Schmuck und Anhäufung von Geld. So sicher und wertbeständig das alles scheinen mag, wie sehr ist es bedroht und wie hohl seine angenommene Beständigkeit! Winzige Tiere können den größten Wert zunichte machen. Die Motte zerfrißt das kostbare Seidenkleid, und der Wurm höhlt den Schrank aus edlem Holz aus. Andere werden neidisch und gierig und suchen Wege, solchen Besitz an sich zu bringen: *„Diebe brechen ein und stehlen."* Wie gewonnen, so zerronnen! Jesus nennt nüchtern diese Erfahrung, die jeder machen kann. Wie nutzlos und wertlos ist solches Streben, wie werden die Kräfte vergeudet um eines höchst fragwürdigen und unbeständigen Gutes willen ...

Ich zeige euch ein anderes Ziel, das der Anstrengung aller Kräfte würdig ist und Wertbeständigkeit sichert: *„Häuft euch Schätze im Himmel auf!"* Dort sind die Werte gleichsam sicher angelegt, weder zerstörende Insekten noch heimtückische Diebe können ihnen etwas anhaben. Im Himmel, das heißt bei Gott. Was bei Gott investiert wird, das behält seinen dauernden Wert. Was sind das für Schätze? Gewiß in erster Linie die Hingabe des Herzens an Gott. Dann aber auch alles, was der Jünger in dieser Absicht, Gott wirklich zu dienen, noch tut. Die „guten Werke" (5,16), die überfließende Gerechtigkeit bis zur Feindesliebe (5,21–48), auch die „frommen Übungen" (6,1–18), alles das kann zum Schatz werden, wenn es im rechten Geist getan wird.

Das Schlußwort ist wieder verblüffend einfach: *„Denn wo*

dein Schatz ist, dort wird auch dein Herz sein." Jesus weiß um dieses tiefeingewurzelte Streben nach Reichtum und Wert, in denen das Glück gesucht wird. Immer ist das Herz, der *innere Mensch,* daran beteiligt. Wenn das Herz bei irdischen Schätzen bleibt und in ihnen aufgeht, dann ist es genauso in Gefahr, zerstört zu werden, wie die irdischen Dinge selbst. Ist es aber in die himmlischen Schätze eingegangen und lebt darin, dann hat es Aussicht, auch bei Gott für immer bewahrt zu sein. Es klingt fast wie eine Selbstverständlichkeit, eine logische Schlußfolgerung; wie wenig selbstverständlich ist es aber, so zu denken und zu handeln.

b). Die Leuchte des Auges (6,22–23)

22 *Das Licht des Leibes ist das Auge. Wenn nun dein Auge gesund ist, wird dein ganzer Leib licht sein.* **23** *Wenn aber dein Auge schlecht ist, wird dein ganzer Leib finster sein. Wenn nun das Licht in dir Finsternis ist, wie groß wird die Finsternis sein!*

Jesus geht wieder von einer Erfahrung aus: Das gesunde oder kranke (gar blinde) Auge macht den ganzen Leib hell oder finster. Doch die beiden Ausdrücke schillern: Das gesunde ist auch das gute Auge (des Herzens) und das kranke das böse Auge. Das leibliche Auge ist ein Bild für das Herz, an beides ist zugleich zu denken. Im Auge spiegelt sich der ganze Mensch, sein Denken und Sinnen, die Reinheit oder Verdorbenheit seines Lebens. Das Auge ist das *Licht des Leibes,* der untrügliche Spiegel der Seele. Wenn dieses Licht hell und klar ist, dann ist es auch der Leib und der ganze Mensch. Ist das Auge aber böse, verdorben und schlecht, blickt es verschlagen und lüstern, dann ist der ganze Leib und der Mensch im Finstern. – Das ist ein Gleichniswort und bedarf der Deutung. Jesus gibt sie mit dem letzten Sätzchen: *„Wenn nun das Licht in dir Finsternis ist, wie groß wird die Finsternis sein!"* Was bedeutet das? Das Herz soll ganz auf Gott gerichtet sein, in den Schätzen im Himmel leben. Dann ist der ganze Mensch gesund. Hat es sich an irdische Güter verschwendet, so ist es geistig blind geworden, und der ganze Mensch ist in der Finsternis. Es sieht das wahre Gut nicht und tappt im dunkeln.

Gott aber ist das *Licht;* er macht den Menschen hell und soll aus seinen Augen hervorleuchten. Der ganz ihm zugewandte Mensch, der reinen Herzens ist, ist jetzt schon ein Spiegelbild göttlicher Klarheit. Einst wird er „Gott schauen" (vgl. 5,8) mit dem Auge des von Liebe und Reinheit durchleuchteten Leibes. „Seid ihr doch alle Söhne des Lichtes" (1 Thess 5,5), Kinder des Gottes, der „euch aus der Finsternis in sein wunderbares Licht gerufen hat" (1 Petr 2,9).

c) Wahrer Gottesdienst (6,24)

[24] *Niemand kann zwei Herren dienen; denn entweder wird er den einen hassen und den anderen lieben, oder dem einen anhängen und den anderen verachten. Ihr könnt nicht Gott dienen und dem Mammon.*

Der Gegensatz wird immer neu abgewandelt und der Jünger zur immer gleichen Entscheidung gerufen: Schätze auf Erden – Schätze im Himmel, Finsternis – Licht, Mammon – Gott. Auch hier führt eine natürliche Erfahrung in den geistlichen Bereich hinein. Jeder kann nur *einem Herrn* wahrhaft dienen mit all seinen Kräften. Im vollen Sinne gilt das aber doch nur von Gott, der eben den ganzen Menschen verlangt und keinen Kompromiß duldet. Nur bei ihm gilt das Entweder-Oder im vollen Sinn; er weiß, daß nur das zu unserem Heile ist: Gott allein ...

Überall, wo das Herrenrecht Gottes streitig gemacht wird, verbirgt sich der Böse. Er kennt mannigfaltige Formen des Widerspruchs und der Feindschaft. Besonders heimtückisch verschanzt er sich hinter dem *Mammon*. Das ist an sich der irdische Besitz nur, die Ansammlung von Gütern und Schätzen, von aller Art des Reichtums. Aber wir wissen auch aus Erfahrung um die gleißende Macht des Goldes, den faszinierenden Glanz und die berückende Pracht irdischer Kostbarkeiten. Bei Jesus ist der Reichtum immer „ungerecht", eine fast dämonische Macht, die das Herz einfängt und gefesselt hält. Wer dem Mammon verfällt, der verfällt dem Teufel. Nur einem kann man wahrhaft dienen: Gott, der das Licht unseres Lebens ist, bei dem die wahren Schätze und unser Herz wohl verwahrt sind.

d) Vom Sorgen (6,25–34)

[25] *Deswegen sage ich euch: Sorgt nicht für euer Leben, was ihr essen, noch für euren Leib, was ihr anziehen sollt. Ist nicht das Leben mehr als die Nahrung und der Leib (mehr) als die Kleidung?*

Wer ganz auf Gott hin lebt, wie es die drei vorhergehenden Worte gezeigt haben, der wird nicht mehr von der Sorge um sein irdisches Leben getrieben. Das folgende lange Stück hat nur ein Thema: die Überflüssigkeit *irdischer Sorge* im Angesicht des großen Vaters zu zeigen. Das sind vor allem zwei grundlegende Bedürfnisse des Menschen: die Ernährung zum Unterhalt des Lebens und die Kleidung zum Schutz des Leibes. Ernährung und Kleidung und die Mühe darum sollen nicht als belanglos abgetan werden, wie ein Schwärmer vielleicht meint. Es geht vielmehr um die allein aufs Irdische gerichtete Sorge, um die fieberhafte Anstrengung und den ängstlichen Eifer, um das habsüchtige Streben, wo Gott keine Rolle spielt und ausgeklammert erscheint. Der Arme und der Reiche können ihnen verfallen.

Jesus sagt zunächst einen allgemeinen Satz: *„Ist nicht das Leben mehr als die Nahrung und der Leib (mehr) als die Kleidung?"* Wenn Gott euch das Wertvollere, Leben und Leib, geschenkt hat, wird er nicht auch für das weniger Wertvolle sorgen? Bei vielen Menschen entsteht der Eindruck, daß sich der Sinn ihres Lebens in der Beschaffung jener Güter erschöpfe. Sie glauben in der Sicherung des Lebensunterhaltes und der Befriedigung dieser Bedürfnisse das Glück zu haben. Und vergessen dabei, daß wir eben nicht nur „vom Brote allein" leben.

[26] *Seht die Vögel des Himmels an: sie säen nicht und ernten nicht und sammeln nicht in Scheunen, und (doch) ernährt sie euer himmlischer Vater. Seid ihr nicht viel mehr als sie?* [27] *Wer von euch kann aber mit seinem Sorgen seiner (Lebens)länge auch nur eine Elle hinzufügen?*

Hier geht es um das erste: die Sorge um Ernährung. Köstlich ist das Beispiel aus der Natur, in dem das Walten des Vaters abgelesen werden kann. Wer überall Gott gegenwärtig hat und am Werke sieht, dem ist die Ernährung der Vögel nicht nur ein „natürlicher" Vorgang, sondern ein Wunder väterlicher Fürsorge. Sie wenden keine Mühe auf, für die Zukunft Lager einzurichten, um gesichert zu sein, sondern leben von einem Tag in den anderen: *„Euer himmlischer Vater ernährt sie."* Wenn das schon bei so geringen Geschöpfen zutrifft, um wieviel mehr beim Menschen, dessen Leben unvergleichlich kostbarer ist und dem Herzen des Vaters viel näher steht? Gott weiß ja, was wir brauchen, ehe wir ihn darum bitten (vgl. 6,8). Er schaut ständig auf uns, sorgt für das Auskommen. Anders zu denken ist auch ganz zwecklos, hat er doch das Maß unseres Lebens festgesetzt! Auch wer noch soviel Mühe aufwendet und geschäftig tätig ist – er kann sein Leben nicht verlängern.

Wir müssen nur auf das hören, was gemeint ist, und aufsteigende Fragen beschwichtigen: Gibt es nicht auch Tiere, die Speicher anlegen und für die Zukunft sorgen? Gewiß! Aber gerade die Vögel, die hier zum Beispiel genommen werden, tun das nicht. Und: Kann man nicht doch durch geordnete Lebensführung und medizinische Kunst das Leben verlängern? Auch das ist richtig, aber hier nicht im Blick. Sondern: Wer sich ganz dem Vertrauen auf Gott überläßt, ohne das Notwendige für sich oder seine Familie zu vernachlässigen, der erreicht das Lebensmaß, das Gott ihm bestimmt hat. Es kommt auf den *Einklang mit Gottes Plan* an und nicht – ganz losgelöst von ihm – um rein irdischen Vorteil, sei es auch in der krampfhaften Verlängerung des Lebens. Wie oft haben wir die Wahrheit dieser Worte in unserem Leben erfahren! Bleibt sie auch wirksam in den Zeiten des Wohlstandes und der Sicherheit?

28 Und was sorgt ihr euch um die Kleidung? Schaut auf die Lilien des Feldes, wie sie wachsen; sie arbeiten nicht und spinnen nicht. 29 Ich sage euch aber: Nicht einmal Salomon in seiner ganzen Pracht war gekleidet wie eine von diesen. 30 Wenn aber Gott das Gras des Feldes, das heute steht und morgen in den Ofen geworfen wird, so bekleidet, um wieviel mehr euch, ihr Kleingläubigen!

Nun kommt das zweite: die Sorge um Bekleidung. Jesus lenkt den Blick des Jüngers wieder in die Natur, den herrlichen Garten Gottes. Auch unscheinbare Pflanzen, wie hier die wilde Feldlilie, hat Gott so schön gemacht. Nicht nur die Rosen oder prachtvollen Dahlien sind in Schönheit gekleidet, auch die Feldblumen, die unter dem Gras wachsen und zum Futter bestimmt sind oder auch nur zum Brennmaterial. Der Typ glänzender Prachtentfaltung und höfischen Lebensgenusses, der König Salomon, ist ein Tropf gegen diese schlichte Schönheit! Gewiß vergeht sie bald, wird mit dem Gras verbrannt, obwohl sie Gott so herrlich geschmückt hat. Wird der gleiche Vater, der solche Sorgfalt verschwenderisch walten läßt, nicht auch für euch sorgen, daß ihr euch ordentlich anziehen könnt? Ihr müßt nur den Glauben haben, das herzliche Vertrauen auf Gott, daß er sich wirklich darum kümmert. Seid nicht *Kleingläubige,* die nur sparsam ihr Vertrauen anwenden und damit kargen, die Gott zuwenig zutrauen und ihm dauernd mit ihrer eigenen Ängstlichkeit in den Arm fallen . . .

31 Sorgt euch also nicht, indem ihr sagt: Was sollen wir essen? oder: Was sollen wir trinken? oder: Was sollen wir anziehen? 32 Denn nach all dem trachten die Heiden; weiß doch euer himmlischer Vater, daß ihr das alles braucht. 33 Trachtet aber zuerst nach dem Königtum und seiner Gerechtigkeit, und alles das wird euch dazugegeben werden.

Diese Worte fassen das Gesagte zusammen. Zunächst: Die ängstlichen „Kleinen im Glauben" fragen dauernd: Was sollen wir essen, trinken, anziehen? Wer so fragt, die Sicherung seines Lebens nur aus der eigenen Anstrengung erwartet, der tut es den Heiden gleich. Sie wissen nichts von Gott und seiner väterlichen Vorsehung und sind daher ganz auf ihre eigenen Kräfte gestellt. Ihr aber kennt Gott, er ist *„euer himmlischer Vater"*. Wenn ihr das wirklich glaubt, dann wißt ihr auch, daß er alle eure Bedürfnisse kennt.

Nun wird vollends klar, daß Jesus uns nicht von der Arbeit für die irdische Existenz überhaupt abdrängen will. Er sagt nur, worauf es eigentlich ankommt, was die Hauptsache im Leben des Jüngers ist: *„Trachtet aber zuerst nach dem Königtum (Gottes)."* Das heißt hier praktisch: Sucht Gott selbst vor allen anderen Dingen. Wer das Königtum Gottes erstrebt, der fügt sich ganz der herrscherlichen Majestät und väterlichen Güte Gottes. – Es wird aber hinzugefügt: *„und seiner Gerechtigkeit"*. Das ist die gleiche Gerechtigkeit, auf die wir schon mehrfach gestoßen sind,[31] die Gerechtigkeit nämlich, die Gott in uns erwartet und die wir ihm entgegenbringen sollen. Es ist die Vollkommenheit des himmlischen Vaters, die sich in uns ausprägen soll. Die Gerechtigkeit, die uns des Königtums fähig macht – jetzt schon und vor allem am Ende! Damit ist gesagt, daß es nicht um unsere eigene Leistung geht, sondern um das Durchformt- und Durchglüht-werden von Gott und seinem Willen her. Das soll unsere Sehnsucht sein, unser Sinnen und Trachten – und allein darin kommt unser eigenes Werk zum Ausdruck.

Dann wird nicht nur die Sorge um unsere leiblichen Bedürfnisse vermindert, sondern *Gott gibt schon von sich aus alles Nötige*. Wer von dem einen wichtigen Streben ausgefüllt ist, der hat für sich keinen Ehrgeiz mehr. Er arbeitet zwar auch, verdient Geld, kauft ein – aber das sind für ihn Dienste, die er in Gott tut. Sein Herz lebt letztlich nicht in ihnen … Wir sollten den Mut zu diesem Wagnis aufbringen. Große Heilige – wie Franz von Assisi oder Johannes Bosco – haben es beispielhaft erlebt, daß man Gott beim Wort nehmen darf.

³⁴ *Macht euch also keine Sorgen für den morgigen Tag;
denn der morgige Tag wird für sich selber sorgen. Es genügt jedem Tag seine eigene Plage.*

Dieses Sätzchen steht am Ende wie ein Nachtrag, ein beschei-
dener Ausklang der gewichtigen Rede. Es ist keine hohe
Lehre von Gott, sondern ein Stück hausbackene Lebensweis-
heit. Jeder Tag bringt schon von sich aus ein bestimmtes Maß
an *Plage und Mühe* mit sich – wir sollten es nicht noch vermehren durch die Sorge für morgen! Trotz dieser Schlichtheit zeigt das Wort, daß wir auf dem Boden der Wirklichkeit
bleiben. Der Verzicht auf das Sorgen im Sinne Jesu bedeutet nicht, daß wir der Anstrengung und mühseligen täglichen
Arbeit, den tausend immer gleichen Handgriffen, dem oft ermüdenden Einerlei des Alltags entzogen würden. Das bleibt
alles, wie es ist. Neu ist die Gesinnung des Jüngers: Sein in-
nerstes Streben ist da nicht gebunden, sondern auf Gott gerichtet. Dann werden all die kleinen Verrichtungen leicht
und vom Licht von oben her durchstrahlt.

e) Vom Richten (7,1–5)

¹ *Richtet nicht, damit ihr nicht gerichtet werdet.* ² *Denn
mit dem Urteil, mit dem ihr richtet, werdet ihr gerichtet
werden, und mit dem Maß, mit dem ihr meßt, wird euch
gemessen werden.*

Unsere verstörte Natur neigt dazu, andere zu beurteilen. Aus
dieser Beurteilung wird leicht die Verurteilung. Das meint
Jesus, wenn er verbietet, den Mitmenschen zu *richten.* Der
Grund dafür ist: damit wir nicht selber gerichtet, d. h. besonders streng verurteilt werden. Wer den anderen richtet, der
maßt sich ein Recht an, das er gar nicht besitzt. Er greift in

das Recht Gottes ein, dem allein ein richtiges Urteil möglich ist und zusteht. Er hat das Maß des Menschen überschritten und wird nun auf dieses Maß zurückgewiesen. Damit ist auch gesagt, daß jedes menschliche Verurteilen vorläufig und unsicher ist, daß es niemals volle Gerechtigkeit widerfahren läßt. Lieber zehnmal schweigen als einmal ungerecht reden.

Bei der Vergebung hat Jesus schon das Verhalten untereinander zum *Maßstab* des Verhaltens Gottes gegen uns gemacht: Nur wer dem anderen verzeiht, der darf auch auf die Verzeihung Gottes rechnen (6,12.14 f.). Hier ist dieser Grundsatz auf das Richten angewandt. Das gleiche Urteil, mit dem wir den Bruder belegen, wird Gott über uns aussprechen. Mit dem Maß, das wir an den Bruder anlegen, wird Gott auch uns messen. Wer Nachsicht und Erbarmen und ein großmütiges Urteil von Gott erwartet, der sollte es auch selber seinen Mitmenschen gegenüber anwenden. Wer spitz und kalt, ungerecht oder gar verleumderisch urteilt, der muß damit rechnen, daß Gott auch ihn unbarmherzig behandelt. Was würde aus uns, wenn Gott uns so behandelte, wie wir oft unsere Mitmenschen! „Denn ein Gericht ohne Erbarmen steht jedem bevor, der kein Erbarmen übt; Erbarmen aber triumphiert über das Gericht" (Jak 2,13).

³ *Was siehst du den Splitter im Auge deines Bruders, den Balken aber in deinem Auge merkst du nicht?* ⁴ *Oder was sagst du zu deinem Bruder: Laß mich den Splitter aus deinem Auge ziehen; und siehe, der Balken steckt in deinem Auge?* ⁵ *Heuchler! Ziehe erst den Balken aus deinem Auge, und dann magst du zusehen, wie du den Splitter aus dem Auge deines Bruders ziehst.*

Ein drastisches Beispiel! Wer den anderen verurteilt, der ist selber zum Urteil reif, da wir alle Schuldner Gottes sind.

163

Mit dem Urteilen ist das Kritisieren und Bessernwollen fremder Fehler verwandt. Dabei merken wir oft die *eigenen Schwächen* nicht, sehen nur die anderen riesengroß. Schau erst auf dich, sagt Jesus, und bessere dein eigenes Leben. Wenn du das erreicht hast, dann magst du auch dem Bruder zu Hilfe kommen. Handelst du anders, dann bist du ein *Heuchler,* der besser erscheint oder erscheinen will, als er wirklich ist.

Was hier über die Bruderpflicht der gegenseitigen *Zurechtweisung* anklingt, das sagt das Evangelium später noch klarer (18,15–20). Hier gilt nur: Das Recht zum brüderlichen Tadel hat nur der, der vorher sich selbst geprüft und gebessert hat. So soll es unter den Christen sein. Ist uns das in Fleisch und Blut übergegangen?

f) Vom Heiligen (7,6)

⁶ *Gebt das Heilige nicht den Hunden und werft eure Perlen nicht vor die Schweine, damit sie sie nicht unter ihren Füßen zertrampeln, sich gegen euch wenden und euch zerreißen.*

Der Zusammenhang des Wortes ist nicht recht deutlich. Es ist eine Weisung für die Mission der Jünger. Die Perle ist das Evangelium, das Wort Gottes. Es darf nur dort verkündet werden, wo es auch bereitwillig angenommen wird. Es darf nicht verschleudert und vergeudet werden. Man soll es sorgsam verwalten. Sonst wird nicht nur das *Heilige entweiht,* von den Schweinen zertreten, sondern auch der Bote selbst in Gefahr gebracht. Die herausgeforderte Ablehnung der Botschaft wird sich zum Haß gegen die Boten steigern: Man kehrt sich um und zerreißt sie.

Jesus hat den Jüngern wohl Mißerfolg und auch Verfolgung angekündigt. Aber das darf nicht durch eigene Unklugheit und den Mangel an Unterscheidungsvermögen verursacht sein! Manche sektiererische Aufdringlichkeit in der Verbreitung des Evangeliums kann vor dieser Weisung des Herrn nicht bestehen. Die Liebe sollen wir allen Menschen gegenüber erweisen – aber bei dem Wort, dem Inhalt der Botschaft, dem göttlichen Geheimnis selbst, braucht es Takt und Sorgfalt. Beides soll der Jünger im Auge behalten: den Drang zur Verkündigung des Evangeliums – und die Pflicht, das heilige Wort nicht entweihen und schänden zu lassen. Das ist auch für uns, die wir unter vielen Menschen leben, denen die christlichen Gedanken fremd geworden sind, eine wichtige Mahnung.

g) Vom Bittgebet (7,7–11)

[7] *Bittet, und es wird euch gegeben werden, suchet, und ihr werdet finden, klopfet an, und es wird euch geöffnet werden.* [8] *Denn jeder, der bittet, empfängt, und wer sucht, findet, und wer anklopft, dem wird geöffnet.*

Wenn Gott der Vater ist, der alles von uns weiß und sich um alles sorgt, dann wird er auch immer für uns dasein. Ob wir wirklich glauben, zeigt sich im Bittgebet. Dort müssen wir bekennen, daß wir auf ihn angewiesen sind und allein nicht zurechtkommen. Das rechte Bittgebet ist ein Prüfstein unseres Glaubens und unserer Demut. *„Bittet, und es wird euch gegeben werden"* – das klingt wie ein Gesetz. Dem einen folgt notwendig das andere, dem vertrauensvoll vorgetragenen Anliegen die prompte Erhörung. Hier wird nicht unterschieden zwischen wichtigen und unwichtigen, berechtigten und unberechtigten Bitten. Davon lesen wir in anderen Texten.[32] Hier geht es um die Gewißheit, daß Gott uns erhört.

Wer das Vorhergehende verstanden hat und so lebt, der erfährt täglich, wie einfach das ist. Wer auf Gott hin und für Gott lebt, dessen Gebet ist auch immer *„in Gott"*. Er weiß mit Sicherheit, daß alle seine so „in Gott" getanen Bitten erhört sind im Augenblick, da er sie spricht ... Das ist das Geheimnis des Bittgebetes, dem Jesus so oft die sichere Erhörung zuspricht. Kein Mittel, auf Gott gleichsam Druck auszuüben, sondern Lebensvollzug des ganz unter Gottes Königtum stehenden Jüngers! Ihm wird es so natürlich sein wie die Vorgänge im täglichen Leben: Wenn man etwas Heruntergefallenes sucht, man findet es doch bald, oder: wenn man beim Nachbar anklopft oder die Klingel drückt, so wird die Tür aufgemacht. So einfach und „normal" wird dem Jünger das doch so Unnormale und Unerhörte sein, daß Gott dauernd auf uns hört ...

[9] *Oder gibt es unter euch einen, der seinem Sohn einen Stein gibt, wenn er ihn um Brot bittet?* [10] *Oder der ihm eine Schlange gibt, wenn er um einen Fisch bittet?* [11] *Wenn nun ihr, die ihr böse seid, euren Kindern gute Gaben zu geben wißt, um wieviel mehr wird euer Vater im Himmel denen Gutes geben, die ihn bitten!*

Man muß nur glauben, daß Gott Vater ist. Dann ergibt sich alles von selbst. Da ist es wie in eurem Leben: Ihr seid doch auch keine „Rabenväter", die ihren Kindern einen Stein statt Brot, eine Schlange statt eines Fisches geben. Ihr sorgt für eure Kinder und eure Familien, setzt eure Ehre darein, sie zu ernähren und zu erfreuen. Ihr wißt genau, was die Pflichten eines guten Vaters sind ...

So handelt auch Gott an uns. Nur mit dem Unterschied, daß

bei ihm noch weit mehr zutrifft, was man schon von irdischen Vätern sagen kann, denn: *„ihr seid böse"*. Ein bitter klingendes Wort, das uns durchfährt. Jesus hat keine „Lehre vom Menschen" vorgetragen, auch hier in der Bergpredigt nicht; aber hier und dort fällt blitzartig ein Licht auf das Bild, das er vom Menschen hat. So hier. Er weiß, was im Menschen ist, und daß er dem Bösen verhaftet ist. Jesus meint wohl hier nicht sosehr die Tatsache, daß wir hin und wieder böse handeln und immer wieder Sünden tun, sondern diese allgemeine Nähe, diese Verwandtschaft und Neigung zum Bösen hin. Sie ist so stark, so tief in uns eingefressen, daß wir durch sie „böse" sind – wenn auch nicht *nur und allein* Lüge und Sünde.

Jedenfalls: Wir geben unseren Kindern gute Sachen und bewahren sie vor Schädlichem. Gott tut das viel mehr als jeder irdische Vater. Er denkt überhaupt nur daran, wie er *Gutes* austeilen kann. Wenn wir bitten, dann brauchen wir nie zu befürchten, daß uns etwas Schädliches gegeben wird. Auch dann nicht, wenn „das Gute" zu uns in der Form der läuternden Krankheit, der Einsamkeit, der Nachstellung oder in welcher Form des Leides immer kommt. Es kommt vom Vater, es ist immer gut für uns.

h) Die „goldene Regel" (7,12)

12 *Alles nun, was ihr wollt, daß die Menschen es euch tun, tut auch ihr ihnen; denn das ist das Gesetz und die Propheten.*

Diese Regel des menschlichen Verhaltens ist nicht typisch christlich. Auch hochstehende Heiden und Juden haben den gleichen Grundsatz aufgestellt: So wie wir selbst wünschen behandelt zu werden, so sollen auch wir die anderen behandeln. Jesus sagt aber auch dieses Wort natürlicher Einsicht und Weltweisheit. Bei ihm bekommt es *neuen Sinn*. Denn der Maßstab ist ein anderer, als ihn ein Heide oder Jude aufstellen könnte. Jesus hat von der Liebe gesprochen, die kein Maß kennt, weil sie ihr Maß an Gott nimmt und sogar den Feind nicht ausschließt. Was ich vom Bruder, dem Mitchristen, erwarte und was er von mir erwarten darf, ist *diese* Liebe. Die „goldene Regel" ist nur eine Form, die mit verschiedenem Inhalt gefüllt werden kann. Gewiß wird keiner auf das Recht pochen, so behandelt zu werden. Er wird immer zuerst den Anspruch an sich selber stellen. Aber das Empfinden, was mich selbst erfreut oder kränkt, ist ein sicherer Maßstab dafür, wie ich dem anderen begegnen soll.

Wird dieses Verständnis nicht wieder erschwert durch den Satz: *„Denn das ist das Gesetz und die Propheten"*? Er sagt: Diese „Regel" entspricht dem wesentlichen Inhalt des Alten Testaments in sittlicher Hinsicht. Der Evangelist will sagen, was in 5,17 schon ausgedrückt war: Jesus hat das alte Gesetz nicht aufgehoben, sondern erfüllt, nämlich durch das neue Verständnis und den tieferen Sinn, die Botschaft der Liebe. Das alte bleibt – aber in neuem Geiste. – So ist es auch in unserem Alltag. Viel menschliche Klugheit, Weisheit und Erfahrung, im Gespräch oder in Büchern, begegnen uns da. Nichts Wahres und Hohes wird durch den christlichen Glauben ausgelöscht. Es bleibt – soll aber erfüllt und vollendet werden im Geiste Jesu.

5. Die Jüngerschaft vor dem Gericht (7,13–27)

Schon im letzten Abschnitt (6,19 – 7,12) erschien die Architektur der Bergpredigt lockerer gefügt. Das bleibt so bis zum Ende. Die letzten Stücke stehen aber unter einem Gesichtspunkt: dem Ausblick auf das

Ende, der Erwartung des Gerichtes. Zuerst kommt ein Anruf, durch die „enge Pforte" zu gehen (7,13 f.). Es folgt eine Warnung vor falschen Propheten, die nur recht vom Ende her verstanden werden kann (7,15–20). Danach kommt ein Abschnitt über das wahre Kriterium des Jüngers im Gericht (7,21–23). Die ganze Rede schließt mit dem gewaltigen Gleichnis vom Hausbau (7,24–27).

a) Leben oder Verderben (7,13–14)

13 *Geht ein durch das enge Tor; denn weit ist das Tor und breit der Weg, der in das Verderben führt, und viele sind es, die auf ihm hineinkommen.* **14** *Denn eng ist das Tor und schmal der Weg, der in das Leben führt, und wenige sind es, die ihn finden.*

Das Bild von den beiden Wegen ist alt. In den Psalmen wird es oft gebraucht, um den Weg, das heißt den Lebenspfad des Frevlers und des Gerechten zu beschreiben und zu unterscheiden. Hier sind zwei Bilder zusammengenommen: *das Tor,* das eng oder breit, und *der Weg,* der geräumig oder schmal sein kann. Beide Bilder sagen etwas Gültiges: Der Weg ist Bild für den Gang des Lebens, das Leben steht im Fluß der Zeit und ist ruhelose Wanderschaft bis an eine bestimmte Grenze. Diese Grenze wird durch das zweite Bild bezeichnet: das Tor. Es bezeichnet ein dreimaliges Ereignis: den Tod, das Gericht, den Abbruch und Neubeginn. Beide Bilder zusammen erhellen den Sinn unseres Lebens.

Jesus verwendet sie hier in einem düsteren, geradezu pessimistischen Wort. Die eine Möglichkeit des ausladend breiten Tores und des bequemen, behaglichen Weges ist *das Verderben,* die andere Möglichkeit des engen Tores und beschwerlich schmalen Weges ist *das Leben.* Beides steht einander gegenüber. Das eine meint den Untergang, das Grauen der Hölle; das andere das Heil, die Herrlichkeit der Erlösung.

Mit „Leben" ist etwas Vollkommenes gemeint; die endlose Dauer, Beglückung des ganzen Menschen mit Leib und Seele durch Gott. Ein dritte Möglichkeit gibt es nicht!

Das Erschreckendste ist aber das Zahlenverhältnis: *Viele* gehen durch das breite Tor zum Verderben, und *wenige* sind's, die das enge Tor finden! Hier rühren wir an eines der quälendsten Rätsel des menschlichen Lebens: die Frage nach der Auserwählung. „Sind es wenige, die gerettet werden?" (Lk 13,23) Wer wird gerettet und wer nicht? Hat Gott sie dafür vorherbestimmt und mit welcher Wirksamkeit?

Das Wort hier sagt zunächst etwas von der *Gegenwart* aus – etwa in dem Sinn: Der bequeme Weg der Mittelmäßigkeit, auch der Sünde und des Lasters, ist viel begangen. Dagegen den schmalen Pfad, der steil auf Gott weist, mit einem Wort: den Weg der Bergpredigt – den finden tatsächlich nur wenige. So hat es Jesus selber erfahren, dann nach ihm die Urkirche – so scheint es auch unsere eigene Kenntnis zu lehren. Dann liegt aber alles Gewicht auf dem Aufruf am Anfang: *„Geht ein durch das enge Tor!"* Das heißt: Bemüht *ihr* euch darum, daß ihr den richtigen Weg und das richtige Tor findet! Eure Sache ist es nicht, darüber zu spekulieren, wie viele gerettet werden oder nicht. Eure Sache ist es, den richtigen Eingang zu finden, der zum Leben führt.[33]

b) Warnung vor falschen Propheten (7,15–20)

[15] *Nehmt euch in acht vor den falschen Propheten, die in Schafskleidern zu euch kommen, innen aber reißende Wölfe sind.*

Oft mußte Gott im Alten Bunde vor falschen Propheten warnen, die nicht von ihm berufen waren und sein Wort nicht kündeten. Ist der Teufel der „Affe Gottes", so wundert es nicht, daß er zu allem Heiligen ein Zerrbild, eine Konkurrenz erfindet. Das bleibt auch in der jungen Kirche so. Da gibt es Apostel und Falschapostel, Lehrer und Irrlehrer, Propheten und Pseudopropheten. Nicht leicht sind sie zu erkennen. Denn sie haben den Mantel der rechten Lehre, zur Schau getragener Uneigennützigkeit umhängen. Unter den *Schafskleidern* muß man wohl gerade das eigentümlich christliche, den Anschein christlichen Glaubens und Lebens verstehen. Der äußere Eindruck widerspricht dem inneren Wesen durchaus: In Wahrheit sind sie *reißende Wölfe*. Der Wolf ist der Erzfeind der Herde, er mischt sich unerkannt und getarnt unter die Schafe. Er mißbraucht ihr argloses Vertrauen, indem er plötzlich sein wahres Wesen entpuppt und die Schafe zerreißt. So wird es bei denen sein, die nicht Gott, sondern sich selbst suchen.

Nicht nur von außen droht dem Jünger Gefahr durch Verfolgung und üble Nachrede (5,11 f.), sondern auch *von innen* durch falsche Propheten. Diese Gefahr von innen ist schwerer zu erkennen, der echte vom falschen Lehrer nicht leicht zu unterscheiden. Hier wird ein Maßstab zur Unterscheidung gegeben, der unbestechlich ist. Ihre Worte wiegen zunächst nichts; im Bereich der Rede, der Predigt und des Vortrags kann man sich täuschen. Aber niemals gibt es eine Täuschung, wenn man nach den „Früchten" sieht, dem Leben, dem ins Werk gesetzten Glauben.

[16] *An ihren Früchten könnt ihr sie erkennen. Sammelt man etwa von Dornsträuchern Weintrauben oder von Disteln Feigen?* [17] *So bringt jeder gute Baum gute Früchte, der schlechte Baum aber bringt schlechte Früchte.* [18] *Ein guter Baum kann keine schlechten Früchte bringen, noch kann ein schlechter Baum gute Früchte bringen.*

Jesus zeigt anhand der Natur den Weg. Dort gilt das Gesetz: Das Gesunde und Starke bringt gesunde Frucht, aber das Kranke und Schwache bringt dürftige und wertlose Früchte hervor. So ist es auch beim Menschen. Sein Leben bildet eine *Einheit*: seine Gesinnung, sein Denken, Wollen und Handeln müssen übereinstimmen. Geht ein Riß durch diese Einheit, erfüllt der Mensch etwa ein Gebot Gottes nur äußerlich und formal und denkt im Innersten doch anders, dann wird dieser Riß auch nach außen hin erkennbar. Nur das Ganze hat auf die Dauer Bestand. Die Früchte sind nicht einzelne Taten, sondern – wie beim Baum – die Frucht insgesamt, das ganze Leben.

Auch heute gibt es falsche Propheten, die vorgeben, im Auftrag Gottes zu kommen, und den Anschein wahrer Christlichkeit erwecken – und trotzdem die Feinde der Herde sind. Im Einzelfall wird man beim Urteil vorsichtig sein. Aber eins ist uns immer möglich: nach den *Früchten* zu fragen: nach dem ganzen Leben, das geformt ist von der werktätigen Liebe, dem unverfälschten Glauben, vor allem der Demut und dem Gehorsam. Manches, was „neu" erscheint, wird dieser Prüfung glänzend standhalten, anderes rettungslos durchfallen.

[19] *Jeder Baum, der keine gute Frucht bringt, wird ausgehauen und ins Feuer geworfen.* [20] *Also: an ihren Früchten könnt ihr sie erkennen.*

Das Urteil der Geschichte ist das Urteil Gottes – dieser Satz gilt in gewissem Sinn auch hier. Vieles, was in der Zeit und im irdischen Leben keinen Bestand hat, wird auch hier nicht über den Graben des *Gerichtes* gerettet. Es ist hier schon gerichtet, so daß das endgültige Urteil nur die Bestätigung bringt. Der morsche und hohle Baum, der keine nährende

Frucht abwarf, taugt zu nichts mehr. Der Bauer haut ihn um und verbrennt ihn. Das Bild hat schon Johannes der Täufer verwendet und mit ihm das Gericht beschrieben. So auch Jesus: Der fruchtlose Baum wird dem Gericht Gottes übergeben und in seinem Feuer vernichtet. – Das ist hier vor allem von den falschen Propheten gesagt. Es gilt aber auch für die anderen Jünger Jesu. Was in allen Stücken vorher unaufhörlich eingeprägt worden ist, das erhält nun seine Schärfe und Dringlichkeit vor dem Gericht: nur das ganze, in Glaube und Liebe ausgewachsene Leben kann dem Feuer des Gerichtes standhalten.

c) Bekenntnis und Werk im Gericht (7,21–23)

21 *Nicht jeder, der zu mir sagt: Herr, Herr! wird in das Himmelreich eingehen, sondern wer den Willen meines Vaters im Himmel tut.*

Auf die Worte kommt es nicht an, sondern auf die Tat, auch nicht auf die Worte des Bekenntnisses und der Lobpreisung. Herr – Kyrie, ist die uralte Anrufung Jesu, in der der Glaube an die Erhöhung seinen machtvollen Ausdruck fand. Mit „Kyrie" wird Jesus im Gottesdienst angerufen, wie noch heute im Kyrie eleison. Aber diesem Bekenntnis der Lippen zu Jesus als dem Herrn muß das Bekenntnis der Taten entsprechen. Und die Werke sollen auf nichts anderes gerichtet sein als auf den *„Willen meines Vaters im Himmel"*. Hier haben wir die Einheit von Altem und Neuem Bund: der Wille Gottes – im Alten Bund kundgetan und von Jesus „erfüllt" –, das Bekenntnis zu Jesus als dem Kyrios! Jesus hat keine Sonderlehren vertreten; auch der christliche Lehrer und Prophet darf dies nicht. Der Wille Gottes ist für alle das richtungweisende

Ziel. Dieses Wort könnte den Juden eine Brücke zu Christus sein . . .

22 Viele werden zu mir an jenem Tage sagen: Herr, Herr! Haben wir nicht in deinem Namen geweissagt und in deinem Namen Geister ausgetrieben und in deinem Namen viele Machttaten vollbracht? 23 Aber da werde ich zu ihnen sagen: Ich habe euch niemals gekannt; fort von mir, ihr Übeltäter!

An jenem Tage – das ist am Gerichtstage. Die da vor Jesus erscheinen, wissen, daß er der Richter ist und den Spruch zu fällen hat. Sie wenden sich an ihn und rufen ihn wie früher im Gottesdienst an mit „Kyrie, Kyrie! – Herr, Herr!". Dann beginnen sie aufzuzählen, und zwar nicht nur ihre Predigten und Lehren, die sie verkündet, ihre Briefe und Bücher, die sie geschrieben haben, sondern *ihre Werke.* Diese Werke zeugen von einer besonderen Ausstattung mit überirdischen Kräften. Die Apostel hatte Jesus einst damit ausgerüstet: „Die Kranken macht gesund, Tote erweckt, Aussätzige reinigt, Geister treibt aus" (Mt 10,7 f.). Die gleichen Taten haben sie auch später in der Missionsarbeit vollbracht. Auch andere waren ausgestattet mit geistgewirkter Rede- und Wundergabe. Sie sagen: Wir haben geweissagt, das heißt im Geiste prophetisch zur Erbauung geredet[34] – wir haben Geister ausgetrieben – wir haben Wunder gewirkt. Und das alles *„in deinem Namen",* das heißt mit Berufung auf die Macht des Kyrios und unter Anrufung seines Namens, wie wir es von den Heilungen des Petrus kennen: „Im Namen Jesu Christi von Nazareth, steh auf und wandle!" (Apg 3,6). Es waren Werke, die aus dem Glauben an Jesus heraus und zum Dienst an der Kirche gewirkt worden sind! Sie stehen aber allein und getrennt neben dem eigenen Leben, sie haben selber den Willen Gottes nicht getan . . .

Der Spruch des Richters ist ungewöhnlich scharf: *„Ich habe euch niemals gekannt."* Der Bote Jesu soll nur das Wirken des Kyrios ausüben, der Arm und die Hand des erhöhten Herrn sein. Das ist immer gemeint, wenn die Apostel sagen: in seinem Namen, oder: im Namen Jesu. Wie in seinem „Amt", muß auch Christus in seinem persönlichen Leben sein. Wer ganz eins ist mit ihm, den hat Christus „erkannt". Er ist in ihm und bei ihm, weil er seine Gedanken leitet und seine Wege führt. Es ist ein liebendes Erkennen, ein Miteinander-Vertrautsein und Ineinander-Wirken. Geht aber ein Bruch durch dieses Leben hindurch, dann fällt nicht nur gleichsam ein Motor von zweien aus, sondern auch der andere ist wirkungslos. Noch so glanzvolle und wunderbare Zeichen können nie den Mangel an werktätiger Liebe ersetzen. Fehlt sie, werden auch die charismatischen Gaben leer und hohl bleiben, ohne Kraft und Frucht.

Die Amtsträger haben sich in ihrem irdischen Leben nicht voll mit dem Kyrios einsgemacht, sondern ihm einzelne Bezirke vorenthalten. Es hat an der sittlichen Bewährung, den Taten der Liebe gefehlt. Weil sie sich von Jesus teilweise geschieden haben, scheidet er sich nun ganz von ihnen: *„Fort von mir, ihr Übeltäter!"* Das Wort stammt aus dem Psalm (Ps 6,9). Es wird hier zum Gerichtsurteil. Das Gericht bringt ihnen die Trennung vom Kyrios und damit vom Leben. Wenn er sich abwendet, dann bleibt nur der Tod zurück.

d) Die beiden Häuser (7,24–27)

[24] *Jeder also, der diese meine Worte hört und sie tut, der wird einem klugen Manne gleich sein, welcher sein Haus*

auf den Felsen baute. [25] *Da brach der Regen herein, die Ströme kamen und die Stürme brausten und stürzten sich auf jenes Haus – aber es fiel nicht ein; denn es war auf den Felsen gegründet.* [26] *Und jeder, der diese meine Worte hört und sie nicht tut, der wird einem törichten Manne gleichen, welcher sein Haus auf den Sand baute.* [27] *Da brach der Regen herein, die Ströme kamen und die Stürme brausten und stürzten sich auf jenes Haus – da fiel es ein, und sein Einsturz war gewaltig.*

Dieses Gleichnis hat eine unerhörte Gewalt. In kräftigen Strichen zeichnet Jesus zwei Bilder: das *Haus,* das sich ein kluger Mann gebaut hat auf den Felsen – und das Haus eines törichten Mannes, der den Sand als Fundament nahm. Einen Augenblick muß man sich die Landschaft und die Art des Hausbaues in Palästina vergegenwärtigen. Das Haus ist aus Steinen, Lehm und Holz locker zusammengefügt. Der Regen kommt meist überraschend und heftig, stürzt über den felsigen Grund in Bächen herab, da er von keinem Waldboden oder von feuchten Wiesengründen aufgenommen werden kann. Das eine Haus auf dem Felsenfundament wird nicht fortgespült, die Wasserfluten strömen links und rechts vorbei, können aber das Fundament nicht unterspülen. Das andere Haus gerät ins Wanken, da mit den Wasserfluten der Sand ins Rutschen kommt und das Haus von unten her ins Wanken bringt. Der Sturm hat leichte Arbeit, alles zum krachenden Einsturz zu bringen.
Die beiden Bilder gebraucht Jesus, um sie als Spiegel dem Hörer vorzuhalten. Wem wollt ihr gleichen mit dem Bau eures Lebenshauses? Der eine ist im Urteil der Mitmenschen klug und besonnen, der andere ein törichter Mensch, der seinen Schaden zu Recht erleidet. Ganz genauso ist es mit mei-

ner Lehre: Wer sie hört und befolgt, der ist ein *kluger Mann;* wer sie nur hört, aber nicht befolgt, der ist *töricht.* Nur diese beiden Möglichkeiten gibt es, und auch da wieder ein einziges, das wirklich entscheidet: das Tun. „Werdet aber Täter des Wortes und nicht bloß Hörer" (Jak 1,22). – Diese Klugheit oder Torheit ist aber nicht eine menschliche und irdische wie bei den beiden Männern im Bild. Denn hier geht es ja gar nicht darum, daß man im jetzigen Leben Erfolg hat, sein Haus sichert und fest begründet. Der Tor im Bild konnte sich ein neues Haus bauen und das zweitemal aus seinem Schaden klug werden. Wie ist das bei dem Jünger?

Jesus sagt: Wer diese meine Worte hört und sie befolgt, der *wird* einem klugen Manne gleichen, nämlich am *Tage des Gerichtes.* Das Unwetter ist in so grellen Farben geschildert, daß man an jene gewaltige Katastrophe erinnert wird, die die Geschichte abschließen soll: Der Regen brach herein – die Ströme kamen – die Stürme brausten und stürzten sich auf jenes Haus. Da wird im Bild an das große Unwetter der Erdzeit gemahnt. Dann entscheidet sich nur ein einziges Mal und endgültig, was aus dem Hause wird. Keiner kann ein zweites Mal zu bauen anfangen. Ist das Haus eingestürzt, dann bleibt es in Trümmern liegen . . .

Vor diesen Worten her wird die *ganze Rede* eindringlich. Du kannst nur ein Haus bauen – so oder so. Die Worte Jesu zeigen, wo das Fundament zu legen ist, um im Sturmgebraus des Gerichtes bestehen zu können. Aber dieses Hören und Wissen genügt nicht, wenn du nicht tatsächlich auf den Felsengrund baust, das heißt diese Worte und dieses Wissen tust. Alles, was vorher gesagt wurde, ist nicht nur deshalb dringlich, weil Gott es so will, weil es von Jesus geoffenbart worden ist, sondern weil für jeden auch *die Zeit drängt.* Das Leben ist nur eines und unwiederholbar. Am Ende steht unausweichlich das Gericht. Dort kann nur der bestehen, dessen Leben von einem einzigen Ziel her gebaut war: Gott – Gottes Königtum – und seine Gerechtigkeit.

DER ABSCHLUSS (7,28–29)

28 *Und es geschah, als Jesus diese Worte beendet hatte, da gerieten die Volksscharen außer sich über seine Lehre.* **29** *Denn er lehrte sie wie einer, der Vollmacht hat, und nicht wie ihre Schriftgelehrten.*

Die erste große Rede Jesu ist beendet; es ist die dichteste Zusammenfassung seiner Botschaft. Matthäus hat sie an den Anfang gestellt und zum Fundament auch seines Evangeliums gemacht. Alles Folgende ist in ihrem Licht zu sehen.

Die Menschen „*gerieten außer sich über seine Lehre*". Das ist nicht das Erschrecken über eine Sensation, das Atemanhalten bei einem tollkühnen Seiltanz, das ängstliche Erzittern in der Gefahr oder der Nähe des Todes. Es ist der Schreck Gottes, der bis ins Mark durchdringt, das Betroffensein von der Heiligkeit und überirdischen Macht. Das geschieht, wenn die Mitte des eigenen Lebens angerührt wird, die tiefsten Schichten der Seele von Gott bewegt werden. Wir erschauern vor der Kunde aus der anderen Welt, vor dem Anspruch, der sich an unser Herz richtet. Dieses Erschrecken ist notwendig und heilsam.

Und nun die Begründung dafür: „*Denn er lehrte sie wie einer, der Vollmacht hat.*" Die gewöhnliche Weise des Unterrichtens fällt dagegen ab. Die Schriftgelehrten sind Überlieferer und Ausleger des Willens Gottes, sogar bevollmächtigte, offizielle Diener des Glaubens. Die Technik ihrer Unterweisung besteht darin, zu einem Wort der Schrift die Meinungen der Gelehrten zu zitieren und selber eine von ihnen zu vertreten. Das Wort, das im Geist und in der Kraft gesprochen wird und wirkt, ist allein das Wort der Schrift, Gottes Wort. Alles andere ist Anwendung und Auslegung und damit menschliches Wort. Hier spricht aber einer „in Vollmacht". Er zitiert nicht die Rabbinen und ihre Meinungen, sondern sagt selber und unabhängig, was Gottes Wille sei. Er stellt sogar wie ein göttlicher Gesetzgeber sein eigenes Wort über das Wort des Gesetzes. „Ich aber sage euch . . ." – so kann nur einer reden, der unmittelbar von Gott herkommt und beauftragt ist. Seine Lehre erfüllt „Gesetz und Propheten". Diese Hoheit und Autorität hat das Wort Jesu auch für uns. Ob wir es lesen oder hören oder gemeinsam bedenken: er selbst redet uns an „in Vollmacht" . . .

Was die Leute im Innersten erschrecken läßt, ist noch mehr als die Autorität. Diese Vollmacht äußert sich in dem *persönlichen Anruf:* dem Anspruch, dem man nicht ausweichen kann; der Forderung, die die Verwandlung des Herzens will; dem Erweis von Geist und Kraft, der diese Forderung trägt. Hier ist ein einzigartiges Wort gesprochen, eine „neue Lehre" gewiß, aber eine Lehre von fordernder Kraft. Vor diesem Wort kann man nicht unbeteiligt bleiben. Da gibt es nur zwei Wege: sich ganz verschließen oder sich ganz öffnen; entweder verschlossen bleiben in sich selbst oder aufgebrochen werden zu Gott hin. Das heißt Umkehr, Glaube, neues Leben.

Dem Wort folgt das Werk. Jesus verkündet das Reich Gottes in seiner mündlichen Botschaft und in seinen Heilandstaten. Beides gehört zusammen und ergänzt einander. Matthäus hat die folgenden Stücke wohl unter diesem Gesichtspunkt zusammengestellt. Die Wunder wechseln mit Streitgesprächen. Innerhalb des ganzen Teiles heben sich drei Abschnitte etwas deutlicher ab (8,1–17; 8,18 – 9,13; 9,14–34).

1. ERSTER WUNDERZYKLUS (8,1–17)

a) Die Heilung des Aussätzigen (8,1–4)

Das Ereignis spielt sich im Angesicht der großen Menge ab, vor den Leuten, die eben die Rede Jesu gehört haben. Sie alle sollen sogleich auch seine Verkündigung im Werk erleben.

[1] Als er von dem Berge herabstieg, folgte ihm eine große Volksmenge. [2] Und siehe, da trat ein Aussätziger heran, fiel vor ihm nieder und sprach: Herr, wenn du willst, kannst du mich reinigen.

Der *Aussatz* ist eine Geißel der Menschheit, bis heute noch nicht vollständig beseitigt. Jene beklagenswerten Menschen müssen in langem Siechtum erleben, wie ein Glied nach dem anderen abstirbt, bis sie selbst still verlöschen. Sie sind dazu Ausgestoßene, von der Gemeinschaft Israels Getrennte. Mit dem Aussatz tragen sie die Sünde an ihrem Leibe – nach der Lehre der Rabbinen – und dürfen am Gottesdienst und dem gesellschaftlichen Leben nicht teilnehmen. Von Ferne müssen sie die Leute aufmerksam machen, keiner darf sie berühren oder beherbergen. Sie sind am Leibe unrein und auch kultisch

unrein. Alles, was sie anfassen, wird gleichfalls unrein. Sie
leben im Gefängnis eines eifersüchtig überwachten Tabus...
Der Aussätzige spricht Jesus an mit dem Hoheitsnamen:
„*Herr!*" Der gleiche, der eben als herrscherlicher Gesetzgeber
gesprochen hat, wird nun zum herrscherlichen Tun bewegt.
Das Vertrauen ist unbegrenzt: „*Wenn du willst, kannst du
mich reinigen.*" Der Sieche glaubt an die Kraft Jesu, auch
über die Krankheit zu siegen. Allein von seinem Wollen
hängt es ab, ob er das Wunder an ihm wirkt. So ergibt er sich
ganz in die Freiheit des anderen, in die Freiheit Gottes. So
hat Jesus vorher zu bitten gelehrt (vgl. 7,7–11).

*3 Da streckte er seine Hand aus, rührte ihn an und sprach:
Ich will, sei rein! Und sogleich ward sein Aussatz rein.*

Mit den gleichen Worten antwortet Jesus: „*Ich will, sei rein!*"
Zweierlei bekennt er damit: Er vermag das wirklich, was
ihm zugetraut wird, und er will es auch. Es ist das gnädige
erbarmende Wollen, das sich über jenen Unglücklichen er-
gießt, nicht das selbstbewußte Wollen zur Darstellung der
eigenen Größe. Die Gebärde („er streckte seine Hand aus
und rührte ihn an") unterstreicht das Wort. Er fürchtet nicht,
selbst unrein zu werden oder von den Gegnern der Übertretung des Gesetzes beschuldigt zu werden. Sein Ausstrek-
ken der Hand ist die herrscherliche Gebärde des Siegers; die
Berührung nimmt den Armen in die Gemeinschaft zurück.

*4 Da sprach Jesus zu ihm: Sieh zu, daß du es niemandem
sagst, sondern gehe hin, zeige dich dem Priester und
bringe die Opfergabe dar, die Moses vorgeschrieben hat,
ihnen zum Zeugnis.*

Jesus befiehlt ihm, das Wunder nicht auszuposaunen, sondern still und gehorsam das zu tun, was *das Gesetz* befiehlt.

Der eben das Gesetz anscheinend in königlicher Freiheit übertrat, er weist nun genaue Befolgung des Gesetzes an. Die Vorstellung vor den Priestern soll die Vollständigkeit seiner Heilung erweisen, die Opfergabe soll Ausdruck seines Dankes an Gott sein, von dem die Heilung und das neue Leben kommen. Zugleich diene sie der Behörde *zum Zeugnis,* daß nichts Ungesetzliches geschehen ist. Jesus sucht nicht sich selber. Er tut schlicht das Gute und lenkt den Dank auf Gott.

Auch hier bewährt sich, was der Programmsatz von der *„Erfüllung von Gesetz und Propheten"* sagt: Das Gesetz soll nicht abgeschafft werden. Es wird aber von Jesus erfüllt; am radikalsten dort erfüllt, wo es gar nicht mehr nötig ist, wo die Krankheit weicht, auf die sich das Gesetz bezog, wo das heile und gesunde Leben von Gott wiedergeschenkt wird, dessen verfallene Formen das Gesetz regeln sollte. Da kommt Gottes Königtum an, da wird es Ereignis. Und der Blick ist auf die volle Zukunft gerichtet, wo das ganze Leben für alle gegeben wird und überhaupt kein Gesetz mehr nötig ist.

b) Der heidnische Hauptmann (8,5–13)

Das vorhergehende Wunder wirkt Jesus an einem Israeliten, das nächste an einem Heiden. Das ist wie ein Programm: Gottes Heil soll zu Israel, aber auch zu den Heiden gelangen. Auch sie sind in das Erbarmen hineingezogen und erhalten Anteil an den Gaben der messianischen Zeit. Zugleich wird die Ordnung sichtbar, die Gott für den Weg seines Heils aufgestellt hat: *erst die Juden, dann die Heiden.* Denn „das Heil kommt von den Juden . . ."[35] Bei Matthäus tritt das Wunder selbst nicht stark hervor. Das Hauptgewicht liegt auf dem Gespräch zwischen dem Hauptmann und Jesus. Es geht zuerst um das Allgemeine und Große, das hier in der Geschichte des Heils geschieht, und erst dann um das Wunder und das in ihm sich offenbarende Heil.

⁵ Als er nach Kapharnaum hineinging, da trat ein Haupt-mann zu ihm heran, bat ihn ⁶ und sprach: Herr, mein Knecht liegt im Hause gelähmt und leidet große Qualen. ⁷ Er sprach zu ihm: Ich soll kommen und ihn heilen? ⁸ Da antwortete der Hauptmann: Herr, ich bin's nicht wert, daß du unter mein Dach trittst; sondern sage nur ein Wort, so wird mein Knecht gesund werden.

Der zu Jesus freimütig hinzutritt und sein Anliegen vorträgt, ist ein heidnischer Offizier des Herodes Antipas. Zurückhaltend schildert er den beklagenswerten Zustand seines Knechtes, ohne zunächst um das Eingreifen Jesu zu bitten. Jesus versteht ihn sofort richtig und fragt verwundert: *„Ich soll kommen und ihn heilen?"* Die gleiche Zurückhaltung spricht aus der Antwort des Heiden: er möchte dem Juden nicht zumuten, durch Betreten seines Hauses unrein zu werden, und kleidet diese Rücksichtnahme in seine persönliche Bescheidenheit: „Ich bin's nicht wert, daß du unter mein Dach trittst." Er traut aber Jesus auch ohne sein persönliches Erscheinen die Heilung zu. Es werde genug sein, wenn er nur ein einziges befehlendes Wort sagt, so würde die Krankheit weichen.

⁹ Denn auch ich bin ein Mann, der unter Befehlsgewalt steht, und habe Soldaten unter mir. Sage ich zu diesem: Geh!, so geht er, und zu einem anderen: Komm!, so kommt er, und zu meinem Knecht: Tu das!, so tut er es.

Er stellt sich Jesus wie einen Oberbefehlshaber vor, dem die feindlichen Mächte der Krankheiten gehorchen müssen; so wie er selbst unter dem Gehorsam steht und die Befehle der Oberen ausführen muß – und so wie er die Befehlsgewalt handhabt und seine Soldaten aufs Wort gehorchen. Auch da ist es immer nur ein Wort, das genügt, um den Willen des Befehlenden auszudrücken und seine Ausführung zu erreichen. Er braucht nicht selbst dazusein. Der Befehl: Komm!, Geh!, Tu das! genügt auch für die Ferne. Auf diesem Gehorsam ist die Disziplin und Schlagkraft der Truppe aufgebaut. So müßte auch Jesus mit einem einzigen gebietenden Wort die Macht der Krankheit brechen können. Ein großes Bild, das da der Heide sich von Jesus selbständig zurechtgelegt hat . . .

[10] *Als Jesus das hörte, staunte er und sprach zu denen, die ihm folgten: Wahrlich, ich sage euch: Bei keinem in Israel habe ich einen solchen Glauben gefunden.*

Über die Rede des Hauptmanns ist Jesus verwundert. „*Er staunte*" – die Größe des anderen beeindruckt ihn. Ehe er ihm antwortet, spricht er zu seinen Begleitern, den Brüdern aus der Judenschaft, ein schweres Wort: „*Bei keinem in Israel habe ich einen solchen Glauben gefunden!*" Es ist vorausgesetzt, daß Jesus schon einige Zeit wirkte und wenig Anklang unter seinen Landsleuten fand. Jedenfalls aber nicht das fand, was hier der Heide bezeugt: jenes große und *würdige Bild* von ihm selbst und das *unbegrenzte Vertrauen*, das er in seine Macht hat. Beides zusammen, das Bild von ihm und sein Vertrauen zu ihm, nennt Jesus „Glauben". Es kann einer ein erhabenes Bild von Jesus haben und ihm doch wenig in einzelnen Situationen zutrauen. Und ein anderer kann eine zudringliche, begehrliche Heftigkeit in seinen Bitten haben, ohne ein erleuchtetes Bild von Jesus zu besitzen.

[11] *Ich sage euch aber: Viele werden von Osten und Westen kommen und mit Abraham und Isaak und Jakob im Himmelreich zu Tische liegen.* [12] *Die Söhne des Reiches aber*

*werden hinausgeworfen in die Finsternis draußen; dort
wird Heulen und Zähneknirschen sein.*

Daß Israel jenen Glauben nicht findet und deshalb gerichtet
wird, ist in diesen Worten schon prophetisch angekündigt.
Die Erfüllung des überirdischen Lebens wurde den Juden in
vielen Bildern plastisch vorgestellt. Eins von ihnen ist die
Mahlgemeinschaft mit den Vätern des Gottesvolkes: Abraham, Isaak und Jakob. Weil man Abrahams Nachkomme
war, glaubte man auch zu seiner Familie in der Vollendung
gehören zu müssen. Das Vertrauen in die leibliche Abrahams-
kindschaft hat schon der Täufer zerstört: „Aus diesen Steinen
da kann Gott dem Abraham Kinder erwecken" (3,9). Jesus
geht einen Schritt weiter. Die wahren Kinder Abrahams
werden jene sein, die einen solchen Glauben wie der heidnische Hauptmann besitzen. Von Osten und Westen werden
sie kommen! So haben es die Propheten geschaut: die Wallfahrt der Heidenvölker in der Endzeit. Sie sind auf dem
Wege und suchen das Heil Gottes. An ihnen wird sich die
höchste Verheißung – die Teilnahme am Königtum Gottes –
erfüllen. Sind nicht viele Völker der Welt auf dieser Wanderschaft, getrieben von der Sehnsucht nach dem Frieden und
Heil?
„Die Söhne des Reiches", das sind die Kinder Israels dem
Fleische nach. Sie sind eigentlich die geborenen Erben, die
sicheren Anwärter auf Gottes Königtum. Und gerade sie
werden der Tischgemeinschaft mit den Vätern beraubt! Das
Bild, das Jesus für die Verwerfung gebraucht, ist schaurig
erschreckend. So wie aus einem Saal rüpelhafte Gäste hin-
ausbefördert werden, so sollen sie *„hinausgeworfen werden",*
in eine bodenlose Dunkelheit, wo kein Schimmer des festlich
erleuchteten Saales mehr hinausdringt. Dort versammeln sie

sich in klagendem Wehgeschrei, dem Heulen. Da ist auch die ohnmächtige Wut, daß sie nicht zum Fest und Mahl gehören dürfen – das Knirschen der Zähne.

[13] *Und Jesus sprach zu dem Hauptmann: Gehe hin; wie du geglaubt hast, soll dir geschehen. Und der Knecht wurde in derselben Stunde geheilt.*

Eines wird hier von neuem klar: Aus Tradition, aus den Verdiensten der Vorfahren, aus der bloßen Tatsache, zu einer Familie, einem Verband, einem Volk zu gehören, kann niemals ein Anspruch auf das Heil geltend gemacht werden. Was entscheidet, ist *„ein solcher Glaube".* Dem aber wird überreich zuteil, worum er bittet, und auch noch geschenkt, worum unser oft wieder kleiner Mut nicht zu bitten wagt.

c) Weitere Heilungen (8,14–17)

[14] *Da kam Jesus in das Haus des Petrus und sah seine Schwiegermutter im Fieber darniederliegen.* [15] *Er berührte ihre Hand, und das Fieber verließ sie. Und sie stand auf und bewirtete ihn.*

Petrus und sein Bruder Andreas wohnten in Kapharnaum, wohl in dem Häuschen seiner Schwiegereltern.[36] Ein offenbar heftiges und schweres Fieber, vielleicht eine tropische Krankheit, hat die Schwiegermutter aufs Krankenlager gebracht. Jesus kommt zu Besuch und heilt sie sofort, mühelos und gleichsam nebenbei. Er ergreift ihre Hand, und die heilende Kraft strömt in sie ein und macht sie augenblicks gesund. Sie kann sich sogleich erheben und den Gast ohne Beschwerden bedienen. Das Leben strahlt und strömt von ihm aus ...

Es ist ein ganz unauffällig und bescheiden beschriebenes Wunder. Doch weht durch die wenigen Worte ein Zug *familiärer Wärme*. Petrus gehört ja zu ihm, und sein Haus bietet ihm – vielleicht öfters – ein Stück gastlicher Heimat und den Raum erquickender Rast. Jesus teilt dieses schlichte Leben und beschenkt eine Verwandte seines Jüngers ebenso mit seinen barmherzigen Gaben wie alle anderen.

[16] *Als es Abend geworden war, brachten sie zu ihm viele Besessene; und er trieb die bösen Geister mit einem Worte aus und heilte alle Kranken.*

Erst beschließt der Evangelist die berichteten Wunder mit einem zusammenfassenden Wort, wie es ähnlich schon 4,23–25 gesagt war: Von Dämonen Besessene und Kranke werden geheilt, so viele man zu ihm hinbringt. Am Abend geschah das – des gleichen Tages, an dem Jesus bei Petrus zu Gast war. So darf man sich vorstellen, daß vor dem Hause ein Gedränge entsteht. Aus allen Häusern des Ortes bringt man die Leidenden herzu. Für die Geister genügt ein *einziges Wort*, um sie davonzujagen – das Befehlswort, an das der Hauptmann so lebendig geglaubt hatte (8,8). Jesus braucht keine umständlichen Beschwörungen und Praktiken; es genügt sein schlichtes Wort.

Ist das nicht doch ein großer Glaube, der die Leute zu Jesus hindrängt? Wird nicht hier sichtbar, was er eben noch in Israel vermißte? Der Evangelist schweigt darüber, aber dieses Schweigen soll wohl sagen, daß jenes andrängende Zutrauen zu ihm nicht jener *Glaube* war, der zum Heile führt. Es ist der Wundertäter, der sie anzieht. – Aber auch ihnen verweigert Jesus die Heilung nicht; er löscht den glimmenden Docht nicht aus und knickt nicht das zerbrochene Rohr ab (vgl. 12,20). Auch jenes kindliche und vielleicht selbstsüchtige Drängen kann Samenkorn für einen erwachsenen und erleuchteten Glauben werden. Auch wir dürfen darüber nicht richten.

[17] *. . . damit erfüllt würde, was durch den Propheten Isaias gesagt war: Er hat unsere Gebrechen weggenommen und unsere Krankheiten (fort)getragen.*

Aber Matthäus sieht noch mehr: nicht nur die Wunder an den Menschen, sondern das Geheimnis der Person Jesu, das in ihnen aufstrahlt. Der Prophet Isaias hat von dem *Gottesknecht* geweissagt, daß er alle Krankheiten und Gebrechen auf sich nehme. Er wird bereit sein, stellvertretend unser Leid zu tragen. Jesus nimmt die Krankheiten der anderen, unsere Gebrechen, als seine eigenen an. Er zieht sie gleichsam von den anderen weg auf sich. Dann werden sie „fortgenommen". Bei ihm ist nicht nur Geduld und Ergebung, sondern die verwandelnde und erlösende Kraft. Wie die Sünden aller zieht er alles Leid auf sich und wendet es durch seinen Gehorsam zum Segen. Das Geheimnis seines Todes und unserer Erlösung kündigt sich schon an.

2. Zweiter Wunderzyklus (8,18 – 9,13)

a) Von der Nachfolge (8,18–22)

Dieses Stück und das folgende Wunder auf dem See (8,23–27) sind eng miteinander verbunden. Erst werden die Maßstäbe für die rechte Nachfolge genannt, dann zeigt der Evangelist, wie sie sich im Geschehen auf dem See praktisch bewähren sollen.

[18] *Als Jesus aber eine große Volksmenge um sich sah, befahl er, an das andere Ufer zu fahren.* [19] *Da trat ein Schrift-*

gelehrter heran und sprach zu ihm: Meister, ich will dir folgen, wohin du gehst. [20] Da sprach Jesus zu ihm: Die Füchse haben Höhlen und die Vögel des Himmels Nester; der Menschensohn aber hat nicht, wohin er sein Haupt legen kann.

Kapharnaum liegt am See. An irgendeinem Tage gewahrt Jesus die große Menge des ihn umdrängenden Volkes und gibt die Anweisung, in einem Boot nach dem gegenüberliegenden Ufer zu fahren. Damit ist die Schilderung der Überfahrt (8,23–27) vorbereitet und die kleine Szene hier in diesen Zusammenhang gebracht.

Zuerst kommt ein Schriftgelehrter, der um Aufnahme in seine Gefolgschaft bittet. Ehrfurchtsvoll und zugleich korrekt spricht er ihn als *„Meister"*, als Lehrer an. Er kennt ihn als wandernden Rabbi mit einem Schülerkreis, für den man sich bewerben kann. Der Jünger später weiß mehr von Jesus und wählt als Anrede das hoheitsvolle „Herr" (8,21). Seine Bereitschaft ist groß, er will ihm überallhin folgen, wohin er geht. Das ist viel.

Jesus antwortet weder mit einer Absage noch mit einer Zustimmung; er zeigt nur, was einen in seiner Nachfolge erwartet. Denn sein Jünger zu werden, das heißt nicht nur gleichsam in seine Schule gehen, um etwas zu „lernen". Es heißt vor allem, sein eigenes Leben zu teilen. Wer ihm nachfolgt, der erhält Anteil an der *Lebensform des Messias,* wird in sie hineingezogen. Das ist das erste, so wie es Markus bei der Wahl der Apostel sagt: „Er rief die zu sich, die er wollte, und sie kamen zu ihm. Dann stellte er zwölf auf, damit sie mit ihm seien . . ." (Mk 3,13 f.).

Wir Menschen haben ein *Heim* oder wenigstens die Sehnsucht danach. Das Suchen nach Geborgenheit und Zuhausesein ist uns angeboren. In aller Rastlosigkeit, in freiwilligen oder erzwungenen Umzügen und Wanderungen suchen wir immer wieder die feste Stätte. Wir streben nach einer Beheimatung, aus der wir nie mehr aufgestört werden können. Sogar die Tiere haben ihren festen Platz, ihre Wohnung und bauen sie aus angeborenem Trieb immer neu.

Anders aber Jesus! Seit er aus dem Hause von Nazareth fortzog, hat er auf die Geborgenheit des Heimes verzichtet. Daß er in keinem Hause wohnt, ist ein wesentlicher Zug seines neuen Lebens. Er zieht nicht von einem festen Ort zu einzelnen Reisen aus, sondern lebt das Leben eines Wanderers schlechthin. *„Er hat nicht, wohin er sein Haupt legen kann."* Das gehört nicht nur zu seinem Beruf als Künder, der überall hinkommen und predigen will. Es gehört zu seiner Entäußerung, dem Leben des sich hingebenden Knechtes, der auch der Wärme und Heimat des Hauses entsagt. – Wir werden uns darauf einrichten müssen, ehe wir uns entscheiden. Und nicht enttäuscht sein, wenn er uns beim Wort nimmt . . .

[21] *Ein anderer aber von den Jüngern sprach zu ihm: Herr, erlaube mir, erst hinzugehen und meinen Vater zu begraben.* [22] *Aber Jesus sagte zu ihm: Folge mir und laß die Toten ihre Toten begraben.*

Der zweite, ein Jünger, bittet, vor dem Anschluß an ihn die Pflicht der Pietät gegenüber seinem alten Vater erfüllen zu dürfen. Den Vater zu begraben – das will sagen: Der Bittende möchte so lange daheim bleiben, bis der Vater gestorben, bestattet und er selbst aller Pflichten ledig ist. Das könnte auch eine längere Zeit sein. Ungewöhnlich scharf klingt die Antwort Jesu. Der Aufruf: *„Folge mir!"* meint das sofortige Handeln, den unverzüglichen Anschluß an ihn. Das ist viel wichtiger und drängender als jene Kindespflicht. „Laß die Toten ihre Toten begraben!" Jesus bringt das Leben und steht auf der Seite des Lebens. Die Worte schillern in ihrer Bedeutung: Das Begraben des verstorbenen Vaters ist das wirkliche leibliche Bestatten. Daß dieses Werk von *Toten* verrichtet werden soll, ist nur im übertragenen, geistigen Sinn zu begreifen. Geistig Tote, die den Ruf zum Leben nicht vernommen haben und in der Sünde verharren, sind auch für andere Totengräber. Sie können nur Absterbendes oder schon Gestorbenes zu Grabe tragen.

Setzt sich hier der Herr nicht herzlos über die Pflicht, die das vierte Gebot einschärft, hinweg? Wird das nicht ganz unverständlich, wenn Jesus an anderer Stelle gerade diese Pflicht betont und die Spitzfindigkeit der Schriftgelehrten verwirft? (Vgl. 15,1–9.) Der Grund für eine so einschneidende Forderung muß ein ganz schwerwiegender sein. Es ist die *drängende Zeit*, die einzigartige von Gott bestimmte Frist, die einmal da ist und nie wiederkehrt; der Druck des ankommenden Königtums, der Jesus selbst rastlos vorantreibt. Es gibt keine Minute zu verlieren! Für den Jünger gilt das wie für den Meister. Aber es gilt nur jetzt in dieser Schärfe, in der messianischen Zeit. – Trotzdem kennt die Kirche viele erweckte hochherzige Seelen, die so getroffen werden von dem Anruf Gottes, daß alles andere zurückweicht und um sie versinkt, daß sie aufgezehrt werden von der Flamme, die in ihr Herz schlug. Es gibt sie zu jeder Zeit.

b) Die Stillung des Seesturmes (8,23–27)

23 *Und als er in das Boot einstieg, folgten ihm seine Jünger nach.* **24** *Und siehe, ein gewaltiger Sturm entstand auf dem See, so daß das Boot von den Wellen bedeckt wurde; er* *aber schlief.* [25] *Da traten sie heran, weckten ihn auf und sprachen: Herr, rette (uns), wir gehen unter!*

Jesus steigt nun ins Boot, und seine Jünger *„folgten ihm nach".* Er ist der erste, der vorangeht, die anderen ziehen hinter ihm her. Im Stil der ersten Zeile wird so das Thema der Nachfolge fortgeführt und in das Ereignis auf dem See hineingetragen.

Mitten auf dem Meere entsteht der *große Sturm,* wie er gerade dort auf dem von Bergen eingekesselten See Genesareth häufig auftritt und den kleinen, wenig seetüchtigen Fischerbooten Gefahr bringt. Die Stürme verfangen sich in dem Kessel, wühlen das Meer tief auf und machen ein geordnetes Steuern fast unmöglich. Die erfahrenen Fischer erkennen sofort die drohende Gefahr, zumal die Wellen schon ins Boot schlagen. Inmitten des Sturmes, in dem hin und her geworfenen Boot, unter den überschlagenden Wogen, schläft Jesus. Er ist geborgen in Gott, und die Not des Daseins dringt nicht in ihn ein.

In banger Sorge und in Todesschrecken rufen die Jünger den Meister an: *„Herr, rette (uns), wir gehen unter!"* Es ist ein Ruf der Verzweiflung, gewiß, aber auch des Vertrauens. Der einzige Ausweg, den sie sehen, ist der Herr in ihrer Mitte. Sie haben sich aufgegeben und finden in ihrer Erfahrung und eigenen Kraft keine Hilfe. Er allein könnte hier Rettung bringen. Der Ausruf: *„Wir gehen unter"* hat über die wörtliche Bedeutung hinaus noch einen geistigeren Sinn: wir gehen zugrunde, wir verderben, es ist aus mit uns, unser ganzes Leben ist verwirkt und zu Ende, alle Hoffnung erloschen. So erleben wir selbst die Todesgefahr, daß mit der äußeren Gefährdung zugleich alle innere Hoffnung des Lebens zu schwinden scheint.

²⁶ Und er sagte zu ihnen: Was fürchtet ihr euch, ihr Klein-
gläubigen? Dann stand er auf, gebot den Winden und dem
See, und es entstand eine große Stille. ²⁷ Die Leute aber
staunten und sprachen: Wer ist dieser, daß ihm sogar die
Winde und der See gehorchen?

Aufgeweckt, fragt Jesus die Seinen verwundert: *„Was fürch-*
tet ihr euch, ihr Kleingläubigen?" Wer Furcht hat, in dem ist
der Glaube noch schwach. Der Glaube vertreibt die Furcht,
weil er den ganzen Menschen mit Gott erfüllt. Das Licht des
Glaubens vertreibt die Schatten der Sorge und Angst aus allen Winkeln. Sie sind „Kleingläubige", das heißt: der Glaube
ist schon vorhanden, sonst hätten sie nicht Hilfe von ihm erwartet; er ist aber noch dürftig, sonst hätten sie nicht in ihrer
Angst ihr Verderben beschworen. – In solcher Lage findet sich
der Jünger Jesu oft. Er glaubt, aber nicht total; er erwartet
Hilfe von oben, aber nicht die ganze Hilfe; er weiß sich noch
nicht restlos geborgen in der tragenden Hand des Vaters, wie
es Jesus gelehrt hat (vgl. 6,25–34).
Jesus gebietet den entfesselten Gewalten Einhalt und be-
zwingt den tobenden Sturm und das aufgeregte Meer. Plötzlich ist es ganz still, der Aufruhr scheint wie ein Spuk verflo-
gen zu sein. Verwundert fragen die Leute – sind es die Jünger
oder die am anderen Ufer stehenden Menschen oder ganz
allgemein die Menschen? Es kommt darauf nicht an, sondern
nur auf die Frage nach dem geheimnisvollen Mann: *„Wer ist*
dieser?" Vorher galt das Erstaunen seiner in Vollmacht vorgetragenen Botschaft (7,28), nun gilt es seinem mächtigen
Handeln, der Gewalt selbst über Sturm und See. Die Ele-
mente gehorchen ihm ebenso wie die Dämonen und die
Krankheiten. – Muß ihm nicht auch der Mensch gehorchen,
wenn er solche Vollmacht besitzt? Ist er nicht wirklich Herr

und Gebieter, wie ihn die Jünger anreden? Auch der Herr meines Lebens?

Der Jünger soll dem Meister bedingungslos folgen und mit ihm allein rechnen. Er gibt die Geborgenheit seines Hauses („er hat nicht, wohin er sein Haupt legen kann") und seiner Familie auf („laß die Toten ihre Toten begraben"). Nachfolge ist Ruf aus den irdischen Bindungen in eine einzige Bindung hinein: die an den Herrn. Das wurde auf dem See Ereignis. Da geschah noch eine dritte Loslösung: die Loslösung aus dem *Vertrauen in das eigene Können*. Auf dem See wurde erlebt, was Nachfolge Jesu letztlich heißt: Er ist im Boot und in der Mitte; er allein genügt, mag ringsum passieren, was da will; er ist geborgen in Gott, bei ihm allein ist Rettung. – Das zu leben ist Sache des Glaubens, der sich aus kümmerlichen Ansätzen zum unbegrenzten Vertrauen, aus dem Kleinglauben zum Vollglauben auswachsen soll. Dieses Bild mag uns oft vor Augen stehen, wenn aller Anschein dagegen spricht. Jesus ist doch im Boot ...

c) Die Dämonenaustreibung bei Gadara (8,28–34)

[28] *Und als er an das jenseitige Ufer in das Land der Gadarener kam, da kamen ihm zwei Besessene aus den Gräbern heraus entgegen; die waren sehr gefährlich, so daß niemand auf jenem Wege vorbeigehen konnte.* [29] *Und siehe, sie schrien: Was haben wir mit dir, Sohn Gottes? Bist du hierher gekommen, uns vor der Zeit zu peinigen?*

Das gegenüberliegende, also östliche Ufer des Galiläischen Sees begrenzt das halbheidnische Mischgebiet der zehn Städte, der Dekapolis. Eine von jenen Städten, die zu einem Städtebund zusammengeschlossen waren, ist Gadara. Vom See aufsteigend durchquert man ein zerklüftetes Berggebiet, durch das sich schmale Pfade winden. Allenthalben befinden sich aus dem Kalkstein ausgewaschene Höhlen, die Landstreichern oder Wanderern Unterschlupf gewähren, hier zwei Besessene beherbergen. Sie leben von der Stadtgemeinschaft getrennt, sind vielleicht ausgestoßen worden. Besonders wilde und zahlreiche Dämonen haben von ihnen Besitz ergriffen. Die Geschichte ist für unser Empfinden etwas derb und wirr. Wir müssen wohl mit dem Einfluß volkstümlicher drastischer Erzählungsmittel rechnen. Matthäus bringt die Geschichte nur sehr knapp; ihm kommt es vor allem auf die Macht Jesu über die Dämonen an.

Die beiden stürzen ihm entgegen und schreien: *„Was haben wir mit dir, Sohn Gottes?"* Sie erkennen sofort die radikale Feindschaft, ja sogar die besondere Würde des anderen. Was den Menschen verborgen bleibt, ist dem scharfen Verstand des Widersachers offenbar. Wir haben nichts mit dir zu schaffen, laß uns in Ruhe! *„Bist du hierher gekommen, uns vor der Zeit zu peinigen?"* Sie scheinen zu wissen, daß ihnen eine Frist gesetzt ist. Ihr ungestörtes Wildern in der Schöpfung Gottes wird ein Ende haben. Der Zeitpunkt ist nicht fern, an dem ihre Herrschaft gebrochen wird. Seit dem Streitgespräch in der Wüste (4,1–11) mußte das dem satanischen Reich wohl klar sein.

[30] *Es weidete aber (ein Stück) weit von ihnen eine große Schweineherde.* [31] *Die Dämonen baten ihn und sprachen: Wenn du uns austreibst, schicke uns in die Schweineherde.* [32] *Da sprach er zu ihnen: Fahret hin! Da entwichen sie und fuhren in die Schweine; und siehe, die ganze Herde stürmte den Abhang hinunter in den See und kam im Wasser um.*

Mit geradezu advokatischer Schläue handeln die Dämonen eine Frist aus. Wenn es schon zu Ende ist mit uns, warum quälst du uns vor diesem Ende? Laß uns wenigstens in diese Schweine da fahren, daß wir uns noch etwas austoben können! Das klingt bei allem Ernst grotesk, und es ist noch verwunderlicher, daß sich Jesus auf diesen „Handel" einläßt. Fast möchte man das wie einen Anflug überlegenen Humors und souveräner Freiheit auffassen, die sich auch eine „Ausnahme" erlauben darf.

[33] *Die Hirten aber flohen; und als sie in die Stadt gekommen waren, meldeten sie alles, auch das mit den Besessenen.* [34] *Und siehe, die ganze Stadt zog hinaus, Jesus entgegen; und als sie ihn sahen, baten sie ihn, er möge aus ihrem Gebiet fortgehen.*

Die Leute aus der Stadt vernehmen entsetzt, was da geschehen ist, und fordern Jesus auf, doch aus ihrem Gebiet weg u-gehen. Das Ganze ist ihnen unheimlich, vielleicht fürchten sie noch mehr Schaden, als schon durch den Verlust der ganzen Schweineherde entstanden ist. Das heißt aber auch, daß Jesus dort nichts ausrichten kann. Wie in seiner Vaterstadt wird er auch hier ausgewiesen. Man will nichts von ihm wissen. Doch ist auch noch nicht die „Zeit der Heiden". Erst muß Jesus in Israel wirken, denn er ist gesandt „zu den verlorenen Schafen des Hauses Israel" (15,24). Trotz der Unheimlichkeit der ganzen Geschichte weiß man: das Licht ist schon den Heiden kurz aufgeleuchtet – wie eine Ankündigung des nahen Tages. Noch aber ist Finsternis.

d) Die Heilung des Gelähmten (9,1–8)

¹ Und er stieg ins Boot, fuhr über und kam in seine Stadt.
² Und siehe, man brachte ihm einen Gelähmten, der auf
einer Bahre lag. Da Jesus ihren Glauben sah, sprach er zu
dem Gelähmten: Habe Mut, mein Kind, deine Sünden
sind vergeben.

Das Ereignis findet wiederum auf der anderen, der westlichen Seite des Sees, in seiner Stadt, das heißt Kapharnaum (vgl. 4,13), nach erneuter Überfahrt statt. Der Gelähmte wird zu Jesus gebracht, und allein darin bekundet sich ihr Glaube. Neu bei diesem Wunder ist das erste, was Jesus hier tut. Bisher hörten wir nur davon, daß er die Menschen von allerlei Krankheiten heilte. Hier aber spricht er gleich: *„Deine Sünden sind vergeben."* Das muß nicht so gedeutet werden, als habe Jesus einen unmittelbaren Zusammenhang zwischen der Krankheit und einer Sünde angenommen. Die Auffassung der Schriftgelehrten, daß jede Krankheit Ausfluß einer persönlichen Verfehlung sei, weist Jesus an anderer Stelle ausdrücklich zurück.[37] Doch leidet der Mensch an zwei Krankheiten: der Krankheit an seinem hinfälligen Leib und der Krankheit der Sünde, die ihn innerlich verdirbt. Die Krankheit der Sünde ist die schwerere, weil ihr kein menschlicher Arzt gewachsen ist, sondern nur Gott.

³ Und siehe, einige von den Schriftgelehrten sprachen untereinander: der lästert! ⁴ Und Jesus kannte ihre Gedanken und sprach: Warum denkt ihr Böses in euren Herzen?
⁵ Was ist denn leichter zu sagen: Deine Sünden sind vergeben, oder zu sagen: Steh auf und geh umher? ⁶ Damit ihr aber wißt, daß der Menschensohn Vollmacht hat, auf Er-

den Sünden zu vergeben – da sprach er zu dem Gelähm-
ten: Steh auf, nimm deine Bahre und geh in dein Haus.

Die Schriftgelehrten erkennen an sich richtig, daß hier eine
Lästerung Gottes geschieht. Wer vermöchte sich anzumaßen,
Sünden zu erlassen, was allein Gott zusteht? Ist doch die
Sünde allein gegen Gott gerichtet, in leichtfertiger Vernach-
lässigung oder bewußter Übertretung eben *seines* Gebotes.
Er ist da ganz allein zuständig! Hier aber geht es nicht um
irgendeinen Menschen. Das beweist ihnen Jesus mit einer ge-
schliffenen Schlußfolgerung: Ihr wißt selbst, daß es schwerer
ist, Sünden zu vergeben als den Leib zu heilen. Wer das
Schwerere vermag, wird er nicht auch das Leichtere können?
Umgekehrt: Wenn ihr mit euren eigenen Augen seht, daß ich
äußere Krankheiten fortnehmen kann, ist das nicht ein Beweis dafür, auch die innere Krankheit beseitigen zu können?
Wenn ihr schon keinen guten Willen habt, wollt ihr euch
nicht den Gründen des Verstandes beugen?
Die *Vollmacht* des Menschensohnes erwies sich in seiner
Lehre und wurde staunend von den Leuten erfahren (7,28).
Hier äußert sie sich in der Fähigkeit, die Sünde wegzuneh-
men. *Auf Erden,* das heißt: jetzt und hier, in dieser messianischen Zeit. Damit ist angedeutet, daß das, was auf Erden
vergeben wird, auch *im Himmel,* bei Gott, vergeben ist. Was
der Menschensohn hier in der Vollmacht Gottes tut, das wird
er später seinen Aposteln übertragen.[38] Hier kommt Gottes
Königtum an, das heile Leben durchwaltet einen ganzen
Menschen mit Leib und Seele.

[7] *Da stand er auf und ging in sein Haus.* [8] *Als die Volks-*
scharen es sahen, gerieten sie in Furcht und priesen Gott,
der den Menschen solche Vollmacht gegeben hat.

Daß der Kranke wirklich aufsteht und nach Hause geht, erscheint wie eine selbstverständliche Folgerung der Geschichte, nachdem er ja in seinem inneren Menschen schon gesund war. So klingt die Geschichte unauffällig aus. Die Hauptsache ist den Leuten gar nicht die wunderbare Heilung, sondern daß Gott *„den Menschen solche Vollmacht gegeben hat".* Was Gott tut, wird hier betont. Wie groß muß Gott gerade in dieser Freiheit sein, daß er nicht eifersüchtig einen Schatz hütet, sondern *den Menschen* Vollmachten überträgt. Jetzt ist es der Menschensohn selbst gewesen, was aber nicht betont wird; später werden es wirklich nur Menschen sein, die Sünden im Namen Gottes vergeben dürfen. – Jedesmal, wenn uns die Sünden verziehen werden, ereignet sich dieses Wunder. Denken wir daran, daß Gott da etwas Ureigenes preisgibt und einem Menschen seine eigene Vollmacht überträgt? Daß es immer frei gewährte Gnade ist?

e) Jesus und die Zöllner (9,9–13)

Dieser Abschnitt bringt zunächst die Berufung des Apostels Matthäus (9,9), dann ein kurzes Streitgespräch mit Pharisäern (9,10–12). Der Schluß (9,13) spricht von der Sendung Jesu zu den Sündern und beschließt so den ganzen Abschnitt von 9,1 an.

[9] *Und als Jesus von dort weiterging, sah er einen Mann an der Zollstätte sitzen, der Matthäus hieß, und sprach zu ihm: Folge mir nach! Und er stand auf und folgte ihm nach.*

Die Berufung der vier ersten Jünger wurde oben ausführlicher berichtet. Bei den Synoptikern werden nur noch von einem die besonderen Umstände überliefert, unter denen er zum Apostel wurde. Das ist „Levi, der Sohn des Alphäus",

wie es Markus und Lukas wissen (Mk 2,14; Lk 5,27). Im ersten
Evangelium wird dieser Apostel *Matthäus* genannt, der nach
der alten Überlieferung dieses Evangelium geschrieben hat.
Er ist ein Zolleinnehmer, gehört zu jenem verachteten, sogar
verhaßten Stande. Den Juden gilt er noch dazu als unrein,
weil er sich mit dem Geldgeschäft beschmutzt und als notori-
scher Betrüger und Blutsauger angesehen wird. Einen solchen Mann beruft Jesus! Wieder diese „Vorliebe" Gottes für
das Geringe und Verachtete. Zu den einfachen Fischersleuten
kommt nun einer, dem man nicht einmal die Hand gibt. Auch
er ist Galiläer wie die anderen. Eine „schöne Gesellschaft",
die sich Jesus da zusammenstellt. Ärgern wir uns gar auch
darüber?
Der Zöllner hört den Ruf, steht augenblicklich auf und
schließt sich Jesus an. Er hat die Stunde erkannt. Sein Verhalten entspricht den Maßstäben, die Jesus kurz vorher für
die *wahre Nachfolge* aufgestellt hatte (8,19–22). Er macht keinen Einwand, bittet nicht um Aufschub, sondern handelt entschlossen und in restloser Bereitschaft. Ein anderer Zolleinnehmer, von dem Lukas berichtet – Zachäus mit Namen –,
zeigt nochmals, daß Jesus gerade von diesen Menschen verstanden wird (Lk 19,1–10). – Diese beiden Sätze zeigen uns
ein wunderbares Bild von der Nachfolge. So muß man es
tun. Entschlossen heraus aus dem „alten" Leben und hinein
in das Wagnis -- das heißt aber: hin zu Jesus.

[10] *Und es geschah, als er in dem Hause zu Tische lag, siehe,
da kamen viele Zöllner und Sünder und lagen mit Jesus
und seinen Jüngern zu Tische.*

Der neuberufene Matthäus *lädt Jesus* und seinen Anhang in
sein Haus *ein* und bewirtet sie. Das lockt andere Zunftge-

nossen und allerlei lichtscheues Volk, das sich gleich ihnen verachtet weiß, herbei. Sie alle kommen in das Haus und speisen mit. Die zeitlebens im Schatten standen und hochmütig auf Distanz gehalten wurden, sie wagen sich nun, von Erstaunen und scheuer Hoffnung bewegt, hervor. Ein großes Gelage von schmierigen Zöllnern und lockeren Dirnen findet statt. Jesus mit den Jüngern in ihrer Mitte – er schämt sich dieser zweifelhaften Gesellschaft nicht! Geschweige daß er ängstlich wäre, nach dem Gesetz unrein zu werden. Welches Bild!

[11] *Und da es die Pharisäer sahen, sprachen sie zu seinen Jüngern: Warum ißt euer Meister mit den Zöllnern und Sündern?* [12] *Er aber hörte es und sagte: Nicht die Gesunden brauchen den Arzt, sondern die Kranken.*

Die Pharisäer kommen zu den Jüngern, um sie auszuhorchen oder unsicher zu machen: *„Warum ißt euer Meister mit den Zöllnern und Sündern?"* Für sie ist der Vorgang skandalös und abstoßend. Das kann niemals Gottes Wille sein und im Einklang mit dem Gesetz stehen! Wie soll erst die Lehre dieses Meisters aussehen, der sich solchen Skandal erlaubt?

Sofort greift Jesus selbst ein, ohne abzuwarten, daß er gefragt wird. Seine Rechtfertigung ist ein Sprichwort, weise und in seiner Klarheit unwiderlegbar: *„Nicht die Gesunden brauchen den Arzt, sondern die Kranken."* Er sagt nicht, daß die Pharisäer etwa zu den Gesunden zählten, alles spricht dagegen. Nur das soll betont werden, daß *er* zu den *Kranken* gesandt ist. Sie aufzusuchen, anzunehmen und zu heilen, ist er da, wie ein Arzt. Und gerade diese armen Menschen, denen keiner die Hand reicht und sie aus dem Sumpf herauszieht, sind am allerkränksten. Hier ist sein Ort und sein Beruf.

13 *Geht aber hin und lernt, was das heißt: Erbarmen will ich und nicht Opfer. Denn ich bin nicht gekommen, Gerechte zu berufen, sondern Sünder.*

Dieser Satz unterbaut die Rechtfertigung Jesu noch weiter. Nur Matthäus hat den ersten Teil mit dem Zitat aus dem Propheten Hosea. Er will sagen: Was Jesus tut, ist nicht ein eigenmächtiger Übergriff über die Ordnungen Gottes. Es ist nicht nur in seiner eigenen Auffassung begründet, sondern in Gott selbst. Das beweist die Schrift. Durch den Propheten sprach Gott, daß er vom Menschen nicht zuerst die Opfergabe fordert, sondern das menschliche *Erbarmen.* Wahre Gottesverehrung muß sich zeigen in mitleidiger Barmherzigkeit, in der Sorge um den Schwachen und Gefallenen, in Güte und Liebe.

Daß Jesus dies nicht aus sich selber tut, sagt nochmals das Schlußwort: *„Denn ich bin nicht gekommen."* Dieses Kommen gilt immer absolut, ist der knappste Ausdruck seines Berufes. Es zeigt eine Bewegung an, von einem Ausgangspunkt her, von dem er ausgeht und jetzt kommt, in diese unsere Welt, in diesen Augenblick hinein. Es sagt mehr als: „Ich bin da." Hinter dem Gekommensein steht die Sendung von Gott, und mit der Sendung die Vollmacht Gottes.

„(Nicht) Gerechte zu berufen, sondern Sünder." Unter Gerechten sind nicht solche zu verstehen, die sich irrtümlich für gerecht halten. Jesus nimmt die jüdische Unterscheidung zwischen Gerechten und Sündern auf. Die Gerechtigkeit ist nicht völlig wertlos und falsch, aber ungenügend (vgl. 5,20), auch deshalb, weil sich die Gerechten absondern von den niederen „Sündern" und sie ihrem Schicksal überlassen. Die Erzählung vom Pharisäer und Zöllner beleuchtet das Wort hier gut (Lk 18,9–14). – Wie Gott denkt, so sollen es auch die

Menschen tun. Vorerst die pharisäischen Musterfrommen, die wie Schüler das Einmaleins der Denkweise Gottes zu lernen haben: Erbarmen will ich und nicht Opfer. Durch Erbarmen sind wir erlöst, durch unser Erbarmen will Gott auch seine Erlösung weiterwirken.

3. Dritter Wunderzyklus (9,14–34)

Der letzte Abschnitt des größeren Zusammenhangs beginnt mit einem Streitgespräch über die Frage des Fastens. Jesus verkündet die jetzige Zeit als messianische Hoch- und Freudenzeit (9,14–17). Ihr entspricht es, daß das Leben Gottes in die kranken Menschen eindringt: die Tochter des Jairus und eine Frau werden geheilt (9,18–26), zwei Blinden wird das Augenlicht geschenkt (9,27–31) und ein stummer Geist ausgetrieben (9,32–34).

a) Fasten und messianische Heilszeit (9,14–17)

[14] *Da kamen die Jünger des Johannes zu ihm und sprachen: Warum fasten wir und die Pharisäer, deine Jünger aber fasten nicht?*

Diesmal kommt die Frage von den Johannesjüngern, die nach seinem eigenen Beispiel ein strenges Leben der Buße führten. Auch sie haben, ähnlich wie die Sekte am Toten Meer, versucht, den *Willen Gottes* radikal zu erfüllen. Sie gleichen auch den Pharisäern darin, daß sie sich über das allgemein Gebotene hinaus Sonderleistungen auferlegten. Wenn Jesus ebenso wie sie eine höhere Vollkommenheit lehrt, als sie allgemein vorgeschrieben ist, warum hält er mit seinem Kreise nicht auch ein strengeres Fasten? Man möchte wohl Jesus keine Laxheit im religiösen Leben vorwerfen. Es ist eher ein Mißtrauen, ob er das, was er lehrt, auch selber tut.

^{15a} *Da sagte Jesus zu ihnen: Können die Hochzeitsgäste trauern, solange der Bräutigam bei ihnen ist?*

Die Antwort Jesu ist wiederum verblüffend. Auf den Kern der Frage scheint sie gar nicht einzugehen. Die ganze Bergpredigt zeigt schon, daß Jesus in ganz anderer Richtung denkt.[39] Hier gibt er eine viel allgemeinere Antwort: Der innere Sinn des Fastens ist Trauer, jetzt aber ist *Freudenzeit*. Im Gleichnis: Wenn der Bräutigam zur Hochzeit seine Freunde lädt, dann kommen sie doch nicht zur Trauerfeier! Jetzt ist der Bräutigam da, und jetzt sammelt er um sich Gäste zur Freudenfeier. Da hat das Fasten überhaupt keinen Sinn, es würde dieser einzigartigen Stunde widersprechen. Jetzt ist Zeit des Jubels und der Seligkeit.

^{15b} *Es werden aber Tage kommen, da der Bräutigam ihnen entrissen sein wird, und dann werden sie fasten.*

Das wird aber nicht so bleiben, denn der Bräutigam ist nur auf bestimmte Zeit da, bis er *ihnen entrissen wird*. Das Wort „entreißen" ist hart und deutet auf die gewaltsame Trennung, den schmerzlichen Schnitt hin. Noch verhüllt in das Bildwort, dem gläubigen Sinn aber offenbar, spricht Jesus hier zum erstenmal von seinem schmerzlichen Ende. Bei Johannes sagt der Herr zwar: „Es ist gut für euch, daß ich weggehe; denn wenn ich nicht fortgehe, wird auch der Tröster nicht zu euch kommen" (Jo 16,7). Und seine Gegenwart ist uns geschenkt in der Eucharistie und in seinem Geist: „Denn wo zwei oder drei auf meinen Namen hin versammelt sind, dort bin ich in ihrer Mitte" (18,20). Trotzdem bleibt es schmerzlich, daß Jesus nicht leibhaftig in unserer Mitte ist, sondern sich bis zur Hochzeit des Lammes verborgen hat (vgl. Offb 21,9 ff.). – In der Zeit zwischen Hinwegnahme und Wiederkunft hat das

Fasten eine neue Bedeutung dazubekommen: es ist nicht nur Werk der Buße, sondern Ausdruck der Trauer über die Trennung vom himmlischen Bräutigam und der Entbehrung seiner leibhaftigen Nähe.

[16] *Niemand setzt einen Lappen von ungewalktem Tuch auf ein altes Kleid; denn das aufgesetzte Stück nimmt (noch etwas) von dem Kleid mit, und es entsteht ein noch größerer Riß.* [17] *Auch gießt man nicht neuen Wein in alte Schläuche; sonst zerreißen die Schläuche und der Wein wird verschüttet und die Schläuche sind verloren. Vielmehr gießt man neuen Wein in neue Schläuche, und beide bleiben erhalten.*

Zwei kleine Gleichnisse fügt Jesus seiner Antwort bei, beide anschaulich und volkstümlich. Sie zeugen von praktischem Sinn und lebenstüchtiger Klugheit. Keiner umsichtigen Hausfrau kommt es in den Sinn, ihr zerschlissenes *Kleid* mit einem Stück neuen derben Stoffes auszubessern. Sonst erlebt man, daß dieses eingesetzte Stück noch mehr Schaden anrichtet, indem es den morschen Stoff ringsherum zerreißt. Das Loch wird noch viel größer als vorher, das Kleid ist völlig unbrauchbar.

Das gleiche sagt das zweite Bild. Der Weinbauer wird sich hüten, den gärenden feurigen neuen *Wein* in brüchige Schläuche zu geben. Sie werden seiner Kraft nicht widerstehen, reißen auf, und beide, Wein und Schläuche, sind verloren. Der junge Wein gehört in neue Schläuche!

Beide Bilder stellen das Alte und das Neue gegenüber. Jetzt ist die Zeit des Neuen, die Messiaszeit. Sie ist feurig wie junger Wein und frisch wie das ungewalkte Tuch. Sie hat ihr eigenes Gesetz, das Gesetz der *Freude* und schäumenden *Fülle.* Alte Formen passen nicht zu ihr, sie wird neue hervorbringen. Zwei Gleichnisse, die von ungebrochener Siegeszuversicht und heller Hoffnung zeugen!

Widerspricht das aber nicht anderen Worten, die gerade den Zusammenhalt des *Alten* mit dem *Neuen* betonen? Beides muß gelten, aber in verschiedenem Sinn. Die Offenbarung Jesu setzt die alttestamentliche Offenbarung gradlinig fort und erfüllt sie (5,17). Die Erfüllung aber ist in sich doch etwas Neues, Unvergleichbares und auch Unwiederholbares. Die Zeit des messianischen Wirkens hat ihre eigene Fülle und sprengende Kraft, wie sie nie vorher da war und bis zum Ende der Welt nicht sein wird. Für sie gilt: „Selig die Augen, die sehen, was ihr seht" (Lk 10,23). – In der Geschichte gibt es manches Beispiel, da man jene hochgemuten Worte Jesu auf das eigene Tun anwenden wollte. Das hieße aber, sie zu mißbrauchen. Es gehört zu unserer Bescheidung, das Einzigartige der Messiaszeit stehenzulassen.

b) Die Auferweckung des toten Mädchens und die Heilung der blutflüssigen Frau (9,18–26)

Nach dem Vorbild des Markus sind zwei Wunderberichte hier ineinandergeschoben. Die unauffällige Heilung der Frau geschieht mitten in dem Andrang, der um das gestorbene Kind des Vorstehers entstanden war. Für viele Einzelheiten muß man den Bericht des Markus hinzuziehen (Mk 5,21–43); Matthäus beschränkt sich auch hier auf wenige wichtige Züge.

[18] *Während er das zu ihnen sagte, siehe, da kam ein Vorsteher heran, fiel vor ihm nieder und sprach: Meine Tochter ist eben gestorben; aber komme doch und lege deine Hand auf sie, so wird sie lebendig werden.* [19] *Und Jesus stand auf und folgte ihm mit seinen Jüngern.*

Vorher hörten wir von einem heidnischen Hauptmann, einem Soldaten, hier von einem jüdischen Synagogenvorsteher, der im Ort das höchste religiöse Amt bekleidete, für den Ablauf des Gottesdienstes und für die Sorge um das Gotteshaus verantwortlich war. Eben ist seine Tochter verstorben. Der reißende Schmerz führt ihn zu Jesus hin, den er voll *Vertrauen* bittet, sie zum Leben wiederzuerwecken. Das Auflegen seiner wundertätigen Hände wird dazu genügen. Sofort ist der Herr bereit und macht sich mit den Jüngern auf den Weg. Es scheint angesichts dieses Glaubens doch nicht alles verloren zu sein in Israel.

[20] *Und siehe, eine Frau, die zwölf Jahre am Blutfluß litt, trat heran und berührte von hinten den Saum seines Gewandes.* [21] *Denn sie sagte bei sich: Wenn ich auch nur sein Gewand berühre, werde ich geheilt werden.* [22] *Jesus aber wandte sich um, sah sie an und sprach: Habe Mut, meine Tochter, dein Glaube hat dich geheilt. Und die Frau ward von jener Stunde an gesund.*

Mitten in dem Gedränge gelingt es einer unglücklichen Frau, von hinten das Gewand Jesu zu berühren. Ihr Glaube ist groß, wenn er sich auch in einer nahezu magischen Handlung kundgibt. Aber auch dieser Glaube wird von Jesus angenommen, dieses wortlose, schlichte Vertrauen, das sich nur in einer Gebärde darstellen kann. Im Gegensatz zu Markus zeigt jedoch Matthäus deutlich, daß es *Jesu Wort* ist, das die Heilung bewirkt, sein Wille und seine gebietende Rede. Nicht ein magisches Überfließen der heilenden Kraft in den kranken Leib. Damit gibt er dem volkstümlich naiven Text des Markus eine geistigere Deutung. Er wehrt das Mißverständnis ab, daß Jesus lediglich als Wundermann von überirdischen Kräften gesehen werden könnte. – Es ist wichtig, so etwas schon innerhalb der Evangelien festzustellen. Es gibt gleichsam eine regulierende Kraft unter den heiligen Schriftstellern, und nur in der Zusammenschau aller Berichte kommt die volle Wahrheit ans Licht.

Betont sagt Jesus, daß es *ihr Glaube* gewesen sei, der sie geheilt hat. Der Glaube bleibt immer die Voraussetzung und das Fundament der Heilstat Gottes am Menschen. Gewiß kann er verschiedene Formen haben, unentfaltet primitive und geläutert geistige. Ist er doch immer auf dem Wege und im Wachstum, aus Glauben zu Glauben (vgl. Röm 1,17); das heißt: aus dem schon vorhandenen wurzelhaften in immer tiefer erkannten und radikaler gelebten Glauben hinein.

[23] *Und als Jesus in das Haus des Vorstehers kam und die Flötenspieler und die lärmende Menge sah,* [24] *sprach er: Geht weg! Denn das Mädchen ist nicht gestorben, sondern schläft. Da lachten sie ihn aus.* [25] *Als aber die Menge hinausgetrieben war, trat er ein, nahm ihre Hand, und das Mädchen stand auf.* [26] *Und die Kunde davon ging aus in jene ganze Gegend.*

Jesus ist am Haus angekommen und bemerkt – offenbar mit Widerwillen – den Lärm der Klagefrauen, der Flötenspieler und einer Menge Leute, die nach orientalischer Sitte laut schreiend den Tod beklagen. Dieser ungezügelte Lärm widerspricht ganz und gar der schlichten Art Jesu und seines Helfens. Er fordert die Menge auf, aus dem Haus zu gehen, was sie offenbar nicht ohne Nachhilfe fertigbringen („als die Menge hinausgetrieben war"). Man lacht ihn aus, vor allem wegen des Grundes, den er nennt: der ganze lärmende Aufwand ist fehl am Platz, denn *das Mädchen schläft* nur. Sagt Jesus das, um einen zügigen Grund zu haben, den Lärm abzustellen? Das würde kaum zu ihm passen. Er scheint zu meinen, daß für ihn und Gottes Macht dieser Tod nicht mehr bedeutet als ein leichter Schlaf. So sagt er auch bei Lazarus: „Lazarus, unser Freund, schläft. Aber ich gehe hin, um ihn vom Tode aufzuwecken" (Jo 11,11). Der Tod ist keine unüberwindbare Macht für Gott; die Wand, die ihn vom Leben scheidet, ist nur dünn. Das verstehen die Leute nicht, so lachen sie ihn albern aus. – Ganz verschieden sehen die Dinge aus dem Blick Gottes und der Erfahrung des Menschen aus. Erst dann, wenn wir uns einüben, mit dem Blick Gottes zu sehen, bekommen wir das richtige Bild. Da verliert auch der Tod seine Schrecken.

Das Folgende wird knapp berichtet. Jesus nimmt das Mädchen einfach an der Hand, und schon kann es sich erheben und ist gesund wie zuvor. Es ist das erste Mal, daß der Evangelist von der Erweckung eines Toten berichtet. Erstaunlich ist die *leichte Art,* in der das geschieht. Es scheint gar nichts Ungewöhnliches und Unerhörtes zu sein, sondern für den, der das Leben bringt, etwas Normales.

c) Die Heilung von zwei Blinden (9,27–31)

[27] *Und als Jesus von dort weiterging, da folgten ihm zwei Blinde, die schrien und sprachen: Erbarme dich unser, Sohn Davids!* [28] *Als er aber in das Haus trat, kamen die Blinden zu ihm, und Jesus sagte zu ihnen: Glaubt ihr, daß ich dieses tun kann? Sie sprachen zu ihm: Ja, Herr.* [29] *Da berührte er ihre Augen und sprach: Nach eurem Glauben geschehe euch.* [30] *Da wurden ihre Augen geöffnet. Und Jesus bedrohte sie und sprach: Seht euch vor, niemand soll es erfahren!* [31] *Sie aber gingen hinaus und redeten von ihm in der ganzen Gegend.*

Zwei Besessene hat Jesus bei Gadara geheilt, nun sind es *zwei Blinde*. Wenn sie von dem Wunder erzählen, dann stützen sich ihre Aussagen gegenseitig. Nach der Regel des Alten Testaments gilt ja nur das als wahr und erwiesen, was durch zwei Zeugen beglaubigt ist.[40]

Ihr Glaube spricht: *„Erbarme dich unser."* Sie sagen in ihrer Bitte nicht ausdrücklich, daß sie sehend werden möchten. Was sie erflehen, ist das Erbarmen. Wenn sich Jesus ihnen erbarmend zuwendet, dann werden sie auch von ihrem Leiden befreit werden. Das Erste und Entscheidende nach ihrem Glauben ist diese gnädige Hinwendung an sie.

Der Titel *„Sohn Davids"* wurde schon einmal gebraucht in der ersten Zeile des Buches: „Buch des Ursprungs Jesu Christi, des Sohnes Davids, des Sohnes Abrahams" (1,1). Ausgerechnet zwei Blinde erkennen, was der Masse des sehenden Volkes verborgen bleibt! Sie haben die Wunder nicht miterleben, sich von ihrer Wirklichkeit mit eigenen Augen nicht überzeugen können wie alle anderen. Aber das innere Licht des Glaubens ist ihnen aufgeleuchtet, und in diesem Lichte haben sie ihn als den erkannt, der er ist: Davids Sohn, das heißt hier Messias. Zwar nennt der Engel auch Joseph „Sohn Davids" (1,20), doch ist das ein genealogischer Ausdruck. Von dem aber das *Erbarmen* erfleht wird, bei dem bezeichnet der Titel „Sohn Davids" seine Würde als Messias. Später wird Jesus sagen: „Selig, die nicht sahen und doch glaubten" (Jo 20,29) . . .

Jesus prüft gleichsam wie ein Katechet, ob ihr Glaube auch richtig „sitzt", und fragt sie, ob sie ihm die *Vollmacht* zu dem Wunder zutrauen. Das bejahen die beiden ohne Vorbehalt. Darauf werden sie geheilt. Zum Ende gibt der Herr ihnen die strenge Weisung, niemandem davon zu erzählen. Was an ihnen geschah, das soll zwischen ihnen und Gott allein bleiben. Die beiden aber kümmern sich überhaupt nicht darum, sondern erzählen überall von ihm, der sie heilte.

Dieser Gegensatz ist seltsam. Die beiden gehorchen Jesus nicht, sondern tun das Gegenteil. Noch an vielen Stellen der Synoptiker, besonders bei Markus, begegnen uns solche „Schweigegebote" Jesu. Teils richten sie sich an Geheilte, teils an die Jünger. Bei Markus dienen sie dazu, die wahre Messiaswürde Jesu vor der großen Menge zu verbergen. Matthäus hat diese Absicht nicht; so reden die Blinden gerade hier Jesus als Davidssohn an, ohne daß es ihnen verwehrt wird. Er will wohl vor allem sagen: Jesus hat sich selbst nicht zum sensationellen Wundermann gemacht, sondern alles getan, damit seine Sendung nicht mißverstanden werde. Allein Gott soll die Ehre gehören.

d) Die Heilung eines Stummen (9,32–34)

32 Als sie aber fortgegangen waren, siehe, da brachten sie ihm einen stummen Besessenen. 33 Und da der Dämon ausgetrieben war, redete der Stumme. Da wunderten sich die Leute und sprachen: Niemals ist so etwas in Israel dagewesen! 34 Die Pharisäer aber sagten: In dem Obersten der Dämonen treibt er die Dämonen aus.

Unmittelbar schließt sich eine zweite Heilung an. Ein Besessener wird zu ihm gebracht, der zudem noch stumm ist. Nach dem Wunder werden zwei Meinungen laut. Die Leute sagen, daß man so etwas *in Israel* noch nie erlebt habe, das heißt nicht nur in dem Lande Palästina, sondern auch in der Vergangenheit des Volkes. Da waren manche wunderbaren Dinge geschehen. Gott hatte sich vielfach durch Zeichen und Machterweise geoffenbart. Auch Propheten vollbrachten

Wunder, wie Elias und Elisäus. Nun bezeugen die Leute auch, daß hier „mehr ist als der Tempel" (vgl. 12,6) und „mehr als die Propheten" (vgl. 16,14–16).

Anders die Pharisäer. Sie versteigen sich zu dem ungeheuerlichen Vorwurf, daß Jesus mit Hilfe *teuflischer Mächte* seine Wunder wirke. Er stehe im Bund mit dem Obersten des dämonischen Reiches und beziehe von ihm seine Kraft. Hier wird der Abgrund sichtbar, der zwischen Jesus und den Gegnern schon aufklafft. Da geht es nicht mehr um ein Streitgespräch über eine Schriftstelle oder einen religiösen Brauch, sondern um einen unversöhnlichen Gegensatz. Gott und Satan standen sich im Zweikampf in der Wüste gegenüber (4,1–11). Die Pharisäer zeigen in ihrer Anklage, daß sie auf der Seite des Bösen stehen.[41]

Mit einem schrillen Mißklang endet die Schilderung *der Wunder* Jesu. Das doppelte Urteil am Ende kann auch auf den ganzen Zyklus von 8,1 an angewendet werden. Niemals sah man so etwas in Israel – das ist ein Gesamtzeugnis über die einzigartige und herrliche Offenbarung im Werk des Messias. In dem Obersten der Dämonen treibt er die Dämonen aus – das ist das Gegenzeugnis der Feinde, aus bösem Willen und bewußter Mißdeutung. So können selbst die Wunder Jesu mißverstanden werden! Auch sie bedürfen des guten Willens und der Bereitschaft zum Glauben. Sie sind Zeichen, die anerkannt werden sollen; aber auch Zeichen, denen widersprochen werden kann. – Gott zwingt uns nicht, auch nicht durch Wunder. Die Entscheidung fällt dort, wo man die Frage aus dem Glauben beantwortet: „Wer ist dieser?"

IV. DIE LEHRE VON DER JÜNGERSCHAFT
(9,35 – 11,1)

Die zweite große Rede innerhalb des Matthäusevangeliums handelt von der Jüngerschaft. Sie ist an die zwölf Apostel gerichtet, die aber als Urbilder jedes wahren Jüngers Jesu gesehen werden. Die Rede gliedert sich in vier Abschnitte: die Berufung der Apostel und ihre Sendung (10,1–16), das Schicksal der Verfolgung (10,17–25), die Mahnung zum Bekenntnis (10,26–33), die Entscheidung für Jesus und Scheidung von der Familie (10,34–39). Sie wird eingeführt durch einen Prolog (9,35–38) und beschlossen durch einen Epilog (10,40 – 11,1).

DIE EINLEITUNG (9,35–38)

[35] *Und Jesus zog umher durch alle Städte und Dörfer, lehrte in ihren Synagogen und verkündigte das Evangelium vom Königtum und heilte jede Krankheit und jedes Gebrechen.*

Zuerst lesen wir ein zusammenfassendes Wort von der Wirksamkeit Jesu, wie es der Evangelist schon in 4,23 formuliert hatte. Der Wortlaut ist fast gleich. Zwei räumliche Angaben macht Matthäus: Jesus wandert in den *Ortschaften* umher und lehrt in den *Synagogen*. Das will besagen: es soll keinen Ort geben, in dem man nichts erführe von der Botschaft. Und ferner: Jesus bedient sich der offiziellen Lehrweise, nämlich des Vortrags in den Synagogen bei der gottesdienstlichen Versammlung. Natürlich weiß der Evangelist, daß Jesus auch im Freien lehrt und in vielen, sich rasch ergebenden Situationen. Aber er will betonen, daß der Messias zu den „verlorenen Schafen des Hauses Israel" gesandt ist (10,6) und den legalen, ordnungsgemäßen Weg für seine Unterweisung geht.

Matthäus macht auch zwei inhaltliche Angaben: Jesus *lehrt und heilt.* Er verkündigt das Evangelium vom Königtum und heilt jede Krankheit, die ihm begegnet. Das doppelte Gesicht des Werkes Jesu ist wieder gezeichnet, wie schon in 4,23 und in der Architektur von der Bergpredigt (K. 5–7) einerseits, dem Wunderzyklus (8,1 – 9,34) anderseits.

³⁶ *Als er aber die Volksscharen sah, wurde er von Mitleid mit ihnen ergriffen, denn sie waren abgehetzt und hingestreckt wie Schafe, die keinen Hirten haben.*

Jesus sieht das Volk ermüdet und ermattet, führerlos und verwahrlost. Denn es hat keinen *Hirten,* der es auf die satte Weide führt und gut betreut. Ezechiel hatte schon im Namen Gottes die offiziellen Hirten Israels, die Fürsten und Beamten, angeklagt, daß sie nicht die Herde, sondern sich selbst weideten (Ez 34,2). Gott selbst werde in der Zukunft das Hirtenamt ausüben (Ez 34,11 ff.). Nun ist er in Jesus für die „verlorenen Schafe des Hauses Israel" angekommen, den später Petrus den „Erzhirten" (1 Petr 5,4) nennt. Hier geht aber der Blick noch weiter, nämlich auf die Hirten des neuen Gottesvolkes, die Apostel und ihre Sendung.

³⁷ *Da sagte er zu seinen Jüngern: Die Ernte ist groß, aber es gibt wenig Arbeiter.*

Jesus spricht von der *Ernte.* Das ist ein altes Bild für die Vollendung. Die Propheten haben es gefunden, Jesus greift es auf. Er sieht gleichsam die wogenden Felder reif zum Schnitt, ist er doch angekündigt als einer, „der die Wurfschaufel in seiner Hand hat und seine Tenne reinigen wird, seinen Weizen in die Scheune zu bringen, die Spreu aber mit unauslöschlichem Feuer zu verbrennen" (3,12). Mit dem Kommen des Königtums Gottes hebt auch die Scheidung an, das Gericht, das sich schon in der Ent-scheidung des einzelnen vollzieht. Doch gibt es *wenige Arbeiter.* Die Schnitter sind rar, es mangelt an solchen Rufern zur Entscheidung. Jesus

214

sieht sich vor einer unermeßlichen Aufgabe, die Mithilfe von Menschen erfordert.

38 *Bittet also den Herrn der Ernte, daß er Arbeiter in seine Ernte schickt.*

Daher die Mahnung zum Gebet an den *Herrn der Ernte,* den großen Gott, daß er Erntearbeiter für die reifen Felder berufe. Warum mahnt Jesus, Gott darum zu bitten? Ruft er nicht selbst die Apostel in seinen Dienst, damit sie an dem großen messianischen Werk mithelfen? Jesus bekennt, daß es letztlich Gott ist, der in den Dienst an seiner Botschaft ruft und sie sendet, so wie er selbst vom Vater gesandt ist (10,40). Er deutet aber noch mehr an: Dieses Gebet muß immer verrichtet werden, solange die eschatologische Erntezeit, die Endzeit, dauert. So haben es die Gemeinden in der apostolischen Kirche getan – besonders wohl die Gemeinde, in der Matthäus selbst steht –, so muß allezeit gebetet werden, auch in unseren Tagen.

1. DIE BERUFUNG DER APOSTEL UND IHRE SENDUNG (10,1–16)

a) Die zwölf Apostel (10,1–4)

1 *Und er rief seine zwölf Jünger zu sich und gab ihnen Vollmacht über die unreinen Geister, sie auszutreiben und jede Krankheit und jedes Gebrechen zu heilen.* **2** *Die Namen der zwölf Apostel aber sind diese: Zuerst Simon, der Petrus genannt ist, und Andreas, sein Bruder, und Jakobus, der Sohn des Zebedäus, und Johannes, sein Bruder.* **3** *Philippus und Bartholomäus, Thomas und Matthäus, der Zöllner, Jakobus, der Sohn des Alphäus, und Thaddäus,* **4** *Simon, der Kananäer, und Judas, der Iskariote, der ihn auch überlieferte.*

Die zwölf Apostel begegnen hier als ein Kollegium, das schon erwählt ist und fest zu Jesus gehört. Die Wahl selbst hat Matthäus gar nicht berichtet.[42] Jesus gibt ihnen die *Vollmacht* über die Dämonen und über alle Krankheiten. Später kommt der Auftrag zur Verkündigung hinzu (10,7 f.). Der Evangelist verwendet die gleichen Ausdrücke, mit denen er auch Jesu Vollmacht beschreibt (9,35), und zeigt so, daß die Apostel ihm völlig gleich werden, sein verlängerter Arm werden sollen. Wie er selbst werden sie wirken und ihr Wort mit Wundern bekräftigen.

Dann folgen die *Namen* der zwölf Apostel. Bedeutungsvoll steht an erster Stelle Simon mit dem Beinamen Petrus. Viel später erst hören wir, auf welche Weise Simon zu diesem Namen kam (16,18). Hier ist ein offizieller Katalog, eine amtliche Liste, in der dieser Beiname stehen muß. – Zuerst sind die beiden Brüderpaare aufgeführt, deren Berufung ja eingangs beschrieben worden ist, die der Kirche sicher von ältester Zeit an als Erstberufene galten (4,18–22). Von den nächsten Männern erfahren wir im Evangelium nur von zweien etwas Näheres: vom Zöllner Matthäus (Levi), der von der Zollstätte weg in die Nachfolge gerufen wurde (9,9), und von Judas, dem Verräter. Im Johannesevangelium lesen wir mehr von Philippus und Bartholomäus und von Thomas.[43] – Das ist nicht sehr viel. Man kann verstehen, daß die Legende später die Lücken ausfüllen wollte, die die Evangelisten uns ließen. Sie wollten aber nicht die Neugier und den frommen Sinn befriedigen, sondern mit ihrer Kargheit immer nur auf einen hinweisen: Jesus, den Messias. Jeder, auch der das höchste Amt erhält – der Apostel –, ist und hat alles nur von ihm her.

Die Namen erlauben manche Schlüsse auf die *Zusammensetzung* des Apostelkreises. Griechische Namen stehen neben jüdischen; verschiedene Landschaften Palästinas kommen für die Herkunft in Frage; schlichte Fischersleute stehen neben einem Anhänger der radikalen Zelotenpartei (Simon der Kananäer) und Schülern Johannes des Täufers (Jakobus und Johannes). Es scheint eine buntgemischte Schar gewesen zu sein, die Jesus um sich sammelt, keine gelehrige und bequeme Anhängerschaft, aber auch wohl keine Schmeichler und Augendiener. Jesus hat es schwer mit ihnen gehabt und anscheinend nur wenig erreicht. Als sie aber wirklich bekehrt waren und der Heilige Geist sie entzündet hatte, da wurden sie zu todesmutigen Zeugen – und zum Säulenfundament, auf dem die Kirche sich erhob.

Daß auch *Judas* dazugehörte, ist eines der schrecklichen Mysterien der Geschichte. Eng liegen die Grenzen zwischen Gottes Königtum und Satans Reich beieinander. Der Verräter aus dem engsten Kreise wird zum Werkzeug des Bösen! Jesus hat sich diesen Menschen, die er mit so hoher Sendung auszeichnete, ausgeliefert; und ist das Wagnis eingegangen, daß ihn einer von ihnen dem Tode ausliefert ...

b) Die Sendung der Apostel (10,5–16)

[5] *Diese Zwölf sandte Jesus aus und gebot ihnen dabei: Auf den Weg zu den Heiden geht nicht, und in eine Stadt der Samariter tretet nicht ein.* [6] *Geht vielmehr zu den verlorenen Schafen des Hauses Israel.*

Nun geschieht die Sendung. Dafür gibt der Herr genaue Anweisung: Zunächst für den Ort, dann für den Inhalt. Sie sollen weder zu den Heiden noch zu den (als halbheidnisch angesehenen und feindselig gesinnten) Samaritern gehen, sondern allein zu den Israeliten. Damit ist nicht bestimmt, daß

Heiden oder Samariter keinen Anteil an Gottes Königtum und den Segnungen der Messiaszeit haben sollen. Jesus verfügt nur die *Ordnung*, den Weg, den das Heil nach Gottes Ratschluß nehmen soll, welcher heißt: von den Juden zu den Heiden. So verstand Jesus seine Sendung selbst, und er hat sich, wie aus den Evangelien hervorgeht, streng daran gehalten: „Ich bin nur gesandt zu den verlorenen Schafen des Hauses Israel" (15,24). Diese Beschränkung mag ihm hart geworden sein. Auch dieser Gehorsam gehört zur Entäußerung des Sohnes Gottes, durch den wir erlöst sind. – In aller apostolischen und seelsorglichen Mühe muß man das vor Augen haben: Es kommt nicht auf die Menge der Arbeiten und die Weite des Umkreises an, sondern darauf, daß man tut, was Gottes Wille ist – in dem von ihm bestimmten engen Bezirk.

In der späteren Mission gilt diese Regel für die Apostel nicht mehr, da sind die Tore zu den *Heiden* weit aufgemacht. Hier müssen jene Worte aber stehen, damit jeder Jude einsehe: Gott hat das Heil zuerst Israel angeboten. Der Messias und seine Boten haben ausschließlich ihm gedient. Wenn nun die Heiden den Glauben gefunden haben, den Israel verweigerte (vgl. 8,10–12), dann sind die Juden unentschuldbar.

[7] *Gehet hin und predigt: Das Himmelreich ist nahe herbeigekommen.* [8a] *Die Kranken macht gesund, Tote erweckt, Aussätzige reiniget, Dämonen treibt aus.*

Die Apostel sollen auch das gleiche predigen, was Jesus predigte: *„Das Himmelreich ist nahe herbeigekommen."* Es ist die Zeit der großen Ernte, der einzigartigen Zuwendung Gottes zu seinem Volk, Zeit der Erfüllung, daher Zeit der Umkehr und Buße. Die Vollmacht, die sie erhalten haben (10,1), sollen sie auch betätigen in der Heilung von Krankheiten, sogar der Erweckung von Toten und der Austreibung böser Geister – und so Jesus gleich sein. Jesus faßt zusammen, was wir schon ausführlich hörten: die Heilung aller Krankheiten (4,23 f.; 8,17), die Erweckung von Toten (9,18 f. 23–26), die Reinigung vom Aussatz (8,1–4) und die Austreibung der Dämonen (4,24; 8,16.28–34; 9,32). Daß die Apostel solche Dinge zur Zeit Jesu taten, erfahren wir nur ganz selten.[44] Später aber kommt jene Vollmacht mächtig zur Entfaltung; besonders die Apostelgeschichte erzählt solche Wunder, die Petrus im Namen Jesu wirkt (Apg 3,1–10; 5,12–16; 9,31–43). – In der apostolischen Zeit, der Zeit der Urkirche, ist die Verkündigung von Zeichen und Wundern begleitet. Das kommt von jener besonderen Ausstattung her, die der Herr den Aposteln für ihre Sendung mitgab. Später geschieht das auch hier und da, besonders im Leben der Heiligen. Da ist die Gabe der Wunder ein neues und besonderes Geschenk Gottes, aber nicht mit einem bestimmten Amt und einer bestimmten Zeit verbunden, wie in der apostolischen Urkirche.

[8b] *Umsonst habt ihr empfangen, umsonst sollt ihr geben.* [9] *Erwerbt kein Gold und Silber, noch Kupfer in euren Gürtel;* [10] *nehmt keinen Ranzen auf den Weg mit, noch zwei Röcke, noch Schuhe, noch einen Stab; denn der Arbeiter ist seines Unterhaltes wert.*

Die Verkündigung soll von allem Anschein der *Gewinnsucht* frei gehalten werden. Jesus teilt unentgeltlich seine Gaben mit, so sollen sie auch weitergegeben werden. Es ist ein Grundsatz auch der apostolischen Zeit geblieben, daß der Missionar ohne Entgelt wirkt, aber von den Gläubigen verpflegt wird. Nur dann kann die Verkündigung – wie bei Jesus selbst – zünden, wenn sie nicht um des Verdienens willen – als Geschäft – ausgeübt wird. Sie sollen sich keine Geldbeträge verdienen, weder Silber- und Goldmünzen, also von höherem Werte, noch das weniger wertvolle Kupfergeld, das Kleingeld. Wenn sie auf die Reise gehen, sollen sie ganz auf Gott vertrauen. Er wird sie ernähren, wie er die Vögel und die Feldlilien ernährt. Wenn sie nur ganz seinem Dienste ergeben sind, wird sich Gott um alles andere kümmern.

Bedürfnislosigkeit und Schlichtheit sind auch die Kennzeichen der Ausrüstung, die Jesus vorschreibt. Sie sollen zu Hause lassen den Ranzen zur Beförderung von Mundvorrat und anderem Reisezubehör, den zweiten Leibrock zum Wechseln. Seltsamerweise auch Schuhe und den Wanderstab, die ja beide nicht gerade Luxus sind. Vielleicht muß man unter den Schuhen dauerhaftes, festes Schuhwerk für lange Zeit und fürs Gebirge verstehen, nicht die leichten Sandalen, ohne die man auf dem schartigen Kalkgebirge gar nicht laufen kann. Aber der Wanderstab? Soll er zu Hause bleiben, um sie nicht zu beschweren? Jedenfalls wird ein Äußerstes an Kargheit verlangt. *„Denn der Arbeiter ist seines Unterhaltes wert."* Alles, was über das unbedingt Notwendige hinaus erfordert ist, werden die Missionare unterwegs bekommen. Ja, sie haben einen Anspruch darauf, von dem sie später auch – außer Paulus – Gebrauch machen. – Die apostolische Regel lebt in veränderten Formen fort bis in unsere Tage. Die Gemeinden ernähren alle, die ihnen mit Wort und Sakrament dienen. Beide Teile müßten vor Augen haben: es ist ein Verhältnis von Geben und Nehmen in brüderlicher Gesinnung, und: es ist von der apostolischen Regel her auf das Notwendige beschränkt.

[11] *Wenn ihr in eine Stadt oder ein Dorf hineingeht, dann erkundet, wer darin (es) wert ist; dort bleibt, bis ihr weitergeht.* [12] *Kommt ihr aber in ein Haus, dann sagt ihm den*

Gruß. ¹³ *Und wenn das Haus (es) wert ist, so soll euer Friede darauf kommen; wenn es aber (dessen) nicht wert ist, so soll euer Friede zu euch zurückkehren.* ¹⁴ *Und wenn man euch nicht aufnimmt, noch auf eure Worte hört, dann geht aus dem Hause oder jener Stadt fort und schüttelt den Staub von euren Füßen.* ¹⁵ *Wahrlich, ich sage euch: Dem Lande Sodoma und Gomorrha wird es am Tage des Gerichtes erträglicher ergehen als jener Stadt.*

Der nächste Abschnitt enthält die Anweisungen Jesu für das Quartier der Missionare. Wenn sie einen Ort betreten, sollen sie zunächst erkunden, welches *Haus* wohl für sie geeignet ist. Ist es gefunden, sollen sie darin bleiben, solange sie in jenem Orte wirken. Damit ist indirekt gesagt, daß sie nicht in mehreren Häusern Quartier nehmen, von einem zum anderen umziehen sollen.[45] In der frühen Missionszeit scheint man damit schlechte Erfahrungen gemacht zu haben, weshalb jene Regel Jesu auch später angewandt wurde. Es könnten Eifersucht und Neid, allerlei gerüchthaftes Geschwätz entstehen, was der Botschaft schadet.

Betreten sie ein Haus, so sollen sie ihren Gruß sagen. Es ist der *Friedensgruß*, wie er im Orient bis in unsere Tage üblich ist. Lukas sagt es deutlicher: „Wenn ihr ein Haus betretet, sagt zuerst: Friede sei diesem Hause" (Lk 10,5). Wenn sie als Boten des Königtums kommen, ist der Friedensgruß keine höfliche Formel mehr. Das, was sie mitbringen, die Heilsmacht und Wunderkraft von Gottes Königtum, wird in jenem Hause Einzug halten. Es ist Gottes Friede, der über ein solches begnadetes Haus kommt. Ist das Haus aber nicht bereit für Gott und seine Sendlinge, antwortet es dem Friedensgruß nicht in Freude und Bereitschaft, so können die Boten nichts ausrichten: Der Friede, den sie gewünscht und angeboten haben, kehrt zu ihnen zurück. – Wenn der Priester zum Kranken kommt, spricht er beim Betreten der Wohnung: „Friede sei diesem Hause." Brauchen wir auch diese „feierlichen" Worte nicht, so sollte doch diese Gesinnung in uns sein, wenn wir ein Haus besuchen als Boten des Herrn, besonders von ungläubigen Mitmenschen: Wir bringen den Frieden Gottes.

Das war vom einzelnen Haus gesprochen, genauer der Hausgemeinschaft, der Familie mit Kindern und Großeltern und allen Helfern. Ein Haus kann sich dem Angebot des Friedens verweigern. Es kann aber auch in einer ganzen Stadt geschehen, daß sie die Boten abweist, überhaupt nicht hereinläßt oder sie nicht anhört. *Mißerfolg,* wie ihn auch Jesus erlebt hat, am schmerzlichsten in seiner Vaterstadt Nazareth (13, 53–58), und vor allem Paulus viele Male.[46] Wenn das eintrifft, sollen sie nicht wehleidig klagen, auch nicht sich selber anklagen, keine Entschuldigungsgründe aufführen oder auf neue Versuche hoffen. Es ist ein einmaliges Angebot Gottes. Wenn diese Stunde verkannt wird, kommt sie niemals wieder. Sie sollen einfach fortgehen und sogar noch den Staub aus jenem Ort von ihren Füßen abschütteln, zum Zeichen, daß Gott und sie selber nichts mehr mit ihnen zu tun haben. Da ist alles auf Entscheidung gestellt, einmalig und unwiederholbar.

Allerdings wird die *Strafe* nicht ausbleiben. Sodoma und Gomorrha, die von Gottes Zorn umgepflügt worden sind – die sündhaften Bewohner jener Stadt werden noch glimpflicher beim Gericht davonkommen als die Einwohner einer der Städte, die den Anruf Gottes jetzt überhörten. Solche Worte muß man auch hören, will man den späteren „Prozeß Jesu" recht verstehen.

16 *Siehe, ich sende euch wie Schafe mitten unter die Wölfe; seid also klug wie die Schlangen und arglos wie die Tauben.*

Wolf und Schaf kamen schon einmal als Bild vor: Die falschen Propheten brechen unter dem frommen Schafspelz in die Herde ein (7,15). Hier ist es umgekehrt verwendet: Wie harmlose Schafe schickt Jesus die Jünger in ein Rudel von Wölfen hinein. Wehrlos scheinen sie ihrer Wildheit ausgeliefert zu sein. – Gottes Königtum wird bezeugt in der *Schwachheit,* in Jesus wie auch in seinen Boten. Dort ist es am gewaltigsten, wo es sich am schwächsten offenbart, wie Paulus sagt: „Denn die Kraft (Gottes) kommt in Schwachheit zur Vollendung" (2 Kor 12,9).

Die Jünger sollen das nüchtern sehen, weder davor ausweichen noch in sinnlosem Wagemut darauf zugehen. Zwei Vergleiche aus dem Tierreich fügt Jesus zusammen. Sprichwörtlich schlau, listig sind die Schlangen (vgl. Gn 3,1). Man muß nicht tollpatschig in jede Gefahr hineintappen, jeder List und Falle erliegen. *Klugheit* ist gefordert, jene Verbindung von menschlicher Lebenstüchtigkeit mit dem Sinn für das Richtige und Notwendige.

Aber sie sollen auch *„arglos wie die Tauben"* sein. Das heißt wohl nicht einfältig und harmlos dumm, sondern lauter und ohne Falsch. Die Klugheit soll nicht zur durchtriebenen Schläue werden, zur täuschenden Kriegslist. Das wird nur vermieden, wenn die Sendlinge ohne Falsch sind, ihre innerste Absicht und ihr eigentliches Wollen nicht verbergen. Man muß spüren, daß es ihnen um Gott geht und niemals um einen menschlichen Vorteil. Beides zusammen wird ihnen helfen, sich auch in der Anfechtung zu behaupten und Gott zu bezeugen.

17 *Nehmt euch aber in acht vor den Menschen; denn sie werden euch den Gerichten überliefern und euch in ihren Synagogen auspeitschen.* **18** *Auch vor Statthalter und Könige werdet ihr um meinetwillen geschleppt werden, zum Zeugnis für sie und die Heiden.*

Ähnlich wie der Anfang klang schon die Mahnung: „Nehmt euch in acht vor den falschen Propheten" (7,15). Hier sind es die Menschen überhaupt. Menschenart und -sinn wird ihnen feindlich begegnen, besonders unter den Juden, denen ihre Mission zuerst gilt. Vor die Ortsgerichte, die kleinen Synedrien, wird man sie schleppen und an ihnen die Geißelstrafe vollziehen. Ja, sogar die Landesherrschaften werden mit ihnen zu tun bekommen, römische Statthalter und eigene jüdische Könige aus der Herodesfamilie. Dort müssen sie Rede und Antwort stehen. Das aber wird ihnen und den Heiden *zum Zeugnis* sein! Um seinetwillen stehen sie da, ihn bezeugen sie gerade auch in der Anklage und Verurteilung, in der Mißachtung und der Treue bis zum Ende. Eben das wird ein staunenerregendes Zeugnis sein, ein Offenbarwerden der Herrlichkeit Gottes in der Schwäche des Menschen.

19 *Wenn sie euch aber überliefern, macht euch keine Sorge, wie oder was ihr reden sollt; denn es wird euch in jener Stunde gegeben werden, was ihr reden sollt.* **20** *Denn nicht ihr seid es, die reden, sondern der Geist eures Vaters, der durch euch spricht.*

Vor Gericht sollen sie sich aber nicht auf ihre eigene Klugheit verlassen und darum besorgt sein, ob sie auch die richtigen Worte finden. Wenn sie als Zeugen dastehen, dann wird ihr Sinn allein darauf gerichtet sein, daß jenes Zeugnis Gottes rein herauskommt. Und dann gibt ihnen Gottes *Heiliger Geist* die Worte ein, die sie sprechen sollen. Er ist ja der Beistand, der „Advokat" der Christen, der sie in Schutz nimmt und vor den Anklägern verteidigt. Er selbst, der im Herzen wohnt, wird aus dem Herzen heraus reden, wie es von Stephanus heißt: „Aber sie konnten der Weisheit und dem Geiste, mit dem er redete, nicht widerstehen" (Apg 6,10).

 ²¹ Es wird aber ein Bruder den Bruder dem Tode überliefern und ein Vater das Kind; und aufstehen werden Kinder gegen ihre Eltern und sie zum Tode bringen. ²² Und ihr werdet von allen gehaßt sein um meines Namens willen; wer aber bis zum Ende aushält, der wird gerettet werden.

Die Verfolgung geht sogar bis in die *eigene Familie* hinein, der Haß scheidet die nächsten Angehörigen (10,34–36). Der Prophet Michäas hat das für die Schrecken der Endzeit angesagt: Die Verkehrung der Geister und Verwirrung der Herzen wird so groß sein, daß die natürlichen Bindungen der Familie zerbrechen. So wird Israel reif für das Gericht (Mich 7,6). Ähnlich in der Schilderung Jesu. Der Haß wird überall aufbrechen, wohin sie kommen. Geradezu erschreckend klingt das: „ihr werdet von allen gehaßt sein . . ."
Da gilt nur eins: das Durchhalten bis zum Ende, die unverdrossene Ausdauer, die unenttäuschbare Treue, der gleichbleibende Starkmut der Seele – durch alle Anfeindungen, Enttäuschungen, Mißerfolge hindurch. Das ist nicht wenig! Aber einem solchen wird verheißen, daß er *gerettet* wird. Sein ewiges Heil ist gesichert, und er braucht nicht darum zu bangen. In wieviel stillem Heldentum und unauffälliger Treue wird dieses Wort Jesu wahr geworden sein . . .

225

²³ *Wenn sie euch aber in der einen Stadt verfolgen, dann flieht in die nächste. Denn wahrlich, ich sage euch: ihr werdet mit den Städten Israels nicht fertig werden, bis der Menschensohn kommt.*

Schon vorher hieß es, daß die Jünger sofort weitergehen sollen, wenn sie nicht aufgenommen und angehört werden (10,14). Ähnliches gilt für die *Verfolgung.* Man wird auf sie Jagd machen. Dann sollen sie klug die Möglichkeiten zur Flucht benutzen – von einer Stadt in die andere – und nicht in falschem Heroismus die Gefahr suchen oder sich ihr aussetzen. Auch darin sollen sie klug sein wie die Schlangen (10,16).

Es ist kein Grund zur Verzweiflung, auch nicht in dieser anscheinend ausweglosen Lage. So wie ihnen vor Gericht der Heilige Geist zu Hilfe kommen wird, so verspricht ihnen Jesus hier *Trost* durch seine eigene Ankunft. Ihr seid nicht rettungslos den feindlichen Anschlägen ausgeliefert: denn ich bin nahe! Mein Kommen zur Erlösung, zur Befreiung aus der Bedrängnis wird das „letzte Wort" sein.

Jesus spricht von dem *Menschensohn* wie von einem anderen als sich selbst. Er verbirgt sich hinter dieser Bezeichnung, die eigentlich nur „Mensch", ein „Menschenkind" besagt, also etwas ganz Schlichtes. Dieser „Titel" verbirgt eigentlich mehr als er offenbart. Das Größte, was vom Menschensohn gesagt wird, ist, daß er kommen werde auf den Wolken des Himmels, um das göttliche Gericht zu vollziehen. So ist auch hier sein „Kommen" zu verstehen. – In der Dunkelheit und Bedrängnis, die uns keinen irdischen Trost und keine menschliche Hoffnung mehr läßt, wissen wir: er kommt sicher und rettet die Seinen.⁴⁷

²⁴ Der Jünger ist nicht über dem Meister, und der Knecht nicht über seinem Herrn. ²⁵ᵃ Es ist genug für den Jünger, wenn er wie sein Meister wird, und der Knecht wie sein Herr.

Jesus nimmt zum Vergleich das Verhältnis zwischen Schüler und Meister, Herr und Knecht. Beide stehen zueinander im Verhältnis der Unter- und Überordnung. Solange der Lernende Schüler bleibt, steht er unter dem Meister. Beide, *Schüler* und *Knecht*, sind abhängig, empfangen die Lehre und den Auftrag von einem Größeren her, der mehr weiß und mehr vermag. Die Bilder sind nicht willkürlich, sondern meinen schon das Verhältnis der Jünger zu Jesus. Vor ihm sind sie Schüler und Knechte. Sie haben seine Lehre anzunehmen und seinen Auftrag zu erfüllen. Dieses Verhältnis wird immer bleiben, da Jesus für sie der Lehrer und Herr ständig bleibt. Ihm gegenüber haben sie niemals „ausgelernt".

So muß der Geringere damit zufrieden sein, daß es ihm wie seinem Meister ergeht. *„Er wird wie sein Meister."* Er darf nicht mehr und Besseres erhoffen. Für ihn gilt nicht, was viele Eltern sagen: Unsere Kinder sollen es besser haben als wir. Sondern umgekehrt: Die größte Gleichheit mit seinem Leben ist auch die größte innere Nähe zu ihm. Er wird ein um so besserer Schüler sein, je mehr er dem Lehrer gleich wird, und ein um so besserer Diener, je mehr er wie sein Herr wird.

²⁵ᵇ *Wenn sie den Hausherrn Beelzebul genannt haben, um wieviel mehr seine Hausgenossen!*

Der *Hausherr* ist Jesus selbst. Er bezeichnet sich nur hier mit diesem seltsamen Wort. Man versteht es wohl richtig im Zusammenhang mit dem Verheißungswort an Petrus: „Auf diesen Felsen will ich meine Kirche bauen" (16,18). Das von Jesus selbst erbaute Haus ist die von ihm versammelte Gemeinde der Gläubigen. In diesem Hause ist er der *Herr*, der in Vollmacht regierende Kyrios. Ihn hat man gelästert und des Paktes mit dem Teufel geziehen (9,34; 12,24). Auch wir müssen damit rechnen und dürfen uns über schmähende Reden und verleumderische Angriffe nicht wundern.

3. DIE MAHNUNG ZUM BEKENNTNIS (10,26–33)

26 *Fürchtet euch also nicht vor ihnen; denn nichts ist verhüllt, was nicht offenbar werden wird, und verborgen, was nicht erkannt werden wird.* **27** *Was ich euch im Finstern sage, das redet im Licht; und was ihr ins Ohr (geflüstert) hört, das verkündet auf den Dächern.*

Manchmal mahnt Jesus: „Nehmt euch in acht", „hütet euch" (7,15; 10,17). Dann sagt er aber wie hier: *„Habt keine Furcht!"* Beides ist nötig. Einmal die Klugheit in der Erkenntnis des Gegners und die nüchterne Beurteilung seiner Gefährlichkeit; dann aber das furchtlose Standhalten in der Anfechtung. Der Glaube treibt die Furcht aus. Das Wissen, zum Messias zu gehören und sein eigenes Schicksal zu erleiden, macht hochgemut und tapfer.

Die Anfänge des Neuen, das Jesus bringt, sind bescheiden. Jeder wird glauben, das schwache Samenkorn leicht zertreten zu können. Was jetzt ganz still verborgen lebt, das wird sich herrlich offenbaren. Jesus tut als der schlichte Knecht Gottes sein Werk – und dann wird er als die Hoffnung der Völker offenbar werden (vgl. 12,17–21). Jetzt spricht er im Dunkeln, sie aber sollen im Licht reden. Was ihnen ins Ohr – fernab vom Volk und der weiten Öffentlichkeit – geflüstert wird, das sollen sie predigen vor aller Ohren und Augen. Ob sie von den Menschen angenommen oder abgelehnt werden, das gilt gleich. Immer wird durch sie die Frohbotschaft bezeugt, die letztlich sieghaft aufstrahlen wird wie die Sonne am Morgen.

[28] *Und fürchtet euch nicht vor denen, die den Leib töten, die Seele aber nicht töten können; fürchtet vielmehr den, der Seele und Leib in der Hölle verderben kann.* [29] *Kauft man nicht zwei Sperlinge um ein As? Und keiner von ihnen fällt auf die Erde ohne euren Vater.* [30] *Bei euch aber sind sogar alle Haare eures Hauptes gezählt.* [31] *Fürchtet euch also nicht! Ihr seid mehr wert als viele Sperlinge.*

„Fürchtet euch nicht!" Das wiederholt sich wie ein Kehrreim in diesem Stück (10,26.28.31). Die Macht der Menschen ist beschränkt, sie vermag sich an euch auszutoben, aber doch immer nur das irdische Leben (= den Leib) zu treffen. Das, was euren eigentlichen Wert ausmacht, die Hoffnung auf das himmlische Leben (= die Seele), kann keine Macht des Menschen zerstören. Der Untergang des irdischen Lebens steht in keinem Verhältnis zum Untergang des ewigen Lebens, dem Verderben in der Hölle. Einer aber besitzt die Macht über beides: Gott der Herr. Er vermag im Spruch seines Gerichtes beides: den ganzen Menschen der Hölle zu übergeben oder zur Seligkeit zu rufen. Ihn sollen wir fürchten.

Ist dieses Bild von Gott nicht schrecklich? Hier ist nur eine Seite im Bild Gottes beleuchtet; die andere wird sogleich in den nächsten Versen genannt: die väterliche Sorge Gottes, seine milde Nähe zum Menschen. Doch das Wort von der herrscherlichen *Majestät* steht auch da, und es muß stehenbleiben. Erst dann, wenn man Gott so groß sieht und seine Allmächtigkeit auch über dem eigenen Leben anerkennt, gewinnt seine Väterlichkeit ihre Kraft.

Aber wenn der Glaube die Furcht austreibt, wie soll man *Gott fürchten?* Ist das nicht ein Widerspruch? Die Furcht hat zwei Gestalten, je nach der Person, vor der man sie empfindet. Richtet sie sich auf Menschen, dann zieht sie die Seele herab und erfüllt sie mit ängstlicher Sorge und Unsicherheit. Diese Furcht zerstört den Glauben. Richtet sie sich aber auf Gott, macht sie uns frei. Sie gründet auf der Abhängigkeit des Geschöpfes vom Schöpfer und anerkennt die Hoheit des anderen. Sie zerfrißt die Seele nicht, sondern heilt sie, weil sie das Vertrauen auf Gott immer neu hervorbringt. Nur wer Gott auch fürchtet, der kann ihn lieben. Umgekehrt ist die wahre Liebe zu Gott nie ohne heilsame Furcht.

Sperlinge sind so wertlos, weil sie massenhaft zu haben sind, wie auch die wilden Feldlilien (vgl. 6,28–30). Auch in dem geringsten Geschehen ist Gott dabei, sei es auch nur, daß ein Spatz aus dem Nest fällt oder von einem Buben heruntergeschossen wird. Wieviel mehr wird Gott bei euch sein und sich um alles kümmern, was euch zustößt? Sogar eure Haare auf dem Kopf sind gezählt! So genau weiß er Bescheid, so sorgsam ist *seine Liebe* euch zugewandt. Wie der Liebende alle Einzelheiten vom anderen kennt und jede Veränderung sofort bemerkt, so ist Gott gegen uns. Da ist wirklich kein Grund, sich zu ängstigen vor den Menschen, die nicht das geringste ausrichten können, ohne daß der Vater darum weiß...

[32] Jeder nun, der sich zu mir vor den Menschen bekennt, zu dem werde auch ich mich vor meinem Vater im Himmel bekennen. [33] Wer mich aber vor den Menschen verleugnet, den werde auch ich vor meinem Vater im Himmel verleugnen.

Wer vor Gericht steht – um des Glaubens an Jesus willen –, muß auch dort *bekennen.* Nicht nur dann, wenn es keinen Widerspruch gibt oder keine Gefahr droht. Gerade in der Entscheidung und im Scheitern wird sich der Glaube bewähren. – Wer vor dem menschlichen Gericht sich so bewährt, der darf im *göttlichen Gericht* voll Zuversicht sein. Denn dort wird Jesus Christus selbst wie ein Rechtsbeistand und Verteidiger vor dem Vater auftreten. Betont sagt Jesus: vor *meinem* Vater. Die Rollen werden vertauscht. War Jesus vor dem menschlichen Gerichtshof gleichsam angeklagt, von seinen Zeugen aber verteidigt, so ist es jetzt umgekehrt: Der Zeuge ist angeklagt vor dem göttlichen Gericht, und Jesus verteidigt ihn. Geheimnisvoller Austausch zwischen hier und dort! Welch sprechendes Bild für Jesu Mittleramt!

Das gleiche gilt auch umgekehrt: Wer sich vor den Menschen von Christus lossagt, ihn *verleugnet,* dem schenkt er auch seinen Beistand nicht vor dem Vater im Himmel. Auch dann wird er sich von ihm lossagen und ihn verleugnen, vielleicht mit einem so harten Wort, wie es in der Bergpredigt steht: „Aber da werde ich zu ihnen sagen: Ich habe euch niemals ·gekannt; fort von mir, ihr Übeltäter" (7,23).

Aber hat nicht der Vater das *Gericht dem Sohn* übergeben? Ist die Rolle des Verteidigers die gleiche, die er als Richter der Endzeit hat? (Vgl. 3,11 f.; 7,22 f.) Die Bilder wechseln in der Schrift. Was einmal dem Vater zukommt, das tut an anderer Stelle der Sohn, und was als Werk des Sohnes beschrieben wird, das ist manchmal dem Heiligen Geist zugesprochen. Die Geheimnisse Gottes sind nie in einem Satz oder Bild umfassend auszudrücken. Jesus ist zugleich der Kyrios, dem der Vater alles übergeben hat (vgl. 28, 18), und der gehorsame Knecht, der nur den Willen des Vaters tut (vgl. 12,18). Der Ausspruch hier wird ergänzt durch den anderen bei Markus: „Wer sich aber meiner und meiner Worte schämt vor diesem ehebrecherischen und sündigen Geschlecht, dessen wird sich auch der Menschensohn schämen, wenn er in der Herrlichkeit seines Vaters kommt mit den heiligen Engeln" (Mk 8,38). In beiden Worten gilt: An der Stellung zu ihm – und ihm allein – entscheidet sich das ewige Los.

4. Die Entscheidung für Jesus und Scheidung von den Nächsten (10,34–39)

34 Glaubt nicht, ich sei gekommen, Frieden auf die Erde zu bringen; ich bin nicht gekommen, Frieden zu bringen, sondern das Schwert.

In bewegter Klage hatte der *Prophet* Michäas die Verderbtheit seines Volkes beschrieben: Die Ordnungen des Rechtes waren zerbrochen, die Diener des Rechtes zu bestechlichen Kreaturen geworden, ja, eine allgemeine Zerrissenheit hatte selbst die Familienbande zerstört. Jeder eines jeden Feind – das könnte die Überschrift seiner Klage sein (Mich 7,1–7). In dieser Verderbnis sieht der Prophet schon das Gericht Gottes am Werk. Am eigenen Leibe erfahren die Mitmenschen schon die Folgen ihres Abfalls von Jahwe.

Jesus steht das Wort des Propheten vor Augen. Das Gericht Gottes, das Michäas sich schon auswirken sah, ist in die Stunde der Entscheidung eingetreten. Sein Kommen hat das bewirkt! Er ist gesandt, die Botschaft vom Königtum Gottes zu bringen. Noch mehr: Mit ihm selbst kommt es schon herbei. Es kommt als Scheidung, als *Schwert*. Das ist das Schwert des Gerichtes, das Böse und Gute, Glaubende und sich Verweigernde voneinander trennt, das Schwert auch der Entscheidung, vor die der Mensch gestellt wird. Das ist das erste, was Jesus sagt.

Der Gegensatz dazu ist der *Friede*. Das kann nur ein Friede sein, der diesem Gericht der Entscheidung entgegengesetzt ist. Und das wäre ein „fauler" Friede, der alles beim alten läßt, die Fronten verwischt, den Gegensatz zwischen Gott und Satan verkleistert und übertüncht, also letztlich der „Friede" zwischen Gott und Satan, den es niemals geben kann und darf.[48]

[35] Denn ich bin gekommen, den Menschen gegen seinen Vater zu entzweien, und die Tochter gegen ihre Mutter und die Schwiegertochter gegen ihre Schwiegermutter – [36] und die Feinde des Menschen werden seine Hausgenossen sein.

Sein Wort ist schärfer als ein Schwert, wie es der Hebräerbrief vom Worte Gottes allgemein sagt (Hebr 4,12). Es durchdringt Mark und Bein und scheidet in unserm Innern die falschen Begierden von der wahren Gottesfurcht. Es kann auch mitten in die *Familie* fahren und dort Eltern und Kinder, Schwiegertochter und Schwiegermutter entzweien. Die Grenze verläuft immer dort, wo es zu entscheiden gilt: für oder gegen Gott. Das kann die Trennung von anderen, auch von den Liebsten zur Folge haben. Das darf nicht heißen, daß der Jünger Jesu sich feindselig oder unversöhnlich verhalten soll. Aber er soll damit rechnen, daß er durch seine Entscheidung auch die Feindschaft seiner eigenen Angehörigen herbeiführen kann. Das ist wohl die leidvollste Erfahrung in der Nachfolge. – Niemals aber dürfen diese Worte des Herrn dazu mißbraucht werden, die Botschaft des Friedens, die die Kirche bringt, zu verfälschen oder das eigene

233

Versagen gegenüber der ungläubigen Familie zu rechtferti-
gen.

[37] *Wer Vater oder Mutter mehr liebt als mich, ist meiner*
nicht wert; und wer Sohn oder Tochter mehr liebt als
mich, ist meiner nicht wert. [38] *Und wer nicht sein Kreuz*
aufnimmt und mir nachfolgt, ist meiner nicht wert.

Wer die vorhergehenden Verse 34–36 gut bedacht hat, der
kann auch diese Worte verstehen. An erster Stelle steht Gott
und die Entscheidung für ihn. Hier ist es aber *Jesus* selbst,
vor dem und zu dem der Jünger sich zu entscheiden hat. Er
ist der Weg, auf dem wir allein Gott finden. Oder anders: In
der Entscheidung für ihn verwirklicht sich die Entscheidung
für Gott. Davor muß jede andere irdische Bindung, auch die
an Vater und Mutter und die eigenen Kinder, zurücktreten. –
Nicht als ob Eltern oder Kinder nicht geliebt werden sollten!
Gerade umgekehrt ist es: Wer Christus ganz nachfolgt, der
wird auch neu für die Liebe zu seinen Mitmenschen und Angehörigen frei. Aber das ist eine neue, „übernatürliche" Liebe,
die den Nächsten in Gott und um Gottes willen zu lieben
vermag. Ehe der Jünger dazu fähig wird, muß er sich ganz
für Christus entschieden haben.
Ein anderer ist seiner *nicht wert.* Mit einer halben Entscheidung und geteiltem Herzen ist nichts gewonnen. Da erhält
weder Gott, was ihm gebührt, nämlich die volle Hingabe,
und Jesus, was ihm gebührt, nämlich die bedingungslose
Nachfolge, noch gewinnt der Jünger sich selbst, die Erfüllung
seines Lebens. Wer erst sein Herz verschenkt hat, der erhält
es neu zurück, gefüllt mit göttlicher Liebeskraft.
Das nächste Wort macht das noch klarer: *„Wer nicht sein*
Kreuz aufnimmt und mir nachfolgt." Die Loslösung von sich
selbst und die Übergabe an Gott hat ein äußerstes Maß. Es

gibt eine Grenze im Leben, an der sich sicher zeigt, ob die Hingabe auch ganz gewollt ist. Diese Grenze ist der *Tod*. Wer in das Wagnis auf Gott hin auch die mögliche Hingabe des irdischen Leben einschließt, der hat sich radikal entschieden. „Sein Kreuz aufnehmen" ist ein bildlicher Ausdruck für die Bereitschaft zum Sterben. Darin vollendet sich die Bewegung „von mir weg – auf Gott hin". Erst dann, wenn der Jünger jenes Äußerste miteingerechnet und bewußt bejaht hat, ist er wahrhaft in der Nachfolge und so des Meisters wert. – Nicht von jedem Jünger wird verlangt, daß sich diese Bereitschaft auch im Erleiden des Todes bewährt. Nur manche Auserwählte führt Gott zeichenhaft auf diesen Weg. Aber alle Hingabe, die das Thema unseres Lebens ist, hat etwas von diesem Sterben in sich. Für die Wahrhaftigkeit unserer Gesinnung ist das ein untrügliches Kennzeichen: ob wir auch dazu bereit sind oder nicht.

[39] *Wer sein Leben gefunden hat, der wird es verlieren, und wer sein Leben um meinetwillen verliert, der wird es finden.*

Nicht von der Seele wird hier gesprochen im Gegensatz zum Leib. Diese Unterscheidung war für das Alte Testament ohne größere Bedeutung. Hinter dem Wort *Leben* steht die Einheit des Leibes und der Seele. Dem jüdischen Menschen ist das Leben das höchste Gut, und die Vollendung wird am fülligsten mit diesem Wort ausgedrückt. Seine Sehnsucht wird ihm dann erfüllt, wenn er das ganze Leben hat, dauernd und unzerstörbar, in quellendem Reichtum und seligem Besitz. Diese tiefe Sehnsucht, die doch Gott dem Menschen eingepflanzt hat, scheint Jesu Wort jäh zu verneinen: *„Wer sein Leben gefunden hat, der wird es verlieren!"* Damit ist gemeint, daß der Mensch hier schon glaubt zur Ruhe gekommen zu sein und im Besitz schon genießen zu dürfen. Das Streben hat sich in ihm verkrampft zum selbstsüchtigen Habenwollen, er will nicht über sich hinaus und sucht letztlich nur sich selbst. Die Sehnsucht ist die gleiche und ihre Erfüllung anscheinend auch, aber die Wege sind genau entgegengesetzt. Gewiß soll das Leben gewonnen werden, und wir sind dazu berufen. Aber das geschieht nur dann, wenn wir es verlieren.

„Wer es verliert um meinetwillen" – das mag wohl zuerst das eigentliche Martyrium für Jesus meinen. Dann wird für das hingegebene *irdische* Leben das *ewige* Leben geschenkt. Das, was wir wahrhaft gesucht haben, werden wir „finden". – Aber es ist auch ein Grundgesetz im Leben des Jüngers, der nicht in die äußerste Bewährung gerufen wird: Jeder muß sein Leben zunächst fallenlassen, es nicht in egoistischer Gier für sich selbst erlangen wollen. Es gilt, aus sich herauszutreten, über sich hinauszustreben, aber nicht gleichsam wie zum Training, im Sinne der Methoden „innerer Entleerung". Denn das wäre letztlich wieder ein Egoismus, der die eigene Unabhängigkeit von den Leidenschaften des Tages und den Anfechtungen der Triebe und damit nur eine höhere Form menschlicher Vollkommenheit „sucht". Jesus meint das, was in der Bergpredigt immer wieder durchklang: das Sichverlieren des Menschen muß auf Gott hin und in Gott hinein geschehen. Wer das tut, der gewinnt das volle Leben, letztlich Gottes eigenes Leben.

So ist dieses Wort doch nicht düster, sondern licht. Schon hier erfährt man *in der Gnade,* daß jedes einzelne Sichverlieren in der Hingabe an Gott (praktisch meistens an den Nächsten) das Leben mehrt. Dieses Leben ist viel reicher als jedes „irdische" Leben. Es ist Freude, innerer Friede, Geborgenheit in Gott, Liebe. So heißt es gerade umgekehrt als

236

bei Faust: „So taum'l ich von Begierde zu Genuß, und im Genuß verschmacht' ich nach Begierde." Vielmehr: So gehen wir aus dem Tod ins Leben und im Leben zu immer größerer Fülle – durch den Tod. Jesus sagt: „Ich bin gekommen, daß sie das Leben haben, und es in Fülle haben" (Jo 10,10).

5. Sendung und Lohn (10,40–42)

40 Wer euch aufnimmt, nimmt mich auf, und wer mich aufnimmt, nimmt den auf, der mich gesandt hat.

Der erste Satz faltet auseinander, was die Rabbinen schon als Regel lehrten: Der Gesandte ist wie der Sendende. Hier ist nicht nur von einer, sondern von zwei Sendungen die Rede, die geheimnisvoll ineinander wirken. Jesus selbst ist vom Vater gesandt, und er sendet die Apostel weiter. Es ist eine Bewegung, die vom Vater ausgehend bis zu den Boten Jesu reicht. Ihre Sendung ist göttliches Geschehen. Wie die Menschen ihnen begegnen – in Zustimmung oder Ablehnung, in Glaube oder Unglaube –, so begegnen sie ihm und dem Vater. Man kann sich nicht gegen die Boten auf Gott oder Christus berufen. Gott erniedrigt sich in die Boten hinein, verhüllt sich im menschlichen Wort und Werk. Erst wenn der Glaube keinen Anstoß mehr nimmt an den gebrochenen Formen des menschlichen Tuns, ist er echt, sicher auf Gott gerichtet und im Gehorsam vollzogen . . .

41 Wer einen Propheten auf den Prophetennamen hin aufnimmt, wird den Lohn eines Propheten empfangen; und wer einen Gerechten auf den Gerechtennamen hin aufnimmt, wird den Lohn eines Gerechten empfangen. 42 Und wer einen von diesen Kleinen auch nur mit einem Becher

Wassers auf den Jüngernamen hin tränkt, wahrlich, ich
sage euch, der wird seinen Lohn nicht verlieren.

Drei Gruppen von Gemeindegliedern stehen hier beisammen. Die *Propheten* sind erweckte Gottesmänner, die aus eigener Erkenntnis und Erfahrung den Glauben lehren, ohne Apostel, Apostelschüler, Ältester (Presbyter) oder Aufseher (Episkopos) mit einem Ordnungsamt zu sein. Die *Gerechten* sind solche, die sich in der Gemeinde durch ihr vorbildliches Leben, durch ihren in der Liebe tätigen Glauben bewährt haben. Sie haben kein Ordnungsamt und auch nicht wie die Propheten eine charismatische Sendung zur Lehre, sondern eine vorbildhafte Bedeutung für das praktische Leben. Die dritte Gruppe sind die *Kleinen*. Das sind schlichte Jünger Jesu, die keine führende Stellung in der Christenheit haben. In ihnen ist das Wunder des Glaubens besonders groß, da sie anscheinend keine äußerlich günstigen Bedingungen mitbringen: Bildung, angesehenen Stand, Einfluß und Macht. Der Gemeinde sollen sie besonders teuer sein, mit wacher Sorge von ihr umhegt werden.[49]
Der *Lohn* wird in den ersten beiden Fällen genau bemessen. Es ist schwer zu sagen, was man unter Prophetenlohn oder Gerechtenlohn zu verstehen habe. Der Grundgedanke von V. 40 wirkt wohl weiter, so daß man sagen darf: „Der Gesandte ist wie der Sendende" heißt hier: Wer den wandernden Propheten gastlich in sein Haus aufnimmt, der wird damit selbst dem Propheten gleichgestellt und den Lohn erhalten, der dem Propheten zuteil wird. So auch beim Gerechten. Die besondere Hochschätzung des Kleinen wird dadurch ausgedrückt, daß auch das allergeringste Werk ihm gegenüber nicht verlorengeht. Denn er kommt nicht als ein „Kleiner", als unbedeutender Zeitgenosse, mit dem man sich

nicht lange abzugeben braucht, ins Haus, sondern als Jünger. „*Auf den Jüngernamen hin*" wird ihm Gutes getan, vielleicht nur ein Becher mit Wasser gegeben. Weil er die hohe Würde eines Jüngers hat, so kommt mit ihm Jesus selbst, und daher der Lohn. – Aus solchen Worten erklärt sich, daß in der christlichen Kirche die Gastfreundschaft so hoch geschätzt wird: Wenn ein Bruder oder Priester ins Haus kommt, nehmen wir ihn nicht nur aus Höflichkeit auf, sondern im Glauben, wie Jesus.

Diese Worte schließen die Unterweisung an die Jünger ab. In dem ganzen Lehrstück geht es um den Beruf und die Sendung des Jüngers an die Welt. Hier gipfelt auch inhaltlich die Rede. Alles Vorhergehende erhält nochmals Licht von diesen Sätzen her. Sendung und Auftrag, Lehre und Wundertat, Verfolgung und Bekenntnis, Ausdauer und Tod – all das macht den *Gesandten wie den Sendenden,* den Apostel wie Jesus. – Das trifft auch heute zu, geht doch die Sendung Jesu über die Apostel weiter zu den Bischöfen mit dem Papst, zu ihren Mitarbeitern, zu allen Gläubigen. Es ist immer der Herr, der sendet: im Lauf der Geschichte durch den einmal erteilten Auftrag (der Nachfolge von Papst und Bischöfen) und im unmittelbaren Anruf an den einzelnen hier und jetzt. Stets gilt: „Wer euch hört, der hört mich" (Lk 10,16).

DER ABSCHLUSS (11,1)

¹ *Und es geschah, als Jesus die Unterweisungen für seine zwölf Jünger beendet hatte, ging er von dort weg, um zu lehren und zu verkündigen in ihren Städten.*

Wieder schließt der Evangelist wie bei der Bergpredigt mit einem formelhaften Satz. Auffällig und nur hier vorkommend ist das Wort „unterweisen". Matthäus will nochmals betonen, daß es sich gerade in dieser Rede um eine offizielle, eine amtliche Weisung des Herrn handelt. Es ist für alle kommenden Zeiten die grundlegende Urkunde der apostolischen Sendung und des apostolischen Lebens.

V. ZWISCHEN GLAUBEN UND UNGLAUBEN
(11,2 – 12,45)

Auf die Jüngerrede folgt ein größerer Abschnitt aus dem Wirken Jesu. Diesmal sind nur wenige Wunder darunter. Vor allem soll die Auseinandersetzung mit den Gegnern dargestellt werden. Alle Stücke tragen etwas zu diesem Thema bei: das Für und Wider um Jesus, die Krise, in die sein Werk gerät, die erbitterte Feindschaft von seiten des offiziellen Judentums. Der erste größere Teil handelt von Johannes dem Täufer (11,2–19). Das zweite Stück bringt zwei längere Aussprüche Jesu, die die Gegensätze beleuchten (11,20–30). Der dritte Abschnitt enthält erneute Anschuldigungen der Gegner anläßlich einzelner Ereignisse (12,1–45).

1. JESUS UND DER TÄUFER (11,2–19)

a) Die Anfrage des Täufers (11,2–6)

² Als aber Johannes im Gefängnis von den Werken des Messias hörte, da schickte er seine Jünger ³ und ließ ihm sagen: Bist du es, der kommen soll, oder sollen wir einen anderen erwarten? ⁴ Und Jesus antwortete ihnen und sagte: Geht und meldet dem Johannes, was ihr hört und seht: ⁵ Blinde sehen und Lahme gehen umher, Aussätzige werden gereinigt und Taube hören, und Tote stehen auf und Armen wird Frohes verkündet. ⁶ Und selig ist, wer an mir keinen Anstoß nimmt.

Seit 4,12 haben wir nichts mehr von Johannes gehört. Er liegt im Gefängnis. Die näheren Umstände, die ihn dahin brachten, werden erst später (14,3–12) berichtet. Der erste Satz nimmt eigentlich die Antwort schon vorweg, wenn er von den *„Werken des Messias"* spricht. Denn der Messias ist es ja, „der kommen soll". „Der aber nach mir kommt, ist stärker als ich" (3,11). Nun steigen ihm Zweifel auf, ob Jesus wirklich

dieser sei, „der die Wurfschaufel schon in der Hand hält"
(3,12), und kein anderer. Die Frage, die der Täufer durch seine
Jünger ausrichten läßt, ist eine echte Frage und ernst gemeint.
Matthäus erklärt sie damit, daß Johannes eben im Kerker
sitzt, abgeschnitten von der Umwelt. Von den Werken hat er
wohl gehört, aber er kann sie nicht deuten. Oder hat er ganz
andere „Werke" erwartet, eine spontane Volksbewegung, das
machtvolle Gericht über die Feinde Gottes? Das Sturmgebraus des Gerichtes, dessen erste Windstöße Johannes selbst
geschüttelt hatten, war nicht gekommen!

Jesus antwortet nicht direkt, mit einem Bekenntnis seiner
Person. Er hätte ebenso wie vor dem Hohenpriester mit einem klaren Ja antworten können. Er vermeidet es zu dieser
Zeit noch und zeigt auch Johannes den Weg, den die Jünger
und wir alle gehen müssen: *Zeichen* zu sehen und richtig zu
deuten, die Werke, die Jesus tut, als Werke des Messias zu
begreifen. Es ist der Weg des Glaubens, der seinen Ausgang
von den sichtbaren Wirkungen nimmt und zur Erkenntnis
Jesu führt. Der Weg aus der Dunkelheit ins Licht, aus dem
Zeichen zur Wirklichkeit.

Wer die *Werke* recht auffaßt und vor allem *zusammen sieht,*
der kann nicht in Zweifel geraten. Jesus baut selber die
Brücke zum Glauben, denn die Aufzählung „Blinde sehen…"
schließt sich eng an die Verheißung des Propheten Isaias an
(Is 35,5 f.; 61,1). Der Geist, der den Erwählten gesalbt hat,
machte ihn zu all diesen herrlichen Taten fähig. Man darf
nicht bei einem stehenbleiben, nur bestimmte Wunder sehen
und andere nicht, nur auf die Worte hören und die Werke
nicht beachten. Alles zusammen gibt erst das richtige Bild.
Jesus ist eben nicht nur ein Volksprediger oder nur ein Wundertäter. Und er hat nicht nur wie ein Arzt geheilt, sondern
auch Tote erweckt. Alles zusammen läßt erst erkennen, daß

hier der Gesalbte Gottes, den Isaias sah, am Werke ist. – Auch die Kirche wird als Zeichen Gottes nur erkannt, wenn man alle ihre Merkmale zusammen sieht: ihre Einigkeit, Heiligkeit, Allgemeinheit (Katholizität) und ihre ursprunghafte Geschichtlichkeit (Apostolizität).

b) Jesu Zeugnis über den Täufer (11,7–15)

Über keinen Menschen hat Jesus so ausführlich gesprochen wie über den Täufer. Die bewegte Rede mit ihren kurzen, stoßweise aufeinander folgenden Fragen zeigt uns Jesus neu als großen prophetischen Redner. Diese Worte sind nicht nur Offenbarung über die heilsgeschichtliche Bedeutung des Johannes, sondern zugleich ein Zeugnis dafür, welch tiefen Eindruck der Täufer auch als Mensch in ihm hinterlassen hat.

[7] *Als diese aber weggingen, begann Jesus zu den Volksscharen über Johannes zu reden: Wozu seid ihr in die Wüste hinausgegangen? Ein Schilfrohr zu sehen, das im Winde schwankt?* [8] *Oder was seid ihr hinausgezogen? Einen Menschen zu sehen, der in weichliche Gewänder gekleidet ist? Siehe, die weichliche Gewänder tragen, wohnen in den Palästen der Könige.* [9] *Oder was seid ihr hinausgezogen? Einen Propheten zu sehen? Ja, ich sage euch: mehr als einen Propheten.*

Jesus bringt das Volk mit seinen Fragen zum Nachdenken, was sie denn damals *suchten,* als sie scharenweise an den Jordan zogen. Der große Aufbruch scheint verebbt zu sein. Doch hatte sich die Erinnerung in allen tief eingegraben. Jesus deutet mit seinen Fragen nochmals auf das Bild des herben Mannes: Er war nicht wie ein Schilfrohr, das vom Winde hin und her bewegt wird. Ein Mann, der „seinen

Mantel nach dem Winde hängt", heute die, morgen jene Auffassung vertritt. Ungeheuchelt und gerade hat er seine Botschaft ausgerichtet und jedem, gleich welchen Standes, auch dem König, ins Gewissen geredet. Er war kein Mann in prunkvollen, weichlichen Kleidern, nein, die findet man in den Palästen der Großen, der Mächtigen und Reichen. Wie ein knorriger Wildbaum stand er vor ihnen.

Einen Propheten haben sie gesucht und auch gefunden. Die abgerissene Kette der Propheten ward mit ihm neu geknüpft. Das war es letztlich, was die Menschen zu ihm hinzog: Gott redete wieder im prophetischen Wort, das durch Jahrhunderte Israel bewegt hatte. Alles das wissen die Leute, und die Worte Jesu werden ein starkes Echo in ihren Herzen gefunden haben. Doch nun sagt er noch mehr.

Er ist *mehr als ein Prophet*. Nicht nur das Sprachrohr Gottes, der Vermittler seiner Kunde an das Volk. Er ist auch selber Heilsträger, Heilsgestalt. Nicht aus sich heraus oder wegen seines aszetischen Lebens. Sondern: Sein Wirken ist von vornherein größer als das der anderen Propheten. Es verleiht ihm eine einzigartige Bedeutung. Er allein war berufen, dem das Volk zuzuführen und zu bereiten, der stärker ist als er und nach ihm kommen soll (3,11).

[10] *Dieser ist es, über den geschrieben ist: Siehe, ich sende meinen Boten vor dir her, der den Weg vor dir bereiten soll.*

Die messianische Verkündigung des Täufers und seine unmittelbare Nähe zu Jesus machen ihn zum *Vorläufer*. Schon Isaias hatte von der Wegbereitung gesprochen: Gott führt im Jubel sein Volk aus der Gefangenschaft zurück und soll dafür einen ebenen und geraden Weg gehen. Es geht aus der Knechtschaft in die Freiheit (Is 40,4 f.; Mt 3,3)! Noch mehr sagt der Prophet Malachias. Ihm geht es um den Weg Gottes zu seinem Volke. Aber nicht mehr zur Befreiung aus der Gefangenschaft zu Babylon, sondern zur Erlösung am Ende der Zeit. Gott selbst wird kommen. Ein Herold geht ihm voran: „Siehe, ich sende meinen Boten vor dir her, der den Weg vor dir bereiten soll" (Mal 3,1). Diese prophetischen Worte geben das Licht her, in dem die Gestalt des Täufers von dem Heilsplan Gottes her zu sehen ist. Jesus selbst tut es hier. Er bezeugt damit indirekt, daß er der Messias der Endzeit ist, für den Johannes den Weg gebahnt hat.

11 *Wahrlich, ich sage euch: Unter denen, die vom Weibe geboren sind, ist kein größerer als Johannes der Täufer erstanden; aber der Kleinste im Himmelreich ist größer als er.*

Mehr als ein Prophet – das heißt noch etwas anderes. Er ist nicht nur eine große Gestalt als Wegbereiter in seinem „Amt", sondern auch als Mensch: Unter den vom Weibe Geborenen gibt es *keinen Größeren.* Ein erstaunliches Wort! Es scheint wie im Überschwang hingeworfen und ist doch als ein persönliches Lob für diesen Menschen gemeint. Es hebt Johannes aus der Mitte der Zeitgenossen, ja aus der großen Schar der Gottesmänner der Vergangenheit heraus.

„Unter denen, die vom Weibe geboren sind", das ist zunächst eine umständliche Wendung, wie sie der Orientale liebt. Wenn sie aber Jesus gebraucht, dann klingt doch auch das *Geheimnis seiner eigenen Herkunft* an. Er ist zwar auch vom Weibe geboren, aber nur „dem Fleische nach" (Röm 1,3): Sein Ursprung als Gottmensch liegt jenseits der menschlichen Zeugung, er ist „aus Gott gezeugt".[50]

Das nächste Wort schränkt das eben Gesprochene wieder ein.

So groß Johannes der Täufer dasteht, so gering ist er doch, gemessen an dem neuen Zeitalter, dem Himmelreich. *„Der Kleinste im Himmelreich ist größer als er."* Das neue Zeitalter hat bereits begonnen, Gottes Königtum bricht sich Bahn. Wer in diese neue Periode gehört, der ist noch größer als jeder vorher Lebende, auch sogar der Täufer. Das ist ein neuer Gedanke: Neben die hohe Einstufung des Johannes tritt die Wertung der *neuen Zeit,* die Epoche des Königtums Gottes. Der Mensch in dieser Zeit, der Mensch in der Gnade, der erlöste Mensch steht auf einer höheren Stufe. Altes und Neues verhalten sich zueinander wie das Bild zur Sache selbst . . .

[12] *Aber von den Tagen Johannes' des Täufers an bis jetzt leidet das Himmelreich Gewalt, und Gewaltige rauben es.* [13] *Denn alle Propheten und das Gesetz haben bis zu Johannes geweissagt.*

Es entsteht die Frage: Wo steht dann der Täufer genau in der Heilsgeschichte? Er ist doch eine Gestalt im Übergang, halb im Schatten und halb im Licht, zugleich Prophet des Künftigen und schon sein Bereiter. Steht er außerhalb oder innerhalb des Einschnittes, der *die beiden Perioden* trennt? Bisher hörten wir Worte, von denen beides vermutet werden konnte: Johannes steht vor dem Einschnitt, da der Geringste im Himmelreich größer ist als er. Aber er könnte auch hinter ihm stehen, da er doch mehr als ein Prophet, nämlich der Vorläufer des Messias ist. Der Evangelist führt hier den Gedanken, daß er geringer sei als einer im Himmelreich, nicht weiter, sondern den anderen, der ihn mit in den neuen Äon einschließt.

Von den Tagen Johannes' des Täufers an – das heißt: beginnend mit ihm, seinem Auftreten und seiner Predigt. Von diesem Zeitpunkt an ist das Himmelreich gegenwärtig, denn *es wird bedrängt*.[51] Hier erfahren wir von der anderen, der düsteren Seite der Ankunft des Königtums. Bisher hörten wir fast nur von der strahlenden Seite, dem sieghaften Vordringen, der lebenspendenden und heilenden Mächtigkeit. Doch zeigten die vielen Angriffe der Gegner, am schlimmsten der Vorwurf, daß Jesus im Bunde mit dem Teufel arbeite, die andere Seite. Dem Königtum werden harte Widerstände entgegengesetzt. Sein Vordringen wird gehemmt, ja gewaltsam aufgehalten. Und das heißt ja letztlich: Gott wird in seinem Lauf gehemmt, sein Wirken vereitelt.

Das sieht Jesus so scharf, daß er von *Gewalttätigen* spricht, die das Königtum *rauben* (wollen). Es soll nicht nur geschwächt und in seinem Lauf gehemmt, sondern geradezu unschädlich gemacht werden. Ein dunkler Ausspruch! – Eine kleine Hilfe zum Verständnis des schwierigen Wortes gibt vielleicht die Versuchungsgeschichte. Da geht Satan ebenfalls aufs Ganze; er will die Herrschaft an sich reißen und rauben. Im Fortgang des Werkes Jesu verschanzt er sich hinter allen Gegnern und versucht auf vielfältige Weise, Gott die Herrschaft streitig zu machen und seine eigene dafür zu setzen. Wieder ein Blick in die Abgründe des Geschehens, das immer von diesen Mächten bewegt wird, solange die Endzeit andauert...

Für Johannes aber gilt: Von ihm an ist das Himmelreich irgendwie da, vor allem durch all das, was Jesus tut und kündet. Das *Gesetz* und die *Propheten* reichen bis zu ihm hin. Ihre Aufgabe war die Hinführung, die Vorausdeutung auf das Kommende. Mit dem Täufer aber hat das Kommende bereits begonnen. Die Zeit der Weissagung ist vorbei, die Zeit der Erfüllung ist da.

[14] *Und wenn ihr es annehmen wollt: dieser ist Elias, der kommen soll.* [15] *Wer Ohren hat, der höre!*

Wir hörten, daß Johannes der Vorläufer sei, wie Malachias sagte (11,10). Beim gleichen Propheten steht ein paar Verse weiter die andere Ankündigung: „Siehe, ich sende euch den Propheten Elias, ehe der große und furchtbare Tag des Herrn kommt" (Mal 3,23). Nach dem Glauben der Zeit soll *Elias* vor dem Messias kommen, dessen Ankunft vorbereiten. Hier sind beide Voraussagen zusammengenommen: Der (namenlose) Bote von Mal 3,1 ist Elias von 3,23. Und beides zusammen ist Johannes der Täufer! Gewiß darf man nicht glauben, daß Elias in Johannes körperlich erschien, daß der Täufer gleichsam ein fleischgewordener Elias sei. Sondern: „Im Geist und in der Kraft des Elias" (Lk 1,17) wird er vor ihm hergehen.

Wenn Jesus der wahrhaftige Messias ist, dann mußte man auch den Vorläufer beweisen können. Den Juden, die sagten: Jesus kann der Messias nicht sein, denn Elias ist ja noch nicht erschienen, diesen mußte man sagen können: Elias war bereits da. Johannes war es, aber ihr habt ihn nicht erkannt. Daß man das nur im Glauben begreifen kann, will das letzte Wörtchen sagen: *„Wer Ohren hat, der höre!"* Nur der, der sein Ohr öffnet und bereit ist, das Gehörte richtig zu verstehen und im Herzen anzunehmen, der erkennt auch, was hier gesagt ist. – So ist es mit allen Geheimnissen des Glaubens: Es gibt helfende Hinweise, Brücken, die Gott baut. Aber die Annahme selbst ist Sache unseres bereitwilligen Glaubens.

c) Anklage gegen „dieses Geschlecht" (11,16–19)

[16] *Wem aber soll ich dieses Geschlecht vergleichen? Es gleicht Kindern, die auf den Marktplätzen sitzen und den*

248

anderen zurufen: [17] *Wir haben euch vorgeflötet, und ihr habt nicht getanzt. Wir haben Klagelieder angestimmt, und ihr habt nicht an die Brust geschlagen.*

Noch hält das Thema an: Johannes der Täufer und seine Stellung im Heilsgeschehen. Doch wird es nun gesehen in einem Scheltwort auf *dieses Geschlecht.* Es ist launenhaft und wankelmütig, ja direkt unzurechnungsfähig – wie Kinder, die auf dem Markt „Hochzeit" und „Beerdigung" spielen. Die eine Gruppe stimmt eine fröhliche Weise an, aber die andere hat keine Lust. So versuchen sie es mit einer traurigen, einem Klagegesang, aber auch da machen sie nicht mit. Nichts ist ihnen recht, sie sind launenhafte Spielverderber. Wie ist es mit euch, mit diesem Geschlecht, den Zeitgenossen Johannes' und Jesu? Genauso wie mit diesen Kindern, nur daß es hier nicht um ein Spiel geht, sondern um das Leben ...

[18] *Denn Johannes kam, aß nicht und trank nicht – da sagen sie: Er hat einen Dämon.* [19a] *Der Menschensohn kam, aß und trank – da sagen sie: Seht, ein Fresser und Weinsäufer, ein Freund der Zöllner und Sünder!*

Johannes hat es ihnen nicht recht gemacht, er lebte ein strenges Leben der Buße. Da sagten sie: *Er hat einen Dämon.* Er paßte ihnen nicht und konnte es ihnen nicht recht machen, tanzte nicht nach ihrer Laune – so gaben sie kurzerhand ihm die Schuld an seinem Mißerfolg: er ist verrückt. Ähnliches hat man ja von Jesus auch gesagt.[52] Das ist der einfachste Weg, sich vor dem Anruf zu drücken: was Gott wirkt, auf den Teufel zurückzuführen.

Dann kam Jesus, der nicht wie ein herber Aszet lebte. Er bringt die *Freudenzeit,* die Zeit der Fülle, in der es kein Fasten geben soll (9,14 f.). Er erbarmt sich der Verworfenen, tafelt ungezwungen mit Zöllnern und Sündern (9,10–12). Das war ihnen wieder zu weltförmig. Häßliche und beleidigende Vorwürfe machen sie ihm deswegen, die an keiner Stelle der Evangelien in so derben Worten ausgedrückt werden wie hier. Wer wird es euch recht machen? Wem wollt ihr überhaupt glauben?

19b *Und die Weisheit ist aus ihren Werken gerechtfertigt worden.*

Aber das Urteil der Menschen trifft nicht, sondern geht an beiden vorbei. Denn in jedem von ihnen wirkte die göttliche *Weisheit*. Sie hat den einen zum rauhen Bußprediger und den anderen zum Freudebringer und himmlischen Bräutigam bestellt. Was beide getan haben, sind *Werke* der göttlichen Weisheit, erdacht in den Tiefen Gottes und gewirkt im Heiligen Geiste. Wer Ohren hat, zu hören, und Augen, zu sehen, wer den Sinn und das Gespür für das Übernatürliche hat, der erkennt den göttlichen Charakter. So wird die Weisheit *gerechtfertigt*, wenn es Menschen gibt, die den Werken glauben. Vor dieser Rechtfertigung verstummt jede menschliche Mißdeutung. – Alles, was Gott wirkt, ist letztlich nur dem Auge des Glaubens zugänglich. Wer aber mit diesem Auge sieht, der erkennt überall, auch in der sichtbaren Gestalt der Kirche, die göttliche Weisheit. Wir müssen uns mühen – wie die Zeitgenossen des Täufers und Jesu –, so übernatürlich zu sehen, in den sinnfälligen Zeichen den unsichtbaren Gott, die Werke seiner Weisheit erkennen.

2. Gericht und Heil (11,20–30)

a) Weheruf über die Städte Galiläas (11,20–24)

20 *Darauf begann er die Städte, in denen seine meisten Wunder geschehen waren, zu schelten, weil sie sich nicht bekehrt hatten.*

Die Rede Jesu steigert sich zum drohenden Gerichtswort. Es geht um kein Spiel, wie bei den Kindern auf dem Markt, sondern um Tod und Leben. Ihre launenhafte Wankelmütigkeit ist letztlich doch Unglaube, die Verweigerung Gottes. Glaubten sie schon seinen Worten nicht, die Werke hätten sie überzeugen müssen. Selbst solche Städte, in denen Jesus viele Wunder getan hatte, haben sich *nicht bekehrt.* Es sind alles Städte Galiläas, um den See Genesareth gelagert, die der Herr hier nennt: Chorozin, Bethsaida, Kapharnaum.

21 *Wehe dir, Chorozin! Wehe dir, Bethsaida! Denn wenn in Tyrus und Sidon die Wunder geschehen wären, die in euch geschehen sind, sie hätten sich längst in Sack und Asche bekehrt.* **22** *Aber ich sage euch: Tyrus und Sidon wird es am Tage des Gerichtes erträglicher ergehen als euch.* **23** *Und du, Kapharnaum, wirst du etwa bis zum Himmel erhoben werden? Bis zur Hölle sollst du hinab geschleudert werden! Denn wenn in Sodoma die Wunder geschehen wären, die in dir geschehen sind, es stünde bis auf den heutigen Tag.* **24** *Aber ich sage euch: Dem Lande Sodoma wird es am Tage des Gerichtes erträglicher ergehen als dir.*

„*Wehe dir!*" – das ist der Unheilsruf, das Gegenstück zum prophetischen „Heil dir!".[53] Das „Wehe!" droht das Unheil

an und ruft es schon wirksam herbei, so wie auch die Seligpreisung jetzt schon das Heil herbeiruft. In der Schrift gibt es
typische Beispiele für unbußfertige Städte: die heidnischen
Städte Tyrus und Sidon im Norden Palästinas, sprichwörtlich
von den Propheten als Beispiele prahlerischen Hochmutes
und satten Reichtums genannt.[54] Sodoma (und Gomorrha),
die Städte der Ausschweifung und des Lasters, die vom Erd-
boden vertilgt wurden.[55] Wie der heidnische Hauptmann
zum Glauben fand, so hätten sich die Heidenstädte gewiß
bekehrt, wenn sie die Wunder Jesu erlebt hätten. Und Sodoma stünde wohl noch heute, wenn es Zeuge der herrlichen
Machterweise gewesen wäre.

Der *Tag des Gerichtes* wird das alles offenbar machen. Dann
wird es diesen Städten noch besser ergehen als den Orten
hier. Das Angebot der Gnade haben sie ausgeschlagen und
die Zeit der Entscheidung verspielt. Das Angebot war allen
gemacht, der ganzen Einwohnerschaft einer Stadt. Jesus sieht
alle in ein gemeinsames Schicksal verflochten. In der persönlichen Begegnung ist es zwar immer der einzelne, den er anruft und der zum Glauben kommt. Aber alle sind füreinander
da und verantwortlich. Wenn Gottes Königtum ankommt,
dann ist das ein öffentliches, ja ein „politisches" Ereignis, das
alle angeht. Gott kann einer Gemeinde, einer Stadt, einem
Volk ein Zeichen geben, ein Angebot machen, das alle verpflichtet. So geschah es immer wieder bis in unsere Tage. Da
heißt es hellhörig sein auf den Ruf zur Umkehr ...

b) Die Offenbarung des Heils (11,25–27)

Zwei bedeutungsvolle Worte Jesu über die Herrlichkeit Gottes schließen sich an. Der Evangelist hebt sie durch die Einführung „in jener
Zeit" hervor. Das erste Wort ist ein Lobpreis auf den großen Gott,

der sich gerade den Kleinen und Unmündigen geoffenbart hat (11,25 f.).
Das zweite gewährt einen tiefen Einblick in das innerste Geheimnis
Jesu (11,27).

*²⁵ In jener Zeit sprach Jesus: Ich preise dich, Vater, Herr
des Himmels und der Erde, daß du dies vor den Weisen
und Klugen verborgen, und es den Unmündigen geoffenbart hast. ²⁶ Ja, Vater, so war es wohlgefällig vor dir.*

Nur hier im Evangelium finden wir die feierliche Anrede:
„Vater, Herr des Himmels und der Erde". Bisher sprach Jesus vom Vater, von seinem oder unserem Vater, in dem ver-
trauten familiären Klang, den diese Anrede hat. Hier wird
nun ausdrücklich gesagt, daß der Vater auch der allmächtige
Schöpfer und Herr der Welt ist. Es ist der Gott, der die Welt,
Himmel und Erde, „am Anfang erschuf" (Gn 1,1) und nun in
ihrer Dauer erhält. Neben ihm gibt es keinen Gott. Alles,
was in der ganzen Welt noch besteht, ist ihm als dem Ober-
herrn untertan.

Die feierliche Anrede ist hier so bedeutend, weil sie die folgenden Worte erst recht würdigen läßt. Denn: Dieser große,
alles erhaltende Gott hat den Unmündigen seine Offenbarung geschenkt. Nicht die klugen und verständigen Leute,
die Weisen und Gelehrten hat er dafür auserwählt. Jesus
sagt nicht, was Gott kundgegeben hat, sondern nur: „dies".
Aus dem Evangelium, soweit wir es bisher gelesen haben,
wissen wir, daß es die ganze Botschaft Jesu in Wort und
Wundern meint. Den Armen im Geiste hat Jesus das erste
„Selig" zugerufen (5,3), die kleinen Leute, die Ausgestoßenen
und Verachteten, vor allem die Ungelehrten hat er aufge-
sucht. Solche berief er zu seinen Jüngern, solche haben ihm
geglaubt und seine Wunder erbeten – wie die Frau, die am
Blutfluß litt, oder die beiden Blinden. Es erscheint fast wie

eine Vorliebe Gottes, wie eine Schwäche gerade für sie, die in der Welt nichts gelten.

Die *Weisen und Klugen* aber gehen leer aus. Vor ihnen wird das Geheimnis Gottes verborgen, daß sie es nicht sehen und erkennen, nicht hören und glauben. Wie im Alten Testament, so wird auch hier die Annahme oder Ablehnung allein Gott zugeschrieben. Er ist es, der das Herz öffnet oder auch das Herz – wie das des Pharao – verstockt. Das geschieht aber nicht ohne die eigene Entscheidung des Menschen, sondern ist gleichsam nur die Antwort Gottes auf ihre schon verfestigte, für Gottes Wort undurchlässig gewordene Seele. Obgleich sie auf Grund ihrer Geistesgaben, ihres Wissens und ihrer Einsicht besonders geeignet sein müßten, die Rede Gottes zu verstehen, verschließen sie sich vor ihr, sie bleibt ihnen verborgen. Jesus muß vor allem an die Schriftgelehrten denken. Sie haben ihren Verstand dazu verwendet, sich eine geschlossene Anschauung von Gott und der Welt zu machen und sind nicht bereit, neu zu hören und zu lernen. Sie glauben über Gott Bescheid zu wissen und die richtige Lehre zu besitzen. Das ist die ewige Versuchung des menschlichen Geistes von dem Augenblick an, da der Versucher Eva einflüsterte, es würden ihnen die Augen aufgehen und sie würden ähnlich wie Gott sein, wenn sie vom Baum der Erkenntnis äßen ...

So aber kann Gott nur mit den Einfältigen rechnen, die sich aufschließen und schlicht glauben. Welch seltsame Verkehrung der Ordnung! Und doch wählt Gott diesen Weg, weil es der einzige ist, auf dem seine Botschaft ankommen kann. Dieser Weg entspricht *seinem Willen,* er ist wohlgefällig vor ihm. Wieviel versteht man in der Welt, wenn man sich dieses Wort vor Augen hält!

²⁷ *Alles ist mir von meinem Vater übergeben worden, und niemand erkennt den Sohn als der Vater, und auch den Vater erkennt niemand als der Sohn und wem es der Sohn offenbaren will.*

Hier ist von *Erkenntnis* die Rede. Das ist nicht ein Wissen des Verstandes, ein Erfassen in Begriffen und Schlußfolgerungen. Erkennen sagt in der Bibel viel mehr. Das Bild vom „Baum der Erkenntnis von Gut und Böse" im Garten Eden bezeichnete ein umfassendes Wissen, eine unmittelbare Einsicht in die Gründe und Ursachen der Dinge. Erkennen bezeichnet weiterhin ein Vertrautsein mit etwas anderem, das verständige Annehmen und liebende Sichaneignen einer Sache. Wille, Gemüt und Verstand sind in gleicher Weise daran beteiligt. So kann die Schrift auch die tiefste Begegnung von Mann und Frau in der Ehe als „erkennen" bezeichnen. Wenn Gott den Menschen erkennt, dann durchdringt er ihn ganz mit seinem Geiste und umfängt ihn zugleich in liebender Hinneigung. Erkennen und lieben sind darin eins.

Jesus sagt: *„Den Sohn erkennt niemand als der Vater"*, der gleiche Vater, der eben als Herr des Himmels und der Erde gepriesen wurde (11,25). Der Sohn ist er selbst, denn er nennt Gott „seinen Vater". Hier erfahren wir zum erstenmal von dieser tiefsten Beziehung zwischen Gott und dem, der hier wie ein Mensch unter Menschen redet, Jesus. Die Bilder „Vater" und „Sohn" aus unserer natürlichen Erfahrung werden zum Träger des Geheimnisses in Gott. Nur ein einziger umfaßt den Sohn in liebendem Erkennen ganz und gar, so daß kein Rest unerschlossen bleibt, und das ist der Vater.

Noch erstaunlicher ist das Umgekehrte: *„Und auch den Vater erkennt niemand als der Sohn."* Jesus hatte bisher stets in ehrfürchtiger und demütig ergebener Weise von Gott gesprochen, und das bleibt auch weiter so. Auch für ihn, der hier als Mensch unter Menschen wohnt, ist er der große Gott und gütige Vater. Aber in der Tiefe seines Wesens ist er dem Vater gleich, auch er erkennt ihn voll und ganz. Ja, es gab und gibt niemand anderen auf der Welt, der solche Erkenntnisse besitzt, als nur er allein. Jesus ist Gott. – Es ist die einzige Stelle in den synoptischen Evangelien, in der die Gottessohnschaft des Messias so klar ausgesprochen ist. Einsam und erhaben steht dieses Wort da. Es gewährt uns wie durch einen Spalt in den Wolken Einblick in die Tiefen des Geheimnisses Gottes. Ehrfürchtig und wie ein „Unmündiger" muß man das annehmen.

Aber der Sohn besitzt diese Erkenntnis nicht für sich allein, er soll sie weitergeben. Seine Sendung ist es, Gottes Königtum zu offenbaren. Was eben von Gott gesagt wurde, das ist auch das Werk des Sohnes: *„Und wem es der Sohn offenbaren will."* In seine Hand ist das gegeben, da ihm der Vater *„alles übergeben"* hat. So scheint es letztlich gleich zu sein, ob etwas vom Vater oder vom Sohn ausgesagt wird. Hat ihm der Vater alles in die Hände gegeben, die ganze Offenbarung, dann darf der Sohn frei darüber verfügen und dem mitteilen, dem er es mitteilen will. Und trotzdem bleibt es immer Wort und Werk des Vaters. Denn sie sind eins in ihrer gegenseitigen Erkenntnis und Liebe. Was Jesus spricht, auch von sich selbst, das kommt als Geschenk aus den Tiefen Gottes zu uns. – Es ist nicht leicht, sich da hineinzudenken. Das Ärgernis, das die Juden damals nahmen, lauert auch bei uns. Wie kann ein Mensch so sprechen, ist das nicht der Sohn des Zimmermanns? Geht man mit dem kritischen Verstand heran, wie schon im frühen Christentum die Gegner, dann versteht man gar nichts. Sowenig wie „dieses Geschlecht", das weder mit Johannes dem Täufer noch mit Jesus etwas anfangen konnte. Nur die offene Bereitschaft eines „Unmündigen", nicht die überhebliche Sicherheit eines „Weisen" und „Klugen" kommt hier zurecht. „Wer das Königtum Gottes nicht annimmt wie ein Kind, der wird nicht hineinkommen" (Mk 10,15).

c) Das sanfte Joch (11,28–30)

28 *Kommt zu mir alle, ihr Erschöpften und Beladenen, und ich werde euch erquicken.* **29** *Nehmt mein Joch auf euch und lernet von mir, denn ich bin mild und demütig von Herzen, und ihr werdet Erquickung finden für eure Seelen.* **30** *Denn mein Joch ist sanft und meine Last ist leicht.*

Wieder hat Jesus die gleichen Menschen vor Augen, denen er in aller Liebe zugewandt war: die Armen und Hungernden, die Unwissenden und Unmündigen, die Seufzenden und Kranken. Sie haben ihn immer umdrängt, ihre Kranken hingetragen und seinem Wort gelauscht, ja auch nur eine Quaste von seinem Gewand zu berühren gesucht. Auch von sich aus ging er auf sie zu und aß mit den Ausgestoßenen. Nun *ruft er sie alle* zu sich und verspricht ihnen Erquickung. Sie sind wie Schafe ohne Hirten, hingestreckt und ermattet (9,36). Sie sind beladen und ächzen unter dem Joch. Das ist die Last ihres bedrückten und mühevollen Lebens, vor allem aber die Last einer unerträglichen Auslegung des Gesetzes. Diese doppelte Last macht sie müde und stumpf. Jesus aber will sie leicht und froh machen.

Die Schriftgelehrten legen ihnen die Bestimmungen des Gesetzes, wie ein Bauer dem Zugtier, als hartes und scheuerndes Joch auf. Sie machen aus dem Gesetz, das doch zum Heile und zum Leben gegeben war (Ez 20,13), eine unerträgliche Last von Hunderten von Einzelbestimmungen. Keiner vermochte sie zu erfüllen, und sie selbst waren nicht dazu imstande. Jesus hat ein *sanftes Joch.* Das ist gut angepaßt, es sitzt richtig und schmiegt sich leicht um den Nacken. Obgleich er harte Forderungen stellt und das Gesetz viel radikaler lehrt (Bergpredigt!), ist dieses „Joch Jesu" dem Menschen zuträglich. Es reibt ihn nicht wund, und der Mensch selbst scheuert sich daran nicht blutig. „Seine Gebote sind nicht schwer" (1 Jo 5,3) – weil sie einfach sind und nur zwei Forderungen kennen: Hingabe und Liebe.

Trotzdem ist der Wille Gottes ein Joch und eine Last. Aber sie werden leicht, wenn man eines tut: *„Lernet von mir!"* Jesus trägt beides auch; seine Sendung ist ihm Joch und Bürde. Doch er hat sie als demütiger Knecht Gottes angenommen. Er ist niedrig geworden und tut in aller Ergebung, was Gott ihm aufgetragen hat, er macht sich zum Diener aller. Obgleich der Vater ihm alles übergeben hat, ist er niedrig geworden wie der geringste Sklave.

Wird so das Joch der neuen Lehre angenommen, dann erfüllt sich die Verheißung: *„Und ihr werdet Erquickung finden für eure Seelen."* Das ist nicht die einschläfernde Windstille bürgerlicher Behäbigkeit oder der faule Friede mit dem Bösen (Jesus hat das Wort vom Schwert gesprochen! [10,34]). Jesus verspricht die Erquickung für den ermüdenden Ballast des Alltags, für die Erfüllung des Willens Gottes in allen kleinen Dingen. Wer in der Hingabe an Gott lebt und beständig die Liebe übt, der wird innerlich erhoben und heiter. – Niemals darf unser Glaube zur drückenden Last werden, zum Joch, an dem man sich wundreibt. Dann wäre er bestimmt nicht echt. Versucht man wirklich, seine „Gebote" zu tun, dann ist das Joch Jesu eine nie versiegende Quelle des Trostes und heiterer Gelassenheit. Daran müßte man den Jünger Jesu wohl erkennen können.

3. Falscher oder wahrer Sabbatdienst (12,1–21)

Die Auseinandersetzung geht weiter. Die beiden folgenden Stücke handeln vom rechten Verständnis des Sabbats, das Jesus in der Verteidigung entwickelt. Zunächst hören wir vom Ährenpflücken der Jünger am Sabbat (12,1–8), dann von der Heilung eines Mannes am Sabbat (12,9–14). Ein zusammenfassender Abschnitt beschließt diesen Teil (12,15–21).

a) Das Ährenpflücken am Sabbat (12,1–8)

[1] *In jener Zeit wanderte Jesus am Sabbat durch die Saatfelder. Seine Jünger aber hatten Hunger und fingen an, die Ähren abzupflücken und zu essen.* [2] *Die Pharisäer aber sahen das und sprachen zu ihm: Sieh, deine Jünger tun, was man am Sabbat nicht tun darf.* [3] *Da sprach er zu ihnen: Habt ihr nicht gelesen, was David tat, als er und seine Begleiter Hunger hatten?* [4] *Wie er in das Haus Gottes ging und sie die Schaubrote aßen, die er und seine Begleiter nicht essen durften, sondern nur die Priester?*

Jesus gibt den Gegnern neuen Anstoß für ihre Anschuldigungen. Am Sabbat geschieht es, daß die Jünger unterwegs, um ihren Hunger zu stillen, sich Ähren vom Felde rupfen und die Körner essen. Das war im Gesetz ausdrücklich als Mundraub erlaubt und durch Gewohnheitsrecht eingebürgert; es galt nicht als Diebstahl. „Wenn du in das Kornfeld deines Nächsten kommst, so magst du mit der Hand Ähren abreißen; aber die Sichel sollst du nicht schwingen über das Korn deines Nächsten" (Dt 23,25). Die Pharisäer beschuldigten Jesus nur deshalb, weil er das *am Sabbat* gestattet und nicht einschreitet. Nach ihrer strengen Auslegung waren auch ganz geringfügige Tätigkeiten vom Gebot der Sabbatruhe betroffen. Man durfte nur eine bestimmte Strecke laufen, gerade die lebensnotwendigen Handgriffe tun. Das Rupfen und Zermahlen der Körner galt schon als verbotene Arbeit!

Jesus verteidigt sich in einer längeren Rede, die in Stufen aufgebaut, Argument an Argument reiht. Es sind vier selbständige Gedanken, die zunächst zeigen sollen, daß Jesus im Recht ist und das Gebot Gottes nicht verletzt. Die ersten drei Gründe müssen auch einen Juden überzeugen, da sie aus der Schrift genommen sind. Der letzte und auch entscheidende Gegenbeweis aber setzt schon den Glauben an die Vollmacht Jesu voraus: *„Denn der Menschensohn ist Herr über den Sabbat."* Hier spricht Jesus ähnlich wie früher in der Fastenfrage von seiner einzigartigen Sendung her. In der messianischen Hochzeit ist kein Grund zum Fasten. – Auch der Sabbat, die Auslegung der Sabbatgebote und die Weise seiner Feier sind Jesus als Herrn unterworfen. – Auf ein solches Wort gestützt, konnten die alten Christen es wohl wagen, die Feier des Sabbats auf ihre Weise zu begehen und ihn schließlich sogar durch die Feier des ersten Wochentages abzulösen. Das geht auf die Vollmacht des Kyrios, die er den Aposteln übertrug, zurück.

In der Schrift selbst aber gibt es Beispiele, in denen der Sabbat gebrochen wurde. Das erste handelt von *David*, dem vorbildlichen König, auf dessen Handlungsweise man sich berufen konnte. Auf der Flucht vor Saul ließ sich David mit seinen Leuten von dem Priester Abimelech die im heiligen Zelt zu Nob lagernden heiligen Schaubrote geben (1 Sm 21,1–7). Sie durften nur von den Priestern gegessen werden. David setzt sich darüber hinweg, da ihm das kultische Gebot nicht so wichtig war wie die Pflicht zur Erhaltung des Lebens. Auf der Stufe dieser Bestimmung mit den Schaubroten stehen für Jesus die Sabbatvorschriften! Was David tat, geschah nicht am Sabbat. Der Vergleich liegt lediglich in der Übertretung einer Gesetzesbestimmung; in einem außerordentlichen Fall darf ein solches Gebot übertreten werden.

⁵ Oder habt ihr es nicht im Gesetz gelesen, daß am Sabbat die Priester im Tempel den Sabbat entweihen und ohne Schuld sind? ⁶ Ich sage euch aber: Hier ist mehr als der Tempel.

Noch stärker ist das zweite Beispiel. Die Priester, die am Tempel beschäftigt sind, tun am Sabbat allerlei körperliche Arbeit bei der Zurichtung und Schlachtung der Opfer, dem Einsammeln der Gaben und der Reinigung der Gefäße. Das alles ist nicht nur ausnahmsweise erlaubt, sondern ausdrücklich im Gesetz geboten. Sie tun es und sind doch ohne Schuld. Um wieviel mehr muß diese Freiheit jetzt gelten, ist doch hier *„mehr als der Tempel“.* Ein gewaltiges Wort! Israel kennt kein größeres Heiligtum als den Tempel, der die Gegenwart Gottes verbürgt. Ein Wort gegen die Heiligkeit des Tempels spielt im Prozeß, den man Jesus macht, eine wichtige Rolle (26,61; vgl. Apg 7,47–50). Im Tempel ist nur die Nähe Gottes verbürgt. In Jesus aber ist Gott sichtbar gegenwärtig. Er wohnt unter uns; Gott ist Mensch geworden. Diese Würde ist allerdings unendlich größer als die Würde des Hauses aus Stein und Holz!

⁷ Hättet ihr doch begriffen, was das heißt: Barmherzigkeit will ich und nicht Opfer, dann hättet ihr die Schuldlosen nicht verurteilt. ⁸ Denn der Menschensohn ist Herr über den Sabbat.

Das dritte Argument ist uns bereits begegnet: Das Wort des Propheten Hosea: *„Barmherzigkeit will ich und nicht Opfer"* (9,13). Jesus bringt die rechte Rangordnung wieder zur Geltung, wie es die Propheten vor ihm unermüdlich taten. Gott will das Herz, den Gehorsam und das Vertrauen, die Güte und wahre Gerechtigkeit. Erst wenn der Mensch das leistet, sind ihm auch Opfer angenehm. Aber niemals dürfen wir uns durch die peinliche Befolgung ritueller Vorschriften, durch das minutiöse Befolgen der gottesdienstlichen Bestimmungen von dem anderen loskaufen. Wenn Gott nur das eine ohne das andere gegeben wird, verfehlen wir seinen Willen.

Die Beweise Jesu führen weit über das hinaus, was den Anlaß gab. Es geht um das rechte Verständnis des *Gesetzes Gottes* und besonders seiner kultischen Bestimmungen. Jesus sagt nicht, daß die Sabbatgesetze aufgehoben seien, aber sie werden neu gedeutet. Es gibt Pflichten, die höher stehen und von Gott dringlicher eingemahnt werden. Vor allem ist mit dem Erscheinen Jesu selbst eine neue Lage geschaffen. In ihm ist überhaupt mehr als der Tempel und sein Kult. Das ist die Morgenröte einer neuen Zeit, in der die wahren Anbeter Gottes ihn nicht mehr im Tempel, sondern „in Geist und in Wahrheit" anbeten werden (Jo 4,23). – Gültig bleibt auch für uns die von Jesus aufgestellte Rangordnung: erst der Gehorsam und das Erbarmen, dann die Erfüllung der kultischen Vorschriften. Zwar hat der Gottesdienst im Neuen Bund eine unvergleichliche Würde, da er vom Hohenpriester Jesus Christus selbst dargebracht wird, aber überall lauert auch die Gefahr der gesetzlichen Enge und der Überwucherung von Ritus und Vorschrift über den lebendigen Dienst des Herzens.

b) Die Heilung einer gelähmten Hand am Sabbat (12,9–14)

[9] *Und er ging von dort weiter und kam in ihre Synagoge.*
[10] *Und siehe, da war ein Mann mit einer gelähmten Hand.*
Sie fragten ihn und sprachen: Ist es erlaubt, am Sabbat zu
heilen? – um ihn anklagen zu können. [11] *Er aber sprach zu*
ihnen: Wer von euch, der ein einziges Schaf besitzt, wird
es nicht, wenn es am Sabbat in eine Grube fällt, ergreifen
und herausziehen? [12] *Wieviel mehr wert ist der Mensch*
als ein Schaf! So ist es erlaubt, am Sabbat Gutes zu tun.
[13] *Da sprach er zu dem Manne: Strecke deine Hand aus!*
Da streckte er sie aus, und sie war wiederhergestellt, ge-
sund wie die andere. [14] *Die Pharisäer aber gingen hinaus*
und faßten einen Beschluß gegen ihn, um ihn zu töten.

Ein zweiter Zwischenfall am Sabbat – noch dazu in einer
Synagoge. Diesmal gehen die Gegner zum Angriff vor mit
der Frage, ob es erlaubt sei, am Sabbat zu heilen. Die Schriftgelehrten selbst vertraten verschiedene Auffassungen darüber, manche eine großzügigere, manche eine engherzigere.
Hier wird danach nicht gefragt, sondern ob es überhaupt erlaubt sei.

Der Herr antwortet zunächst mit einem *Beispiel.* Der Fall
mit dem Schaf, den er darlegt, würde (unter Umständen) von
manchen Schulmeinungen auch als erlaubt bezeichnet worden
sein. Jesus erzählt das Beispiel aber nicht, um eine solche
Schulmeinung zu beziehen und zu verteidigen, sondern spricht
vom gesunden Menschenverstand her. Jeder vernünftige
Mensch handelt so wie dieser Bauer. Es wird keinem einfal-
len, um des Sabbats willen das Schaf kläglich verenden zu
lassen, zumal es sein einziges ist und so einen hohen Wert für
ihn darstellt.

Aber nun kommt die Schlußfolgerung. *Der Mensch* ist doch

viel mehr wert als ein Schaf. Wenn ihm etwas widerfährt, wird man sofort helfen, auch wenn es am Sabbat ist. Nun ist aber der Mann mit der gelähmten Hand ja nicht in die Grube gefallen, er ist nicht in unmittelbarer Lebensgefahr. Jesus könnte ihn auch am nächsten Tag heilen! Er will aber die Frage grundsätzlich beantworten, so wie er auch grundsätzlich gefragt worden ist. Das tut er mit einer bezeichnenden Veränderung. Die Gegner fragen ihn, ob man *heilen* dürfe. Er antwortet, daß man *Gutes tun* dürfe. Darum geht es also. Der Maßstab, ob dies oder jenes erlaubt sei, bemißt sich nicht nach dem Charakter der Arbeit allein, sondern nach dem *Sinn* dieser Arbeit. Das ist hier etwas Gutes, Heilsames und damit von vornherein Gott Wohlgefälliges. – Auch hier muß man umdenken. Die Erstarrung im formalen gesetzlichen Denken soll durch ein menschliches, vom sittlichen Sinn und Wert bestimmtes Denken gelöst werden. Das Gute hat seinen Sinn immer in sich. Wir sollen es stets tun, spontan und herzlich, ohne ängstlich zu überlegen oder uns vorsichtig zu sichern.

Der Kranke wird geheilt. Jesus bricht nach der Auffassung der Gegner aber das Gesetz. Und nicht nur das, sondern er vertritt eine neue Lehre und stellt sich damit außerhalb der Überlieferung. Das erbost sie so sehr, daß sie schon jetzt seinen Tod beschließen. Wie ein Donnerschlag an einem Sommertag – so dröhnt das Wort vom *Todesplan* der Feinde. Es ist klar: Hier geht es nicht mehr um die eine oder andere Auffassung, eine engere oder weitere Auslegung der Schrift, sondern um grundsätzliche Feindschaft. Das Neue in Jesus hat für sie keine Verbindung mit dem Alten. Es ist eine Revolution, die erstickt werden muß, sollen nicht die Fundamente ihres Glaubens erschüttert werden. So mögen sie denken und wirklich meinen, im Recht zu sein. Obgleich doch das ganze Recht Gottes auf Jesu Seite ist. Sie können das aber in ihrer erstarrten Gesetzlichkeit nicht sehen.

c) Der Knecht Gottes (12,15–21)

15 Als aber Jesus das erfuhr, zog er sich von dort zurück. Und viele folgten ihm, und er heilte sie alle. 16 Und er gebot ihnen, daß sie ihn nicht offenbar machten.

Matthäus greift den oft bei Markus ausgesprochenen Gedanken auf, daß der Herr gebot, seine Wunder und das Geheimnis seiner Person zu verschweigen.[56] Hier erhält dieses „Schweigegebot" einen besonderen Charakter durch den Tötungsplan, von dem eben die Rede war (12,14). Jesus scheint vor *den Gegnern auszuweichen* und in die Verborgenheit zu gehen. Daher soll er auch nicht bekannt gemacht werden. Zwar setzt er seine heilenden Taten fort, aber nicht, damit sie weitläufig herumgeredet würden. Die Zeit scheint vorbei zu sein, daß seine Werke für sich, das heißt für ihn sprechen. Die Feindschaft ist bereits angeschwollen wie ein reißender Strom, so daß er sich verbergen muß. Sollen wir darin schon ein Zeichen von Mißerfolg, eine Resignation vor der andrängenden Gewalt des Widerspruchs sehen? Matthäus führt gerade diese Frage weiter durch den Text aus dem Propheten Isaias.

... 17 damit erfüllt würde, was durch den Propheten Isaias gesprochen war, welcher sagt:

> *18 Siehe, mein Knecht, den ich erwählt habe,*
> *mein Geliebter, an dem meine Seele Wohlgefallen hat.*

Ich will meinen Geist auf ihn legen,
und er wird den Völkern das Recht verkünden.

[19] *Er wird nicht streiten und lärmen,*
und nicht wird man auf den Straßen seine Stimme
hören.

[20] *Das geknickte Rohr wird er nicht zerbrechen*
und den glimmenden Docht nicht auslöschen,
bis er das Recht zum Siege geführt hat.

[21] *Und auf seinen Namen werden die Völker hoffen.*

Nur wenige alttestamentliche Zitate bringt Matthäus so ausführlich. Er schenkt uns damit einen Schlüssel zum Verständnis des Messias. Dadurch, daß er in die Verborgenheit geht – wenn auch von außen dazu gedrängt –, prägt sich in ihm das Bild des Gottesknechtes von Isaias aus. Nichts nimmt Gott von dem zurück, womit er von allem Anfang an *„seinen Knecht"* begabt hat. Er hat ihn erwählt, der Immanuel („Gott mit uns") zu sein und sein Volk „von seinen Sünden zu erlösen" (1,21.23). Er ist „sein geliebter" Sohn, an dem seine Seele Wohlgefallen hat, da er sich bei der Taufe im Jordan offenbart. Da ward der Geist auf ihn gelegt. Mächtig begann er in ihm zu wirken, angefangen vom Satanskampf in der Wüste. Sein erstes Wort war das Wort vom Königtum, in dem das göttliche „Recht" verkündet wurde: „den Völkern", heißt es bei Isaias, also nicht nur Israel! Der Prophet sagt, daß die Worte des Messias allen gelten und den Völkern der Welt übergeben werden. Dies alles ist schon in vielen Bildern vor unseren Augen enthüllt worden.

Doch weiß der Prophet nicht nur von jener Berufung und ihrem strahlenden Beginn. Er schaut in der Zukunft, daß der Gottesknecht nicht auszieht wie ein Heerführer oder Reformator, der das Untere nach oben kehrt. Er weiß von einer tiefinnerlichen, in der Wurzel heilenden und aufrichtenden Tätigkeit. Der Knecht *streitet und lärmt nicht,* noch füllt er die Straßen mit dem Schwall seines Wortes. Sein Beruf ist es, in behutsamer, barmherziger Weise das Darniederliegende aufzurichten, die Wunden zu heilen, den zerbrochenen Mut zu beleben, sich dem Sünder hinzuneigen. – Es ist kein „Streiten", wie unter uns Menschen, auch kein „Diskutieren", um gemeinsam die Wahrheit zu finden. Auch den Gegnern gegenüber tut Jesus nichts anderes, als „das Recht (Gottes) verkünden". Sie haben zu hören und anzunehmen, was Gott durch ihn sagt. – Wir können über das Evangelium nicht „diskutieren". Wir können ihm nur gehorchen. Das ist das Ziel jedes Gespräches über die Botschaft Gottes: uns einander zu besserem Gehorsam zu bewegen.

In der Verborgenheit, in diesem leisen und unauffälligen Heilswirken erfüllt Jesus den Beruf Gottes. Auf diesem Wege aber geschieht doch der Plan: daß *„das Recht zum Siege geführt"* wird. Nicht das Recht, auf das wir Menschen pochen, oder das Recht, das im Gesetz geronnen ist, sondern das Recht Gottes, das, was er unabdingbar einfordert: die Anerkennung seiner Hoheit. Auf seinen Namen hin hoffen die Völker, und zwar alle Völker, Israel miteingeschlossen. – Aus der Erniedrigung in die Erhöhung, aus der Verborgenheit in das Licht führt der Weg des Messias, wie es den Aposteln schon gesagt wurde: „Was ich euch im Dunklen sage, das redet im Licht, und was euch in die Ohren geflüstert wird, das verkündet auf den Dächern" (10,27).

Diesen Weg beschreibt auch der Evangelist Johannes, nur noch erweitert um die erste Bewegung von oben nach unten, vom vorher existierenden (präexistenten) Wort Gottes in die Erniedrigung des Fleisches und wieder hinauf durch die Erhöhung zum Vater: „Ich bin vom Vater ausgegangen und in die Welt gekommen. Ich verlasse die Welt wieder und gehe zum Vater" (Jo 16,28).

4. GOTT ODER SATAN (12,22–45)

Die Krise erreicht ihren Höhepunkt in den folgenden Stücken. Da wird ähnlich wie in der Versuchungsgeschichte (4,1–11) die Schärfe der Gegensätze offenbar. Hier aber nicht mehr in dem unsichtbaren hintergründigen Kampf zwischen Gott und Satan, sondern dem vordergründigen Kampf zwischen jüdischer Gegnerschaft und dem Messias Gottes. Am Beginn steht nochmals der Vorwurf des Teufelsbündnisses mit einer langen Verteidigungsrede Jesu (12,22–37). Es folgt ein Bußruf und Gerichtswort über das feindselig gesinnte Geschlecht (12,38 bis 42). Das Wort vom Rückfall schließt die Rede drohend ab (12,43–45).

a) Gottesreich oder Satansreich (12,22–37)

[22] *Da wurde zu ihm ein Besessener gebracht, der blind und stumm war, und er heilte ihn, so daß der Stumme redete und sah.* [23] *Und alle Volksscharen gerieten außer sich und sprachen: Ist dieser nicht der Sohn Davids?* [24] *Die Pharisäer aber hörten es und sprachen: Dieser treibt die Dämonen nur durch Beelzebul, den Obersten der Dämonen, aus.*

Eine ähnliche Szene haben wir schon einmal gelesen (9,32–34). Wieder geht es um einen dämonisch Besessenen, wieder spendet das Volk begeistert Beifall. Dort stellen die Leute erstaunt fest, daß man niemals so etwas in Israel erlebt habe, hier fragen sie sogar: *„Ist dieser nicht der Sohn Davids?"* Das ist eine Stufe höher, ein Schritt voran. Davidssohn wird der Messias genannt. Wie nahe scheint man der Wahrheit zu sein! Aber es scheint eben nur so. Denn in um so härterem Gegensatz dazu steht die Anklage: Mit Hilfe des Obersten der Dämonen treibt er die Dämonen aus. Dasselbe Ereignis – und ein so verschiedenes Urteil! Was für den einen einzige Hoffnung ist, das erscheint dem anderen als frecher Volksbetrug. – Gottes Werk oder Satans Gaukelspiel? Diese Entscheidung wird auch am Walten Gottes in der Kirche immer neu gefordert; nur der willige und gehorsame Glaube erkennt, daß sich darin nicht menschliche Verführungskunst, sondern göttliche Liebe bezeugt ...

[25] *Er aber wußte ihre Gedanken und sprach zu ihnen: Jedes Reich, das in sich gespalten ist, wird verwüstet, und jede Stadt oder jedes Haus, das in sich gespalten ist, wird nicht bestehen.* [26] *Und wenn der Satan den Satan austreibt, ist er mit sich selbst entzweit. Wie wird dann sein Reich bestehen?* [27] *Und wenn ich durch Beelzebul die Dämonen austreibe, durch wen treiben eure Söhne (sie) aus? Deshalb werden diese eure Richter sein.*

Die „Verteidigung" des Herrn ist in strenger Logik aufgebaut. Diese Schärfe der Gedankenfolge ist ein Ausdruck des unversöhnlichen Gegensatzes zwischen Gottesreich und Satansreich. In der Versuchung sprach nur der Böse von den Reichen der Welt, die er glaubte nach freier Wahl vergeben zu können (4,8 f.). Hier spricht Jesus selbst von *seinem Reich*. Seine Herrschaft ist zu vergleichen mit einem Staatswesen oder auch einer Stadt oder einem Haus, in denen Ordnung unter einer Autorität herrscht. Wird eine Familie von innen zerspalten, lehnen sich die Kinder gegen die Eltern auf (10,34–36). Ein Bürgerkrieg kann ein ganzes Reich zerrütten; dann ist der Bestand jener Ordnung dahin. Die Kraft ihres Bestandes liegt in der Einheit, der zielstrebig zusammengefaßten Vielfalt ihrer Glieder. Wenn einer gegen den anderen aufsteht, dann brechen die Pfeiler der Ordnung zusammen und das Ende ist da.[57] Satans Reich scheint dem Reiche Gottes nachgebildet, ja nachgeäfft zu sein. Er hat eine Gegenregierung, ein Gegenreich gegründet. Da gibt es nicht die Einheit in der Fülle, wie bei Gott, sondern nur ein Zerrbild davon: alles muß dem Bösen dienen, zerstört, verwundet, gespalten werden. Darin sind sich alle Glieder dieses „Reiches" einig; wie kann da einer gegen den anderen arbeiten? Satan gleichsam Selbstmord begehen?

Ein zweites Argument wirft Jesus in die Auseinandersetzung: Eure eigenen Söhne, das heißt eure Schüler, betätigen sich ja auch als Exorzisten, als Teufelsaustreiber. Ihr selbst habt sie dazu angelernt. Sie werden *eure Richter* sein, denn sie bezeugen für mich und mein Wirken, daß der Böse nur der Kraft Gottes weicht. Auch sie vermögen nur etwas zu erreichen, wenn sie im Namen des Herrn der dämonischen Macht begegnen.

[28] *Wenn ich aber durch den Geist Gottes die Dämonen austreibe, dann ist zu euch das Reich Gottes schon gekommen.*

Bisher war das ein messerscharfes „Beweisen". Nun kommt aber die machtvolle Verkündigung Jesu selbst, sein Zeugnis über sein Werk. Bisher mußte der Verstand sich beugen, jetzt wird nur der Glaube begreifen. Nicht der Geist des Bösen, sondern der Geist Gottes wirkt in mir. Durch seine Kraft, mit der ich gesalbt worden bin, werden die Dämonen besiegt. Und wenn das geschieht, dann kommt das *Königtum Gottes* schon an. Wenn die böse Macht vertrieben wird, kann Gottes Herrschaft einziehen. Der freie Raum dafür wird Schritt um Schritt und mühsam erkämpft. Aber dann geschieht es wirklich, daß die Herrlichkeit Gottes triumphiert. Satans Reich wird nicht durch die Widersprüche in sich selbst zerbrechen, sondern durch die größere Macht des Reiches Gottes. – Eines der gewaltigsten Worte, die im Evangelium stehen! Welche Macht muß sich dort offenbaren, wo der Geist Gottes wirkt, nicht nur in der Austreibung eines bösen Geistes wie hier, sondern auch in unseren schlichten Werken, wenn sie „im Geiste Gottes" geschehen: im starken Gebet, im demütigen Dienst oder nur in einem guten Gedenken oder Wunsch für einen unserer Mitmenschen.

[29] *Oder wie kann einer in das Haus des Starken eindringen und seine Habe rauben, wenn er nicht vorher den Starken gebunden hat? Dann mag er sein Haus ausrauben.*

Ein kleines Gleichnis! Das Bild ist vom Kriege genommen, hart und realistisch. Wer anderen das Haus plündern will, seinen Besitz rauben, der muß erst den Feind, den Besitzer des Hauses, gefesselt haben, sonst wird es ihm schlecht ergehen. – Seltsamerweise wird der Hausbesitzer „der Starke" genannt. Im Bilde ist das begreiflich, weil nur so die Gefährlichkeit einsichtig wird, die dem Räuber zu schaffen macht. Jesus aber sprach vom Satan, und das Gleichnis soll das Vorhergehende weiterführen. Weil er einem „Reich" vorsteht, ist er stark. Nur ein Stärkerer als er wird ihn überwältigen und fesseln, will er sein Besitztum rauben. Wer sollte *der Stärkere* anders sein als jener, den schon Johannes der Täufer mit diesem Wort ankündigte: „Der aber nach mir kommt, ist stärker als ich" (3,11)? Ja, er ist auch stärker als der Satan, und ihm allein wird es gelingen, ihn unschädlich zu machen. Die Dämonen fliehen vor seinem Machtwort, Satan erleidet eine Niederlage nach der anderen. – Wir sind ohnmächtig, wenn wir mit unseren eigenen Kräften rechnen. Allein die Macht Jesu, des Stärkeren, in uns kann das Böse bezwingen: den Haß, die Lüge, die Feindschaft gegen Gott.

30 *Wer nicht mit mir ist, der ist gegen mich, und wer nicht mit mir sammelt, der zerstreut.*

Gott wider den Satan und der Messias wider den Satan – das ist völlig gleich. Wer sich gegen Jesus wendet, wendet sich auch *gegen Gott*. Er allein ist den Mächten des Bösen gewachsen, weil er ganz in Gott und Gott ganz mit ihm ist. An ihm fällt die Entscheidung des Menschen überhaupt. Ja, noch mehr: Wer nicht tätig mit Jesus arbeitet, so wie die Jünger zu seinen Lebzeiten, der arbeitet schon gegen ihn, der zerstreut. Das Bild besagt: Jesu Werk ist *die Sammlung*, ausgesprochen etwa in dem Gedanken, „die verlorenen Schafe des Hauses Israel" zusammenzubringen (10,6). Das Bild des Hirten und der Herde leuchtet wieder auf. Der Wolf, der in die Herde einbricht, zerstreut. – Wir beziehen nicht nur irgendwo einen Standpunkt; es geht nicht nur um die einmal gefällte Entscheidung. Diese Entscheidung muß ständig verwirklicht werden, im Handeln Gestalt gewinnen. Sie bleibt nicht in der Theorie, in einer geistigen Stellungnahme. Nur dort ist sie wahr, wo das tägliche Tun von ihr gespeist wird, und das heißt: mit Jesus sammeln, seinen Hirtendienst tun, für ihn arbeiten . . .

31 *Deswegen sage ich euch: Jede Sünde und Lästerung wird den Menschen vergeben werden, die Lästerung des Geistes aber wird nicht vergeben werden.* **32** *Und wenn einer ein Wort gegen den Menschensohn sagt, wird ihm vergeben werden; wer aber ein Wort gegen den Heiligen Geist sagt, dem wird nicht vergeben werden, weder in dieser Weltzeit noch in der kommenden.*

Von einer Sünde ist die Rede: der Blasphemie, *der Lästerung*. Diese Sünde ist immer gegen das Heilige, gegen Göttliches gerichtet, im Unterschied zu anderen, die sich auf Menschen

und menschliche Werte richten. Jesus unterscheidet die Lästerung gegen den Heiligen Geist und die Lästerung gegen
den Menschensohn. Schwer zu verstehen ist, wieso jene Sünde
gegen den Menschensohn vergeben werden kann, die andere
aber nicht!

Jesus verwendet den Titel „Menschensohn" für sich wie einen
Decknamen. Er kann nur „Mensch" bedeuten, aber auch die
höchsten Würden: die Vollmacht zur Sündenvergebung, das
Richteramt der Endzeit. Jedenfalls ist er äußerlich ein Mensch
wie alle anderen. Man kann an ihm irre werden, wie sich gerade hier zeigt. Man kann seine Wunder böswillig mißdeu-
ten, wie es vorher geschah (12,24). Als Mensch unter Menschen steht er im Widerstreit, der Glaube an ihn kann gefunden, aber auch verweigert werden. Dieses Einhüllen der göttlichen Fülle in das menschliche Gewand, das Verbergen der
Göttlichkeit in der Schwäche kann dem Menschen als „mil-
dernder Umstand" angerechnet werden. Er hat noch eine
Hoffnung auf Vergebung.

Wer aber den *Geist Gottes* lästert, der weiß genau, worum
es geht. Sein Angriff richtet sich auf Gott unmittelbar. Zwar
kann der Mensch Gott nicht sehen und auch seinen Geist
nicht, aber er weiß, wer er ist. Wenn einer Gott lästert, meint
er immer wirklich Gott selbst. Da gibt es kein Helldunkel
des Zweifels oder der Unsicherheit – und damit auch keine
Entschuldigung.

Jesus bekennt feierlich, im Geiste Gottes die Dämonen auszutreiben. Die Lästerung gegen ihn ist so in Wahrheit eine
Lästerung des Geistes. Und diese Sünde *kann nicht vergeben werden*, weil der Lästerer sich gleichsam selbst von der
Vergebung ausschließt. Weder hier in der gegenwärtigen
Weltzeit noch in der zukünftigen wird er Vergebung erhalten. Er hat sich selbst von Gott geschieden.

³³ *Entweder nehmt ihr an: der Baum ist gut, dann ist auch*
seine Frucht gut, oder ihr nehmt an: der Baum ist schlecht,
dann ist auch seine Frucht schlecht; denn an der Frucht
wird der Baum erkannt. ³⁴ *Ihr Otternbrut! Wie könnt ihr*
Gutes reden, da ihr böse seid? Denn der Mund redet, wo-
von das Herz voll ist. ³⁵ *Der gute Mensch bringt aus dem*
guten Schatz Gutes hervor, und der böse Mensch bringt
aus dem bösen Schatz Böses hervor.

Hier ist das Bild von den Bäumen und ihrer Frucht erneut
verwendet. Wer Schlechtes redet, wessen Worte von Bosheit
und Haß erfüllt sind, der kann kein gutes Herz haben. Der
ganze Mensch ist verdunkelt (vgl. 6,22 f.). Das Äußere gibt
ungeheuchelt die innere Lage des Menschen wieder. Eure
Bosheit des Herzens gibt sich in der lästernden Rede kund.
Sie bezeugt, daß ihr durch und durch verderbt seid und Gott
nicht in euch ist! So wie der faule und morsche Baum an seiner untauglichen Frucht erkannt wird, so eure Schlechtigkeit
an eurem Reden.

Wiederum gebraucht Jesus, wie schon der Täufer, die harte
Anrede: „Ihr Otternbrut!"⁵⁸ Jene Schlechtigkeit wird oft nicht
sofort erkannt, sie muß sich nicht auch nach außen hin als
Bosheit kundgeben. Sie ist getarnt unter dem Mantel der
Frömmigkeit und versteckt sich hinter der Absicht, Gott zu
dienen. Sie ist *Heuchelei*, die Jesus den Pharisäern bereits in
der Bergpredigt vorgeworfen hatte (6,1–18) und später in der
großen Weherede noch grundsätzlicher behandeln wird
(K. 23). Zu dem Bild von den Bäumen gesellt sich die Spruch-
weisheit menschlicher Erfahrung: „Denn der Mund redet,
wovon das Herz voll ist." Die lautere Gesinnung und Klarheit des Wesens muß sich auch in der Rede äußern. Sie wird
an ihr erkannt, allerdings nur von dem, der die eigene Lau-

terkeit besitzt, aus dem Klang der Worte die wahre Gesinnung herauszuhören.

So besitzt der Mensch in seinem Herzen einen *Schatz*, der entweder gut und wertvoll oder böse und hohl ist. Wie eng ist der Zusammenhang zwischen Reden und Sein, zwischen dem Wort des Mundes und der Beschaffenheit des Wesens gesehen! Eine Wahrheit, die sich auch in unserer täglichen Erfahrung bestätigt. Auf die Dauer wird man einen anderen an der inneren Wahrhaftigkeit seines Redens erkennen, aber auch selber von anderen erkannt werden! – Das Wort offenbart unsere Person. Es kommt aus der Mitte des Wesens und sucht den Weg zum Du. Je größer die Einheit zwischen Gesinnung und Wort ist, desto tiefer sind wir von Gottes Wahrheit durchgestaltet. Da gilt wieder die Seligpreisung: „Selig, die reinen Herzens sind, denn sie werden Gott anschauen" (5,8).

[36] *Ich sage euch aber: Über jedes unnütze Wort, das die Menschen reden, werden sie am Tage des Gerichtes Rechenschaft geben.* [37] *Denn nach deinen Worten wirst du gerechtgesprochen, und nach deinen Worten wirst du verurteilt werden.*

Das Wort muß sorgfältig verwaltet werden. Es hat eine hohe Würde und trägt das Wertvollste, was wir haben, aus uns heraus. Deshalb sollen wir uns hüten, *unnütze Worte* zu gebrauchen. Für jedes von ihnen müssen wir Rechenschaft am Tage des Gerichtes ablegen. – Ein erschreckender Gedanke! Wie unsere Taten gewogen und gemessen werden, so auch unsere Worte. Wenn Jesus von ihnen so ernst redet, dann können es aber nicht nur die alltäglichen Worte sein, ohne die unser Leben undenkbar ist, das Sprechen über die Tagesereignisse, über die Freuden und Sorgen in der Familie, die

Überlegungen zum Einkaufen und Essen und alles, was unsere Worte ständig und auch notwendig zu leisten haben. Unnütze Worte müssen solche sein, die nicht aus jener inneren Wahrheit kommen, die unlauter und zwielichtig sind, geheim oder bewußt geheuchelt und von der Liebe getrennt. All die Worte über den Mitmenschen, die Geschwätz sind, die Worte über Verhältnisse und die „böse Zeit", die nur nutzloses Barmen und ungehemmtes „Gerede" sind. Sie wird Gott wägen. Wir sollten uns mühen, daß alles Reden immer mehr eins werde mit der Gesinnung, mit unserem Herzen, durchpulst vom Herzschlag der Liebe.

b) Zeichenforderung und Bußzeichen (12,38–42)

38 Da antworteten ihm einige von den Schriftgelehrten und Pharisäern und sprachen: Meister, wir wollen von dir ein Zeichen sehen. 39 Er aber erwiderte ihnen und sagte: Ein böses und ehebrecherisches Geschlecht fordert ein Zeichen, aber es wird ihm kein Zeichen gegeben werden als das Zeichen des Propheten Jonas. 40 Denn wie Jonas im Bauche des Seetieres drei Tage und drei Nächte war, so wird (auch) der Menschensohn im Herzen der Erde drei Tage und drei Nächte sein.

Schriftgelehrte und Pharisäer treten mit einer Forderung an ihn heran. Ehrerbietig reden sie ihn mit Meister, Lehrer an. Sie möchten *ein Zeichen* von ihm sehen. Was soll das für ein Zeichen sein? Hat er nicht unentwegt Zeichen gegeben, vor allem in seinen Wundern? Hat nicht Gott selbst gleich am Anfang gesprochen und ein Zeichen gesetzt bei der Taufe im Jordan? Sie wollen noch etwas anderes, ihre Frage könnte ehrlich gemeint sein, so wie die Anfrage des Täufers Johannes (11,2 f.). Dieser fragte, ob er wirklich der Messias sei. Die Gegner hier könnten das gleiche meinen: ein Beglaubigungszeichen, ein unleugbar sicheres Wunder.

Auch die Antwort des Herrn ist mit der an Johannes verwandt. Er sagte dem Täufer nicht direkt, daß er der Messias sei, sondern zeigte ihm den Weg des Glaubens auf: von den Werken auf seine Person zu schließen. Auch die Gegner hier bekommen keine direkte Antwort. Aber die Ablehnung ist viel schärfer. Jesus sieht in der Forderung als solcher ein Unrecht, ein Aufbegehren gegen den Plan Gottes. Ihren Vorfahren haben die Propheten oft vorgeworfen, daß sie ein böses Geschlecht seien, unfähig, das Gute zu tun, und daher ein ehebrecherisches Geschlecht, das den Bund der Liebe, den Gott geschlossen hatte, unentwegt verletzt. So auch dieses Geschlecht der Zeitgenossen Jesu. Es fordert ein eigenes Zeichen, weil es die von Gott schon gegebenen nicht annimmt. Es versucht, Gott unter *ihren Willen* zu zwingen, statt sich seinem zu beugen. Daher wird ihm kein Zeichen gegeben werden. Auch der Satan in der Wüste hatte keinen Erfolg mit seinen Forderungen nach Wunderzeichen. Er steckt letztlich hinter ihrem Begehren. – Manchmal hört man: Ja, wenn Gott ein Wunder geschehen ließe, dann würde ich glauben. Alle Zeichen, die uns den Weg zeigen, sind aufgestellt. Der aufrührerische Wille verlangt nach neuen und anderen, die wir selbst beurteilen möchten, ob sie auch ausreichen zur Beglaubigung Gottes . . .

Trotzdem wird aber ein Zeichen aufgerichtet werden, undeutlich als *„Zeichen des Propheten Jonas"* benannt. Nicht sofort, da die Schriftgelehrten danach verlangen, sondern dann, wenn es Gott gefällt. Es ist das Zeichen des Todes und der Auferstehung. Jonas wurde im Bauche des Seetieres drei Tage festgehalten, als Strafe Gottes für seinen Ungehorsam.

Dann aber wunderbar errettet und zur Predigt nach Ninive geschickt. Der Menschensohn wird drei Tage im Schoße der Erde (das heißt: der Unterwelt) sein in der Erfüllung seines Gehorsams. Er *stirbt* den Prophetentod, wird aber von Gott *auferweckt* und herrlich *erhöht*. Das ist das Zeichen, das Gott geben wird – den Juden ein Ärgernis, den Heiden eine Torheit – Zeichen des Widerspruchs. Der die Weisheit der Welt zur Torheit gemacht hat, dem hat es gefallen, durch die Torheit der Predigt (vom Kreuze) die Gläubigen zu retten. So sieht der Apostel das Zeichen des Heils, das Gott aufrichtet (1 Kor 1,20–23). – Die Versuchung, von Gott Zeichen zu fordern, ist in der Geschichte der Kirche oft aufgetreten. All jenen, die besondere Offenbarungen, neue Wunder, geheime Belehrungen über Ereignisse und Termine, über Kriege und Katastrophen oder das Ende der Welt fordern, gilt das gleiche wie den Gegnern hier: es wird kein Zeichen gegeben werden als das Zeichen des Propheten Jonas ... Alles andere ist Kleinglaube oder Aberglaube.

[41] *Die Männer von Ninive werden beim Gericht mit diesem Geschlecht auftreten und es verurteilen; denn sie haben sich auf die Predigt des Jonas hin bekehrt, und siehe, hier ist mehr als Jonas.* [42] *Die Königin des Südens wird beim Gericht mit diesem Geschlecht aufstehen und es verurteilen; denn sie kam von den Enden der Erde, um die Weisheit Salomons zu hören, und siehe, hier ist mehr als Salomon.*

Zwei Beispiele aus der Heiligen Schrift bekräftigen die Antwort Jesu: Dieses Geschlecht hat sich schon selbst das Gericht gesprochen, es hat keine Zeichen mehr zu erwarten. Heiden waren es, zu denen der Prophet Jonas gesandt wurde,

278

Heiden sogar in einer sprichwörtlich hochmütigen und weltlich verlotterten Stadt: Ninive, der Hauptstadt des Assyrischen Reiches. Ein Prophet hatte genügt, sie zur Umkehr zu bringen. „Hier ist mehr als Jonas." Der Bußruf ist ungehört verhallt, dieses Geschlecht hat sich nicht bekehrt. Dem heidnischen Hauptmann schon sagte Jesus, daß er in Israel einen solchen Glauben nicht gefunden habe. Die Heiden, die von den vier Winden der Erde zusammenkommen, werden anstelle der eigentlichen Erben mit Abraham, Isaak und Jakob zu Tische liegen (8,11–12). Hier geht Jesus noch einen Schritt weiter: Die Heiden werden nicht nur an die Stelle der Kinder Israels treten, sondern sogar in einem Gerichtsverfahren vor dem göttlichen Gerichtshof das Urteil über dieses Geschlecht mitsprechen!

Das zweite Beispiel spricht auch von einer Heidin, jener Königin aus Saba, dem reichen Goldland Arabiens, die mit kostbaren Geschenken zu Salomon kam, um seine Weisheit zu hören.[59] Auch sie wird als Ankläger an jenem Tage auftreten. Denn so erleuchtet und weise Salomon auch war, hier ist mehr als er! – Diese Worte werfen auch ein Licht auf Jesus selbst. Er ist Bußprediger wie Jonas und die anderen Propheten, und er ist Lehrer des Weges Gottes wie Salomon und alle Weisheitslehrer nach ihm. Beides zusammen: Prophet und Lehrer, und doch mehr als sie beide.

Viele Menschen außerhalb der Kirche schauen auf sie mit Ehrfurcht und Sehnsucht. Viele nehmen ihre Botschaft an, wenn sie von der Würde des Menschen, dem Frieden und der Einheit der Völker spricht. Viele sehen das „Zeichen unter den Völkern" (Is 11,12), wenn sie auch nicht zur vollen Erkenntnis der Wahrheit finden. Ob manche von jenen auch am Tage des Gerichtes gegen Glieder der Kirche auftreten werden, die die Wahrheit besaßen und doch im tiefsten ungläubig waren; Zeichen forderten und Gott zu zwingen suchten, sich aber nicht bekehrten?

c) Drohung vor dem Rückfall (12,43–45)

43 Wenn aber der unreine Geist aus einem Menschen ausgefahren ist, streift er durch wasserlose Gegenden, sucht einen Ruheplatz und findet ihn nicht. 44 Dann spricht er: Ich will in mein Haus zurückkehren, von dem ich fortgegangen bin; und er kommt und findet es leer, ausgekehrt und geschmückt. 45 Dann geht er hin und nimmt mit sich sieben andere Geister, die schlimmer sind als er, und sie ziehen ein und wohnen dort. Und die letzten Dinge jenes Menschen werden schlimmer als die ersten sein. So wird es auch diesem bösen Geschlecht ergehen.

Wieder wird das Bild von der Wüste beschworen. Die öde Steppe, die ausgedörrte, leblose Eintönigkeit ist dem Bewohner des fruchtbaren Kulturlandes unheimlich; fremd und gefährlich umlagert sie ihn. Sie ist der Aufenthaltsort der Dämonen. Dort hat auch Jesus mit Satan gestritten. Von der Wüste aus stoßen sie vor in das Reich der Menschen und versuchen, sich da heimisch zu machen. Werden sie vertrieben – wie stets durch die Macht des Wortes Jesu –, dann bleibt ihnen nichts, als in ihre öde Heimat, die doch Heimatlosigkeit ist, zurückzukehren.

Aber es mag auch sein, daß der Böse wohl gewaltsam aus dem Menschen vertrieben worden ist, ohne daß dieser Mensch sich *innerlich von ihm lossagte.* Im Gegenteil: Die Besatzungsmacht des finsteren Geistes war ihm angenehm. Nun bleibt er leer zurück, da die Fülle Gottes den freigewordenen Raum nicht ausgefüllt hat. Er ist immer noch innerlich bereit für den schlimmen Gast, ja sehnt sich geradezu nach ihm und lockt ihn herbei. Kommt der Dämon bei seinem Umherschweifen in die Nähe, dann „findet er (das Haus) leer, ausgefegt und geschmückt". Das muß ihn von neuem reizen und mit wahrhaft satanischer Freude erfüllen. Er sammelt Genossen und bezieht mit ihnen erneut das Haus, das Herz jenes Menschen. Da können sie sich tummeln und ihr Unwesen treiben und ihn noch unglücklicher machen, als er vorher war.

Es ist eine seltsame Welt, in die uns dieser Spruch versetzt, ganz von den Anschauungen der Zeitgenossen Jesu her gedacht. Aber durch die befremdlichen Vorstellungen hindurch wird sichtbar, worauf es eigentlich ankommt: auf *die Entscheidung* für oder gegen Gott, die im Herzen („dem Hause") fällt. Das entspricht dem, was sich jeder selbst als abschreckendes Beispiel ausmalen kann. Wer sich einmal vom Bösen losgesagt hat, der ist viel schlimmer dran wenn er ein zweites Mal zurückfällt.

Es ist aber ein Beispiel. Was der Herr eigentlich sagen will, steht im letzten Satz: „*So wird es auch diesem bösen Geschlecht ergehen.*" Jesus sieht die Masse seiner Gegner als solche „Rückfällige" an. Mögen sie zum Teil anfangs seinem Wort geglaubt, sich ihm wenigstens bereitwillig geöffnet oder das neue Leben schon begonnen haben – das wird im einzelnen nicht sichtbar. Vielleicht muß der Blick noch weiter zurückgehen in die Geschichte des Volkes, die eine Geschichte von Bekehrungen und immer neuen Abfällen war. Da sie den Bösen so oft Macht über sich gewinnen ließen, trotz aller leidenschaftlichen Bemühungen Gottes, sind sie „Rückfallsünder", ein wahrhaft „böses Geschlecht". Wie der Mensch in der Erzählung sofort wieder mit dem Bösen paktierte, so ist auch in diesem Geschlecht keine wirkliche Bekehrung geschehen. Schlimmer als anderen Generationen vorher wird es ihnen ergehen, da ja hier „mehr als Jonas", „mehr als Salomon" ist.

d) Die wahren Verwandten Jesu (12,46–50)

Mit diesem Stück schließt die große Auseinandersetzung mit den Gegnern. Das ist sehr bezeichnend! Das letzte Wort ist nicht das Drohwort über jenes „böse Geschlecht", sondern der Hinweis auf sein Gegenstück, ein neues, wahrhaft Gott zugewandtes Geschlecht.

[46] *Während er noch zu den Volksscharen redete, siehe, da standen seine Mutter und seine Brüder draußen und suchten ihn zu sprechen. ([47] Da sprach einer zu ihm: Siehe, deine Mutter und deine Brüder stehen draußen und suchen dich zu sprechen).*[60] [48] *Er aber sprach zu dem, der es ihm sagte: Wer ist meine Mutter, und wer sind meine Brüder?* [49] *Und er streckte seine Hand über seine Jünger aus und sprach: Siehe, meine Mutter und meine Brüder.* [50] *Denn wer den Willen meines Vaters im Himmel tut, der ist mir Bruder und Schwester und Mutter.*

Jesus spricht unvermittelt zu dem Überbringer der Nachricht, daß seine Verwandten ihn zu sprechen suchten – zunächst mit einer verwunderten Frage: „Wer ist meine Mutter, und wer sind meine Brüder?" Diese Frage zeigt, daß Jesus etwas Bestimmtes zu sagen vorhat. Denn wer Mutter und Brüder sind, das weiß doch jedermann. Jesus will auch nicht ausdrücken, daß er sich von seiner Mutter Maria und den übrigen Verwandten distanziert, daß er sie als leibliche Verwandte nicht kennt oder achtet, sich von ihnen geschieden weiß. Es kommt auf etwas anderes an.

Feierlich sagt der Evangelist, daß Jesus die Hand über seine Jünger ausstreckt. Das ist die Gebärde der Besitzergreifung, Ausdruck der Zugehörigkeit und auch des Segens. *„Seine Jünger"* steht da, nicht etwa „seine Apostel"; der Kreis der Zwölf ist nicht gemeint, sondern jeder, der innerlich im Verhältnis des Jüngers zum Meister steht, der ihm nachfolgt. Von diesen sagt er: „Siehe, meine Mutter und meine Brüder."

Es gibt ein Kennzeichen des Jüngers Jesu: das wirkliche Tun des Willens Gottes. Wer dieses Kennzeichen trägt, der ist sofort auch sein „geistlicher Verwandter", ist ihm *Bruder und Schwester und Mutter.* Das Band des Blutes, die Verwandtschaft der natürlichen Familie und Sippe, der Verband des Volkes sind für Gottes Königtum nicht entscheidend. Quer durch alle diese Bindungen, so urgewaltig sie sind, geht der fordernde Anspruch des lebendigen Gottes. Von ihm her scheiden sich Verwandte und Fremde, Zugehörige und Außenstehende. Hatten wir doch schon gehört, daß das Wort Jesu wie ein Schwert auch in den intimen Raum der Familie hineinfahren kann und dort Eltern und Kinder, Tochter und Mutter, Sohn und Vater entzweit (10,34–36), und daß die Bindung an ihn den Vorrang haben muß vor der Bindung an Vater und Mutter (10,37).

Es ist für die Botschaft Jesu so bezeichnend: *Gottes Wille* ist das oberste Gesetz, das auch über die Jüngerschaft, die wahre Zugehörigkeit zu ihm entscheidet. Das ist für den Juden bedeutsam. Er kann sich nicht auf Gott und Gottes Willen gegen die Lehre Jesu berufen. Das gilt auch für den Christen. Er kann sich nicht durch das Bekenntnis zu Christus von der tätigen Erfüllung des Willens Gottes loskaufen.[61]

Wir hörten, daß der Jünger nicht über dem Meister steht, daß das Jünger-Meister-Verhältnis der Über- und Unterordnung auch niemals aufgehoben wird (10,24 f.). Dazu kommt jetzt etwas Neues: Der Jünger ist ein *„Verwandter Jesu"* im geistlichen Sinn. Die Wärme und Vertrautheit, die familiäre Nähe prägt auch dieses Verhältnis. Es bleibt nicht beim Gehorsam, der Unterordnung und bedingungslosen Nachfolge. Vielmehr: Wer sich ohne Vorbehalt Jesus anschloß, der wird gleichsam in seine „Familie" aufgenommen. Er wird ihm nahe und vertraut, wie es daheim Brüder und Schwestern, Eltern und Kinder untereinander sind. Das ist beglückend und schön. – Wie viele erfahren es, daß die Vertrautheit, die Tiefe des Einvernehmens und der Austausch der Herzen unter den Brüdern Jesu viel inniger und reicher sein kann als in der leiblichen Verwandtschaft! Die Wärme und das Einvernehmen zwischen den Jüngern und ihrem Meister übertragen sich auch auf das Verhältnis untereinander. Gottes Königtum schafft eine neue Ordnung, eine im Glauben erfahrbare geistliche Verbundenheit, die weit über die irdischen Bindungen hinausgeht, ohne daß Familie, Sippe und Volk in ihrem Wert gemindert würden! Doch in der neuen Verwandtschaft, der geistlichen Gliedschaft der Kirche, haben wir schon einen Vorgeschmack der Vollendung. In jeder Gemeinde kann man das beglückend erfahren, besonders unter denen, die auch im wörtlichen Sinn *alles* verlassen haben und Jesus nachgefolgt sind.

ANMERKUNGEN

[1] Die wissenschaftlichen Fragen der Auslegung des Mt-Evangeliums können hier nicht behandelt werden. Es gibt viele Hilfen für den interessierten Lehrer zum Weiterstudium, z. B. den Kommentar von *J. Schmid*, Das Evangelium nach Matthäus, Regensburg [3]1956; vgl. auch als Versuche zu einer „Theologie des Mt-Evangeliums" *G. Bornkamm – G. Barth – H. J. Held*, Überlieferung und Auslegung im Matthäus-Evangelium, Neukirchen 1960 und *W. Trilling*, Das wahre Israel, Leipzig [2]1962.

[2] Auf das Verhältnis zwischen den beiden Vorgeschichten zueinander geht gründlich ein *J. Schmid* in den Bänden des „Regensburger NT" zu Mt und Lk.

[3] V. 2–6: 1 Chr 2,1–15; vgl. Ruth 4,18–22; V. 7–12: 1 Chr 3,5–16.

[4] In Wirklichkeit sind es in der letzten Periode nur dreizehn Glieder. Das gerade beweist den konstruierten Aufbau und die darauf ruhende Beweiskraft der Liste.

[5] Einen ähnlichen Stammbaum hat nur noch Lk (3,23–38), aber in umgekehrter Reihenfolge. Neu ist bei ihm, daß er noch über Abraham hinausgeht bis zu Adam und so Jesus nicht nur als Stammvater des neuen Volkes, sondern als Stammhaupt einer neuen Menschheit sieht.

[6] Lies zu Mt K. 1 – 2 das ganze Kapitel Ex 1.

[7] Wie Mk 1,10; doch anders Lk 3,21 f. und Jo 1,32 ff., der die Taufe gar nicht erwähnt.

[8] Das gilt auch für die zweite Versuchung: vgl. zu der Frage *J. Schmid*, Das Evangelium nach Matthäus, Regensburg [3]1956, S. 65–68.

[9] Im Hebräischen heißt es eigentlich gelil ha-gojim = Bezirk der Heiden. Damit wurde in alter Zeit das gleiche Gebiet bezeichnet; der Ausdruck „Bezirk" wurde zur Landschaftsbezeichnung Galiläa.

[10] Bei Mt wird überwiegend von „Simon Petrus" gesprochen, so wie ihn die frühe Kirche benannte. Bei Mk hat Jesus selbst den Beinamen gegeben (3,16; vgl. Mt 16,18).

[11] Vgl. Mt 10,2; Lk 6,14 mit Petrus und Andreas an der Spitze; in Mk 3,16 f. und Apg 1,13 ist die Reihenfolge: Petrus, Jakobus und Johannes, Andreas.

[12] Dieser Satz ist wie eine Überschrift für die folgenden Kapitel: Lehre Jesu in K. 5 – 7, Wunder Jesu in K. 8 – 9.

[13] Vgl. ähnliche Stellen bei Mt 7,29; 9,35; 11,1; 12,9; 13,54.

286

[14] Vgl. damit Lk 6,21–26, wo vier Heilrufe und vier Weherufe, die ihnen entsprechen, zusammen stehen. Nach allgemeiner Überzeugung sind die vier Heilrufe bei Lk ursprünglicher als die acht bei Mt; das gleiche gilt für die Fassung in der 2. Person statt der 3. bei Mt.

[15] Vgl. Ps 18,28; 41,17; 86,1 f.; 70,6.

[16] Vgl. *H. L. Strack – P. Billerbeck,* Kommentar zum NT aus Talmud und Midrasch, München [2]1956, IV/2, S. 881. 901 f.

[17] Vgl. 6,1.33; 25,14–30.

[18] Vgl. z. B. 1 Thess 2,14–16.

[19] Diesen Vers hat der Evangelist im Sinne des vorhergehenden Satzes (V. 17) verstanden; diese Annahme liegt der hier vertretenen Deutung des schwierigen Verses zugrunde.

[20] Lies Hebr 9,11 – 10,18.

[21] Vgl. Röm 12,1; 1 Petr 2,5; Hebr 13,15.

[22] Vgl. 16,23; 18,6–9; 24,10.

[23] Daß *der ganze Leib* dort gepeinigt wird, entspricht der Auffassung vom Menschen, die nicht zwischen Leib und Seele – wie wir –, sondern zwischen Leib und Leben unterscheidet. Der Mensch wird im israelitisch-jüdischen Denken immer als eine Einheit gesehen. Es gibt nur den belebten oder den unbelebten Leib und nach dem Tode den ganzen Menschen in der Seligkeit oder den ganzen Menschen in der Gehenna.

[24] Mit dieser Bestimmung war die Scheidung des Ehebandes selbst erlaubt, sie wurde geübt durch alle Jahrhunderte bis hin zu Jesus. Unabhängig davon gab es trotzdem eine hohe Eheauffassung und Ehemoral in der jüdischen Überlieferung. Aber dieser eine Makel blieb doch haften, der ernsten Geistern stets ein Anstoß war, auch der Sekte von Qumran. Dieses Gesetz lockerte nicht nur die gottgewollte Einheit und Unlösbarkeit der Ehe, sondern begünstigte auch den Mann in einer ungerechten Weise der Frau gegenüber. Denn nur der Mann war dazu berechtigt, während die Frau von sich aus keine Scheidung vornehmen durfte. Die nähere Auslegung des Gesetzes mußte sich vor allem mit der ziemlich undeutlichen Begründung „wenn er etwas Schändliches an ihr findet" (Dt 24,1) befassen. Da war für sehr weitherzige und engherzige Auffassungen Raum. Die Diskussion war zur Zeit Jesu in vollem Gange, sie wurde vor allem geführt von den beiden Gelehrtenschulen des Rabbi Hillel und des Rabbi Schammai. Die Stellung Jesu zu der Frage erfahren wir genauer in 19,1–9. Hier ist nur der Kernsatz Jesu herausgenommen und dem alttestamentlichen Gebot gegenübergestellt.

[25] Spricht nicht das kleine Sätzchen „außer im Falle der Unzucht" gegen diese Klarheit? Der Zusatz findet sich nur bei Mt, hier und auch später in 19,9. Weder Mk und Lk noch Paulus wissen etwas davon. Es ist undenkbar, daß Jesus ein solches Wort gesprochen haben kann in dem Sinne, daß das entschiedene Verbot jeder Ehescheidung nun doch wieder erweicht würde durch Ausnahmefälle. Wir können aber nicht mehr genau angeben, wie diese Worte gemeint sind und was Mt, als er sie niederschrieb, damit im Auge hatte. Die Überlieferung und Auslegung der Kirche hat hier das klärende Wort zu sagen. Sie lehrt ohne Rücksicht auf diesen Zusatz die Unmöglichkeit einer Scheidung des Ehebandes. Mit anderen Worten: Sie legt die beiden Mt-Stellen nach den eindeutigeren bei Mk (10,11 f.), Lk (16,18), Paulus (1 Kor 7,10 f.) hin aus. Vgl. dazu J. *Schmid*, Das Evangelium nach Matthäus, Regensburg [3]1956, S. 102–104.

[26] Vgl. zu Mt den Text im Jakobusbrief, der vor allem im zweiten Teil klarer ist, weil er nicht ein doppeltes „Ja, Ja, Nein, Nein" bringt (das bei den Rabbinen schon als Schwur galt!): „Vor allem aber, meine Brüder, schwört nicht, weder beim Himmel noch bei der Erde noch irgendeinen anderen Eid. Euer Ja soll ein Ja, euer Nein ein Nein sein, damit ihr nicht unter das Gericht fallt" (Jak 5,12).

[27] Vgl. das zu 5,12 und 5,46 f. Gesagte, S. 101 mit S. 137 f.

[28] Wir begnügen uns mit einigen Hinweisen, da das Gebet zu reich ist, um hier ganz entfaltet werden zu können und da es manche anderen Hilfen zu seinem Verständnis gibt: E. *Lohmeyer*, Das Vaterunser, Göttingen [2]1947 und H. *Schürmann*, Das Gebet des Herrn, Leipzig [4]1961 – Freiburg i. Br. [2]1962 – unter anderem.

[29] Daß das wirklich als Bedingung gemeint ist, ergibt sich aus dem Gleichnis vom unbarmherzigen Knecht (18,23–35).

[30] Vgl. der Pharisäer und Zöllner Lk 18,9–14.

[31] Vgl. 1,19 und S. 25; 3,15 und S. 64; 5,6 und S. 94 f.; 5,20 ff. und S. 112 ff.

[32] Vgl. 16,22 f.; 17,20; 18,19 f.; 20,20–23; 21,20–22.

[33] So ist die Parallele Lk 13,23 f. zu verstehen. In der wesentlichen Aussage muß Mt mit Lk übereinstimmen, und die obige Auslegung kann wohl zeigen, daß dies auch der Fall ist.

[34] Vgl. 1 Kor 14.

[35] Jo 4,22; vgl. Röm 11,11 ff.

[36] Vgl. Mk 1,29 und Jo 1,44.

[37] Vgl. Jo 9,1–41.

[38] Vgl. 16,18; 18,17.

[39] Vgl. das dort zum Fasten Gesagte (6,16–18) auf S. 151–153 und die Ausführungen zu 5,17–20 auf S. 107–114.

[40] Dt 19,15; vgl. Mt 18,16. Eine andere Heilung von zwei Blinden (bei Mk ist es nur einer: Bartimäus) folgt in 20,19–34 = Mk 10,46–52.

[41] Später wird die Anklage nochmals erhoben, und Jesus antwortet ausführlich darauf: 12,22–37, vgl. S. 268–276.

[42] Vgl. aber Mk 3,13–15; Lk 6,12 f.

[43] Vgl. Jo 1,43–51; 6,5–7; 14,8–10.

[44] Vgl. Lk 10,17–20; Mk 9,14–29 = Mt 17,14–21.

[45] Vgl. Lk 10,7; Mk 6,10.

[46] Vgl. 2 Kor 11,23–33 und die entsprechenden Schilderungen in der Apg.

[47] Das Wort klingt so, als habe Jesus nur mit einer kurzen Zeit bis zur Vollendung des Gottesreiches gerechnet. Die drängende Nähe des Ereignisses gehört zu seiner prophetischen Botschaft wie bei Johannes dem Täufer. Vielleicht gehört dieses Wort auch in die Frühzeit seines Wirkens. Zu der Zeit, da das Volk wie die Führerschaft sich gegen ihn verschlossen hatten, klingen die Worte anders (vgl. z. B. 23,37–39). – Jesus steht zu jeder Zeit im unmittelbaren Gespräch mit den Menschen. Er bringt nicht eine Lehre wie ein geordnetes System im Lehrbuch mit, die einfachhin geoffenbart wird, sondern seine Lehre ist zugleich der Anruf zur Entscheidung. Wie alle Propheten steht er ganz in seiner Zeit, und seine Botschaft muß sich jeweils neu nach ihr richten, weil Gott den Menschen so anredet, wie er ist und wo er steht.

[48] Über den Frieden zwischen Gott und den Menschen oder den Frieden der Menschen untereinander sagt Jesus hier nichts. Darüber spricht die Schrift an anderen Stellen ausführlich, vor allem wird vom heiligen Paulus Jesus als „unsere Versöhnung", als „unser Friede" immer wieder bezeichnet: vgl. Röm 5,11; 2 Kor 5,18 f.; Eph 2,11–22.

[49] Vgl. Weiteres zu den „Kleinen" im 2. Band zu 18,6.

[50] Vgl. Hebr 1,5; 5,5.

[51] Das Wort Mt 11,12 = Lk 16,16 ist eines der schwierigsten Worte des Evangeliums und in der Auslegung umstritten. Es kann eine Klage („das Himmelreich wird bedrängt") oder auch ein Jubelruf sein („das Himmelreich bricht sich – sieghaft – Bahn"). Hier ist die erste Auffassung zugrunde gelegt, ohne daß die andere damit abgelehnt würde. Ein voll befriedigendes Verständnis gibt es bis heute nicht.

[52] 9,32–34; 12,22–24.

[53] Vgl. 5,3 ff.; 23,1 ff.

[54] Vgl. Is 23,1–14; Ez 26 – 28.

55 Vgl. Gn 18,16 – 19,29 und zu Mt 10,15 auf S. 221 f.

56 Vgl. bei Mt 9,30 und S. 211.

57 Vgl. als Zeichen der Endzeit 10,34–36 und 24,10–14.

58 Vgl. 3,7 und nochmals 23,32.

59 Vgl. 3 Kg 10,1–13; 2 Chr 9,1–12.

60 V. 47 fehlt in einigen wichtigen Handschriften; es wird wohl bei Mt nicht ursprünglich sein, sondern von Mk 3,32 eingedrungen sein. Ohne diesen Vers ist der Text bei Mt geschlossener und straffer.

61 Das war schon in der Bergpredigt unmißverständlich gesagt: 7,21–23